"十四五"时期国家重点出版物出版专项规划项目

数字中国建设出版工程·"新城建 新发展"丛书

梁 峰 总主编

城市体检方法与实践

林 澎 吴永兴 主编

中国城市出版社

图书在版编目（CIP）数据

城市体检方法与实践 / 林澎，吴永兴主编. —北京：
中国城市出版社，2023.12
（"新城建 新发展"丛书 / 梁峰主编）
数字中国建设出版工程
ISBN 978-7-5074-3659-4

Ⅰ. ①城… Ⅱ. ①林… ②吴… Ⅲ. ①城市建设—研
究—中国 Ⅳ. ①F299.21

中国国家版本馆CIP数据核字（2023）第229932号

　　本书是数字中国建设出版工程·"新城建 新发展"丛书中的一本。全书共分为基础篇、方法篇、实践篇和展望篇，是以编者参加住房和城乡建设部第三方城市体检、城市自体检、街道和更新单元体检实践为基础编撰而成，着重介绍了城市体检的主要内容、方法、技术、成果和应用，注重对体检工作的实践指导。本书基于对大量城市体检工作实践的梳理分析，归纳总结了城市体检方法，为城市体检工作提供了可吸收、可借鉴、可遵循的具体实施路径建议，对住房和城乡建设领域统筹规划建设管理、促进城市建设发展方式转变、实现城市高质量发展具有一定的推动意义。

　　本书既可以作为城市体检工作专业人员的参考书，也可以作为城市规划、公共管理等专业教师和学生的参考书。

总 策 划：沈元勤
责任编辑：徐仲莉　王砾瑶　范业庶
书籍设计：锋尚设计
责任校对：芦欣甜

数字中国建设出版工程·"新城建 新发展"丛书
梁　峰　总主编
城市体检方法与实践
林　澎　吴永兴　主编

＊

中国城市出版社出版、发行（北京海淀三里河路9号）
各地新华书店、建筑书店经销
北京锋尚制版有限公司制版
北京富诚彩色印刷有限公司印刷

＊

开本：787毫米×1092毫米　1/16　印张：16¾　字数：316千字
2023年12月第一版　　2023年12月第一次印刷
定价：99.00元
ISBN 978-7-5074-3659-4
（904639）

让新城建为城市现代化注入强大动能
——数字中国建设出版工程·"新城建　新发展"丛书序

城市是中国式现代化的重要载体。推进国家治理体系和治理能力现代化，必须抓好城市治理体系和治理能力现代化。2020年，习近平总书记在浙江考察时指出，运用大数据、云计算、区块链、人工智能等前沿技术推动城市管理手段、管理模式、管理理念创新，从数字化到智能化再到智慧化，让城市更聪明一些、更智慧一些，是推动城市治理体系和治理能力现代化的必由之路，前景广阔。

当今世界，信息技术日新月异，数字经济蓬勃发展，深刻改变着人们生产生活方式和社会治理模式。各领域、各行业无不抢抓新一轮科技革命机遇，抢占数字化变革先机。2020年，住房和城乡建设部会同有关部门，部署推进以城市信息模型（CIM）平台、智能市政、智慧社区、智能建造等为重点，基于信息化、数字化、网络化、智能化的新型城市基础设施建设（以下简称新城建），坚持科技引领、数据赋能，提升城市建设水平和治理效能。经过3年的探索实践，新城建逐渐成为带动有效投资和消费、推动城市高质量发展、满足人民美好生活需要的重要路径和抓手。

党的二十大报告指出，打造宜居、韧性、智慧城市。这是以习近平同志为核心的党中央深刻洞察城市发展规律，科学研判城市发展形势，作出的重大战略部署，是新时代新征程建设现代化城市的客观要求。向着新目标，奋楫再出发。面临日益增多的城市安全发展风险和挑战，亟须提高城市风险防控和应对自然灾害、生产安全事故、公共卫生事件等能力，提升城市安全治理现代化水平。我们要坚持"人民城市人民建、人民城市为人民"重要理念，把人民宜居安居放在首位，以新城建驱动城市转型升级，推进城市现代化，把城市打造成为人民群众高品质生活的空间；要更好统筹发展和安全，以时时放心不下的责任感和紧迫感，推进新城建增强城市安全韧性，提升城市运行效率，筑牢安全防线、守住安全底线；要坚持科技是第一生产力，推动新一代信息技术与城市建设治理深度融合，以新城建夯实智慧城市建设基础，不断提升城市治理科学化、精细化、智能化水平。

新城建是一项专业性、技术性、系统性很强的工作。住房和城乡建设部网络安全和信息化工作专家团队编写的数字中国建设出版工程·"新城建　新发展"丛书，分7个专题介绍了新城建各项重点任务的实施理念、方法、路径和实践案例，为各级领导干部推进新城建提供了学习资料，也为高校、科研机构、企业等社会各界更好参与新城建提供了有益借鉴。期待丛书的出版能为广大读者提供启发和参考，也希望越来越多的人关注、研究、推动新城建。

姜万荣

2023年9月6日

丛书前言

加快推进数字化、网络化、智能化的新城建，是将现代信息技术与住房城乡建设事业深度融合的重大实践，是住房城乡建设领域全面践行数字中国战略部署的重要举措，也是举住房城乡建设全行业之力发展"数字住建"，开创城市高质量发展新局面的有力支点。

新城建，聚焦城市发展和安全，围绕百姓的安居乐业，充分运用现代信息技术推动城市建设治理的提质增效和安全运行，是一项专业性、技术性、系统性很强的创新性工作。现阶段新城建主要内容包括但不限于全面推进城市信息模型（CIM）平台建设、实施智能化市政基础设施建设和改造、协同发展智慧城市与智能网联汽车、建设智能化城市安全管理平台、加快推进智慧社区建设、推动智能建造与建筑工业化协同发展和推进城市运行管理服务平台建设，并在新城建试点实践中与城市更新、城市体检等重点工作深度融合，不断创新发展。

为深入贯彻、准确理解、全面推进新城建，住房和城乡建设部网络安全和信息化专家工作组，组织专家团队和专业人士编写了这套以"新城建 新发展"为主题的丛书，聚焦新一代信息技术与城市建设管理的深度融合，分七个专题以分册形式系统介绍了推进新城建重点任务的理念、方法、路径和实践。

分册一：城市信息模型（CIM）基础平台。城市是复杂的巨系统，建设城市信息模型（CIM）基础平台是让城市规划、建设、治理全流程、全要素、全方位数字化的重要手段。该分册系统介绍CIM技术国内外发展历程和理论框架，提出平台设计和建设的技术体系、基础架构和数据要求，并结合广州、南京、北京大兴国际机场临空经济区、中新天津生态城的实践案例，展现了CIM基础平台对各类数字化、智能化应用场景的数字底座支撑能力。

分册二：市政基础设施智能感知与监测。安全是发展的前提，建设市政基础设施智能感知与监测平台是以精细化管理确保城市基础设施生命线安全的有效途径。该分册借鉴欧美、日韩、新加坡等发达国家和地区经验，提出我国市政基础设施智能感知与监测的理论体系和建设内容，明确监测、运行、风险评估等方面的技术要求，同时结合合肥和佛山的实践案例，梳理总结了城市综合风险感知监测预警及细分领域的建设成效和典型经验。

分册三：智慧城市基础设施与智能网联汽车。智能网联汽车是车联网与智能车的有机结合。让"聪明的车"行稳致远，离不开"智慧的路"畅通无阻。该分册系统梳理了实现"双智"协同发展的基础设施、数据汇集、车城网支撑平台、示范应用、关键技术和产业体系，总结广州、武汉、重庆、长沙、苏州等地实践经验，提出技术研发趋势和下一步发展建议，为打造集技术、产业、数据、应用、标准于一体的"双智"协同发展体系提供有益借鉴。

分册四：城市运行管理服务平台。城市运行管理服务平台是以城市运行管理"一网统管"为目标，以物联网、大数据、人工智能等技术为支撑，为城市提供统筹协调、指挥调度、监测预警等功能的信息化平台。该分册从技术、应用、数据、管理、评价等多个维度阐述城市运行管理服务平台建设框架，并对北京、上海、杭州等6个城市的综合实践和重庆、沈阳、太原等9个城市的特色实践进行介绍，最后从政府、企业和公众等不同角度对平台未来发展进行展望。

分册五：智慧社区与数字家庭。家庭是社会的基本单元，社区是基层治理的"最后一公里"。智慧社区和数字家庭，是以科技赋能推动治理理念创新、组建城市智慧治理"神经元"的重要应用。该分册系统阐释了智慧社区和数字家庭的技术路径、核心产品、服务内容、运营管理模式、安全保障平台、标准与评价机制。介绍了老旧小区智慧化改造、新建智慧社区等不同应用实践，并提出了社区绿色低碳发展、人工智能和区块链等前沿技术在家庭中的应用等发展愿景。

分册六：智能建造与新型建筑工业化。建筑业是我国国民经济的重要支柱产业。打造"建造强国"，需要以科技创新为引领，促进先进制造技术、信息技术、节能技术与建筑业融合发展，实现智能建造与新型建筑工业化。该分册对智能建造与新型建筑工业化的理论框架、技术体系、产业链构成、关键技术与应用进行系统阐述，剖析了智能建造、新型建筑工业化、绿色建造、建筑产业互联网等方面的实践案例，展现了提升我国建造能力和水平、强化建筑全生命周期管理的宝贵经验。

分册七：城市体检方法与实践。城市是"有机生命体"，同人体一样，城市也会生病。治理各种各样的"城市病"，需要定期开展体检，发现病灶、诊断病因、开出药方，通过综合施治补齐短板和化解矛盾，"防未病""治已病"。该分册全面梳理城市体检的理论依据、方法体系、工作路径、评价指标、关键技术和信息平台建设，系统介绍了全国城市体检评估工作实践，并提供江西、上海等地的实践案例，归纳共性问题，提出解决建议，着力破解"城市病"。

丛书编委人员来自长期奋战在住房城乡建设事业和信息化一线的知名专家和专业人士，包含了行业主管、规划研究、骨干企业、知名大学、标准化组织等各类专业机构，保障了丛书内容的科学性、系统性、先进性和代表性。丛书从编撰启动到付梓成书，历时两载，百余位编者勤恳耕耘，精益求精，集结而成国内第一套系统阐述新城建的专著。丛书既可作为领导干部、科研人员的学习教材和知识读本，也可作为广大新城建一线工作者的参考资料。

丛书编撰过程中，得到了住房和城乡建设部部领导、有关司局领导以及城乡建设和信息化领域院士、权威专家的大力支持和悉心指导；得到了中国城市出版社各级领导、编辑、工作人员的精心组织、策划与审校。衷心感谢各位领导、专家、编委、编辑的支持和帮助。

推进现代信息技术与住房城乡建设事业深度融合应用，打造宜居、韧性、智慧城市，需要坚持创新发展理念，持续深入开展研究和探索，希望数字中国建设出版工程·"新城建　新发展"丛书起到抛砖引玉作用。欢迎各界批评指正。

丛书总主编

2023年11月于北京

前　　言

　　截至2022年底，我国城镇化率达到65.2%，城市发展进入城市更新的重要时期，由大规模增量建设转为存量提质改造与增量结构调整并重。党的二十大报告指出，实施城市更新行动，打造宜居、韧性、智慧城市。2023年全国住房和城乡工作会议要求：城市体检要聚焦为人民群众提供好房子、好小区、好社区、好城区，城市体检发现的问题作为城市更新的重点，城市体检的结果作为城市规划、设计、建设、管理的依据。2021年7月，中共中央办公厅、国务院办公厅联合印发《关于推动城乡建设绿色发展的意见》指出，城市政府作为城市体检评估工作主体，开展年度体检评估，制定年度建设和整治行动计划。2015年中央城市工作会议指出城市工作是系统工程，对城市发展建设提出了"一尊重、五统筹"的要求。开展城市体检工作既是落实党中央、国务院关于"建立城市体检评估制度"要求的具体举措，也是治理"城市病"、推动城乡绿色发展建设、实施城市更新行动、历史文化保护传承以及完整居住社区、全龄友好城市、活力街区建设等城市人居环境提升重点工作的重要依据。城市体检对统筹规划建设管理、促进城市建设发展方式转变、实现城市高质量发展具有重要意义。

　　本书分为基础篇、方法篇、实践篇和展望篇，是以编者参加住房和城乡建设部第三方城市体检、城市自体检、街道和更新单元体检实践为基础编撰而成，着重介绍了城市体检的主要内容、方法、技术、成果和应用，注重对体检工作的实践指导。基础篇共3章，主要介绍了城市体检的基本概念、分类、目标及相关政策，国内外城市定量评估的典型案例，城市体检的发展历程、现状及未来发展趋势。方法篇共6章，主要介绍了城市体检的主要内容、总体框架、技术路线、评价方法、结果管理与应用，问卷调查的目的、问卷设计、调查实施方式、数据分析以及问卷调查报告的撰写方法，城市体检数据的分类、主要数据源及数据采集的技术与方法，地理信息系统在城市体检数据管理、指标空间计算及可视化等方面的应用，城市体检报告的大纲与撰写方法，城市体检信息平台的必要性、架构设计、主要功能以及对城市体检全过程的数字化支撑。实践篇共5章，主要介绍了全国城市监测评价的实践，省级城市发展监测评价的实践，城市自体检实践，面向城市更新的街道体检与更新单元体检实践，以及从房子到小区、社区、城区的城市体检实践。展望篇共1章，从技术方法、工作机制、结果应用三个方面对城市体检工作的未来发展进行了讨论，阐述了城市信息模型（CIM）平台、城市运行管理服务平台与城市体检之间的关系。

随着住房和城乡建设部城市体检工作在全国范围的持续推进，如何有效开展城市体检工作、查找人民群众急难愁盼的问题和影响城市竞争力、承载力和可持续发展的短板弱项，如何通过城市体检高质量指导城市更新行动、系统性推进城市问题治理、推动落实城市人居环境高质量发展要求，成为各城市政府关注的热点。本书基于对大量城市体检工作实践的梳理分析，归纳总结了城市体检方法，为城市体检工作提供了可吸收、可借鉴、可遵循的具体实施路径建议。本书既可以作为城市体检工作专业人员的参考书，也可以作为城市规划、公共管理等专业的教师和学生的参考书。

城市体检工作仍有指标体系优化、评估方法智能化、结果应用、工作机制等问题亟待进一步深入研究，书中难免存在疏漏和不足之处，敬请读者批评指正。本书在编写过程中得到多方的指导、支持和帮助。编撰过程中参考和引用了一些专著、文献和技术报告，在本书的参考文献中都尽量标明，但难免有遗漏，在此谨向所有原作者表示感谢。

目　录

1　基础篇

2　方法篇

1

基础篇

第 **1** 章

概述

城市体检是完整、准确、全面贯彻新发展理念，推动新时期城市高质量发展的重要抓手。本章主要论述城市体检的概念，城市体检的时代背景、技术背景、社会背景，以及城市体检的作用和意义。

1.1 城市体检的概念

"体检"最早于20世纪40年代在美国推广开来，主要是经过第二次世界大战后，人们需要了解自己的健康情况，以判断自己是否能够经受疾病的侵袭。英文的体检是"Physical Examination"，最早出现在1844年，意为检查身体的各项机能和状况。现代的医学体检，主要用于人的身体健康状况评价与疾病风险预测、预警及早期筛查，其本质是评估身体健康状况和进行病灶诊断。

为了城市能够健康发展，"体检"一词进入了城市规划工作者的视野，随着大数据等新技术的发展，对城市进行全面体检成为可能，城市体检成为促进城市健康运行的重要抓手。城市体检是以促进城市人居环境高质量发展为目标，通过建立指标体系，运用统计、大数据分析和社会满意度调查等方法采集城市相关信息，对城市人居环境状态、城市规划建设管理工作成效等进行定期分析、评估、监测和反馈，把握城市发展状态，发现"城市病"，督促开展城市治理的一项行政技术工作。

1.2 城市体检的分类与层级

1.2.1 城市体检的分类

根据住房和城乡建设部发布的年度城市体检工作通知，城市体检分为第三方城市体检和城市自体检。按照城市体检的内容和聚焦点，城市体检分为综合性体检与专项体检，综合性体检是指对城市进行系统性、全面的体检，住房和城乡建设部开展的第三方城市体检和各城市开展的自体检均属于综合性体检。

（1）第三方城市体检

第三方城市体检工作主体为上级政府或上级住房和城乡建设主管部门，通过委托科研机构或城市规划研究院等单位，以第三方视角，面向城市体检样本城市开展的城市体检工作。第三方城市体检工作基于对人工智能、网络爬虫、地理信息系统、遥感、物联网等技术的应用，以社会大数据为核心，以政府统计数据为辅，搭建体检数据自采集系统，从数据采集渠道确保第三方城市体检工作独立性，并组织专家团队，基于自采集数据分析及城市调研，完成城市体检指标的计算、评价、问题诊断与成因分析、对策建议及整治行动，最终完成第三方城市体检报告。

住房和城乡建设部开展的全国第三方年度城市体检工作，主要完成全国城市体检整体评估、样本城市体检评估，同时，将基于数据自采集系统建设，逐步完善省—市—区—街道第三方城市体检的逐级传导，辅助城市体检实现从总体目标到问题整改的精细化落地实施。

（2）城市自体检

城市自体检指城市人民政府对本城市人居环境现状及相关城市工作实施成效进行系统、定期的评价、分析、监测和反馈，掌握城市发展体征，发现"城市病"问题，推动开展针对性治理行动，促进城市人居环境高质量发展的工作方法。相对于第三方城市体检，城市自体检的数据源要以地方政府的统计数据为主。2022年1月20日，全国住房和城乡建设会议正式提出，在设区市全面开展城市自体检工作。

（3）城市专项体检

城市专项体检是指城市自体检工作中，针对城市重点工作、重点领域或重大问题，对城市人居环境特定维度、城市特定空间单元开展的专题性体检。城市可根据城乡规划建设管理的实际工作部署，结合城市更新工作，对老旧小区、完整居住社区、历史文化名城保护、城市安全韧性、绿色交通与TOD规划建设、生态基础设施与海绵城市建设、智慧城市等方面开展专项体检；同时对老城区、特殊功能区、街道等特定空间单元开展专项体检评估工作。

1.2.2　城市体检的层级

城市体检按照空间范围或实施城市体检的主体不同，可以分为国家层面城市体检、省级城市体检、市级城市体检、区/县城市体检、街道体检和城市更新单元（社区）体检6个不同层级。

国家层面城市体检一般指住房和城乡建设部开展的年度全国城市体检。根据住房和城乡建设部发布的年度体检工作通知，年度体检内容包括第三方城市体检、城市自体检和居民满意度调查三部分，纳入全国年度城市体检的样本城市总共59个，覆盖全国31个省、直辖市和自治区。通过59个样本城市的体检结果，形成全国年度城市体检报告，发现全国城市人居坏境建设的共性问题，为国家制定城市发展战略及政策提供决策依据。

省级城市体检由省级人民政府实施，省级住房和城乡建设厅负责实施，主要对省域范围内的城市开展体检，并形成年度省级城市体检报告。目前开展省级城市体检的方式主要有三种：一是由省级财政安排预算，对省域内所有地级及以上城市开展城市体检，例如江西省开展的省级城市体检，覆盖了全省所有地级市；二是省域内各城市开展自体检，同时省域内各城市之间开展互评，综合自体检结果和互评结果形成年度省级体检报告；三是在省内选择若干样本城市，要求样本城市开展自体检。

市级城市体检是由市级人民政府主导，对市辖区建成区范围内的人居环境情况进行全面、系统性评价，目前住房和城乡建设部年度体检的59个样本城市开展的自体检就属于这一层级。

区县城市体检是由区、县人民政府主导，对辖区内的城市建成区人居环境进行评价，形成县、区年度城市体检报告，为县、区的城市规划建设管理提供决策依据。

街道体检是在市级城市体检、区县城市体检的基础上，为更精准地治理"城市病"，建立更有针对性的指标体系，对街道范围内的公共服务设施、市政设施、创新活力、健康舒适等方面进行评价。

城市更新单元（社区）体检是践行"无体检、不更新"理念，对城市更新单元（一般不超过3km²）进行体检，在"留、改、拆"并举的原则下，用定量分析结果辅助决策城市更新的具体内容。社区体检主要是按照完整社区建设要求，对社区开展体检，查漏补缺，推动完整社区建设。

1.3　城市体检的背景

截至2022年底，我国城镇化率已达到65.2%，城市发展已从过去的增量扩张主导发展阶段逐步转向内涵品质发展阶段。当前，我国人居环境建设领域面临着城市发展规模布局与资源生态环境承载能力不相适应，城市发展建设的能耗、资源消耗和碳排放总量高，城市安全韧性不足，宜居质量与健康水平不高，交通拥堵，文化保护传承不够，城市的包容性、创新性不足等突出的"城市病"问题，解决这些问题需要有新的方法手段。未来一段时间是城乡建设绿色发展和推进"以人民为中心"高质量发展的关键时期，全面推进城市的精细化治理也需要新的技术手段支撑。

2015年，习近平总书记在中央城市工作会议上强调，要充分认识和自觉顺应城市发展规律，着力解决"城市病"等突出问题，不断提升城市环境质量、人民生活质量、城市竞争力，建设和谐宜居、富有活力、各具特色的现代化城市，要求健全社会公众满意度评价和第三方考评机制。2017年，习近平总书记视察北京城市规划建设管理工作时，要求建立城市体检评估机制。2019年，习近平总书记在考察上海工作时提出"人民城市人民建，人民城市为人民"的新要求。习近平总书记的系列重要指示，为城市体检评估工作指明了方向。

1.4 城市体检的目标

城市体检评估是通过建立指标体系，对城市人居环境状况进行全面、常态化、周期性的评价工作，有针对性地治理"城市病"问题；并对规划建设管理工作的成效等进行定期监测、评估和反馈，不断校核城市发展建设目标，推动城市高质量发展。城市政府要依据城市体检结果制定年度建设与整治行动计划，切实有效解决"城市病"问题。

1.5 城市体检的意义

城市体检评估是顺应城镇化发展规律和城市发展建设的阶段性任务要求，是发现问题与解决问题的一种科学决策方法，是城市人民政府集合各方力量推进城市高质量发展、提升居民生活品质的重要抓手，是打通城市发展建设"最后一公里"决策流程的重要手段，为各级政府有目的性、系统性推进城市问题整治工作提供了有效支撑。

现代的城市有着多年发展建设的积累，有很多问题是长期形成的，这就需要在系统诊断、周期调整、动态优化中逐步解决相关问题。通过周期性的城市体检评估工作，改变了以往在城市规划、建设与管理领域治理任务不成系统、碎片化的工作局面，建立起老百姓对美好生活期望的诉求表达与政府决策之间的工作平台，并为政府统筹重大建设项目、协同重要规划建设管理工作提供综合依据，切实避免了"头痛医头、脚痛医脚"的片面决策局面。

总而言之，城市体检是通过综合评价城市发展建设状况，有针对性地制定对策措施，优化城市发展目标，补齐城市建设短板，解决"城市病"问题的一项基础性工作，是实施城市更新行动、统筹城市规划建设管理、推动城市人居环境高质量发展的重要抓手。2023年全国住房和城乡工作会议要求，城市体检要有硬指标、硬要求、硬督查，成为解决问题的指挥棒，城市体检出来的问题要作为城市更新的重点。

1.6 城市体检政策

为响应中共中央、国务院关于建立"城市体检"评估机制的重要指示精神，2018年北京市率先进行城市体检示范；2019—2022年，在住房和城乡建设部的主导下，城市体检工作制度和评估内容逐步完善，在全国范围内选定的样本城市从11个增加到59个，体检指标从7类、36项扩展到8类、69项，并于2021年明确了城市体检的评估标准、年度建设和整治行动计划（表1-1）。

2021年、2022年城市体检样本城市名单　　　　　　表1-1

序号	省、自治区、直辖市	样本城市
1	北京	北京市
2	天津	天津市
3	上海	上海市
4	重庆	重庆市
5	河北	石家庄市、唐山市
6	山西	太原市、晋城市
7	内蒙古	呼和浩特市、包头市
8	黑龙江	哈尔滨市、大庆市
9	吉林	长春市、四平市
10	辽宁	沈阳市、大连市
11	山东	济南市、青岛市、东营市
12	江苏	南京市、徐州市
13	安徽	合肥市、亳州市
14	浙江	杭州市、宁波市、衢州市
15	福建	厦门市、福州市
16	江西	南昌市、赣州市、景德镇市

续表

序号	省、自治区、直辖市	样本城市
17	河南	郑州市、洛阳市
18	湖北	武汉市、黄石市
19	湖南	长沙市、常德市
20	广东	广州市、深圳市
21	广西	南宁市、柳州市
22	海南	海口市、三亚市
23	云南	昆明市、临沧市
24	贵州	贵阳市、安顺市
25	四川	成都市、遂宁市
26	西藏	拉萨市
27	陕西	西安市、延安市
28	甘肃	兰州市、白银市
29	宁夏	银川市、吴忠市
30	青海	西宁市
31	新疆	乌鲁木齐市、克拉玛依市

　　城市体检工作方式围绕城市体检各项指标，采取城市自体检、第三方体检和社会满意度调查相结合的方式开展。住房和城乡建设部要求各省、自治区、直辖市的住房和城乡建设主管部门高度重视城市体检工作，加强综合协调和督促指导，有序推进各项任务落实，推动建立健全"一年一体检、五年一评估"的城市体检评估制度。

第2章

国内外城市定量评估案例分析

2.1 伦敦规划年度监测

国外规划实施评估发展较为成熟，特别是英国的规划研究和实践一直走在世界前列。其规划评估的技术方法、工作流程和监督框架相对完善，对规划评估关键问题的解决有一定的经验基础，建立了一套较为成熟的规划动态监测机制，摸索形成了一套完整的规划评估制度。其中，《伦敦规划年度监测报告》（以下简称《监测报告》）是迄今影响最为深远、实践最为客观的规划评估范例，也是英国目前评估《伦敦规划》最具代表性的文件。英国的规划研究一直注重规划实施评估，已建立起一套相对完善的规划评估技术方法、工作流程和监督框架，《监测报告》是对《伦敦规划》最客观的评估范例。

2.1.1 背景和制度

英国在2004—2011年建立了"三阶段，多层次"的规划评估体系。三阶段分别为编制、实施和实施后三个阶段，对应的评估工作为"可持续性评价""动态监测报告"和"规划检讨文件成果"。多层次指国家、区域、地方三个层次，形成较为完整的规划评估制度。2004年，英国出台了《规划与强制收购法》，明确年度检测报告的法律效力。自2005年起，《监测报告》一年公布一次评估结果。2012年英国政府陆续发布了推动"结构简化"和"权利地方化"的规划体系改革。区域空间战略被地方规划和邻里规划取代。本书中的《监测报告》是指2021年发布的第十六版年度检测报告，对2018年的实施情况进行监测。《规划与强制收购法》要求规划编制主体监测评估规划实施情况，发布年度报告，为《监测报告》提供了法律保障。英国政府的运行机制也为《监测报告》提供制度保障，参与方由政府部门、社会组织和社区组成，政府主要任务是执行依据报告做出的决策同时接受社会组织与社区居民的反馈。社会组织提供技术支持并提出建议，社区居民可提出诉求。

2.1.2　指标体系和构建方法

《监测报告》中的指标体系以《伦敦规划》的内容要求为导向，形成目标与指标的对应关系。《伦敦规划》的目标包括"建设强大和包容的社区、充分利用土地、打造健康城市、提供伦敦市民所需住房、发展良好的经济、提高效率和韧性"六大战略目标，24项可量化指标（表2-1）。

《监测报告》关键绩效指标一览表　　　　　　　　　　　　表2-1

序号	关键绩效指标	目标值
1	最大程度盘活存量用地	保持 96% 以上的新建住宅利用存量用地开发
2	优化住宅开发密度	超过 95% 的开发符合建筑密度分区和密度矩阵要求
3	避免开放空间减少	地方指定保护的开放空间不因城市发展而减少
4	增加新建住房供应量	年平均住宅净供应量至少为 4.2 万套
5	增加保障住房供应量	年平均保障住房供应量至少为 1.7 万套
6	减少健康不均衡	缩小伦敦贫富群体之间的寿命差距（按性别划分）
7	维持经济活动	提高伦敦居民就业比例（2011—2031 年）
8	保障充足的办公市场开发能力	保持办公规划许可量至少为前三年平均值的 3 倍
9	保障充足的工业土地	根据工业 SPG 基准提供工业用地
10	保障伦敦外围地区的就业	伦敦外围地区就业量增长
11	增加弱势群体的就业机会	缩小少数族裔与白人的就业率差距，以及伦敦与其他地区单亲家庭的收入差距
12	改善社会基础设施并提供公共服务	减少小学班级人数
13	减少对私家车的依赖，实现可持续化的出行模式	公共交通出行增长率超过私家车出行增长率
14	减少对私家车的依赖，实现可持续化的出行模式	伦敦汽车交通量实现零增长
15	减少对私家车的依赖，实现可持续化的出行模式	自行车出行比例从 2009 年的 2% 提高到 2026 年的 5%
16	减少对私家车的依赖，实现可持续化的出行模式	水网客运和货运量增加 50%（2011—2021 年）
17	提高 PTAL 高值地区的工作岗位数量	维持至少 50% 的 B1 用地在 PTAL 值为 5—6 的地区开发
18	保护生物栖息地	重要自然保护区不减少
19	提高垃圾利用率，取消垃圾填埋	到 2015 年废物回收 / 堆肥率达 45% 以上，到 2026 年取消生物降解和废物填埋
20	减少开发中的二氧化碳排放	到 2016 年住宅项目实现零碳排放，到 2019 年全域实现零碳排放
21	提高可再生能源量	到 2026 年，可再生能源生产量达 8550kW · h
22	提升城市绿化率	增加 CAZ 屋顶绿化总面积
23	改善伦敦的蓝带网络	2009 年至 2015 年恢复 15km 的河流，到 2020 年再恢复 10km
24	保护和改善伦敦的遗产和公共领域	降低伦敦遗产名录中出现预警保护遗产的比例

技术指标体系与伦敦发展数据库（LLD）相关联，具有很强的动态性和及时性。指标可分为硬性指标和软性指标，如增加新建住房供应量指标明确要求"年平均住宅净供应量至少为4.2万套"，该指标属于硬性指标；改善社会基础设施并提供公共服务中的"减少小学班级人数"并未给出明确的数值，为拥有不同教育资源的不同地区留出弹性空间，该指标属于软性指标。

英国指标体系的构建分为四步，首先对规划内容进行全面的认识，其次构建评估框架并制定评估计划，然后对监测指标进行选择和定义，最终形成指标体系。皇家城乡规划学会（RTPI）对指标做出四项要求，包括与规划目标相关联的"概念相关性"，与特定部门和相关部门的"政策一致性"，与可调整性、可比性和时间概念相关的"技术坚固性"，与参与者相关的"易理解性"。在监测前，规划结构要制定指标和更新计划；在监测中，对影响大、直接的政策需要细分并监测相关的目标指标变化，对不明显的政策、通过问卷调查相关参与者进行监测。

2.2 海峡西岸城市可持续发展性评估

2.2.1 背景分析

快速的城市化促进了经济增长、增加了就业岗位、整体上提升了人民的生活水平，但也同时给城市带来了许多环境问题，如污染、全球变暖和沙漠化。为使得城市健康发展，可持续性发展变成了热点话题。国际上对城市可持续发展形成了"三条底线"的共识。"三条底线"包括经济增长、社会发展和环境质量，这三种因素互相影响。维持城市可持续性的首要目的就是平衡三种因素，在推进城市进程的同时减小环境影响。通过衡量和监测城市可持续水平，可以把宽泛的城市可持续发展的概念转变为地方可实施性发展项目，为政策制定者提供不同参考。

2.2.2 指标体系构建

可持续发展性评估指标体系以综合性、代表性、可测量性、稳定性和易读性为原则，共计选取涵盖经济、社会、环境三方面的23项指标，其原始数据从中国城市统计年报、各省数据统计年报、国家经济与社会发展统计公告获取（表2-2）。

海峡西岸城市可持续发展指标体系 表2-2

尺度	指标	单位	类型	解释
经济指标	人均 GDP	元	+	国内生产总值 / 人口
	GDP 增长率	%	+	（今年 GDP- 去年 GDP）/ 去年 GDP
	第三产业增加值与国内总产值之比	%	+	第三产业增加值 / 国内生产总值
	人均固定资产投资	元	+	固定资产投资 / 人口投资
	实际使用的人均外商投资额	美元	+	实际使用 / 人口中的外国投资
	金融机构的人均存款	元	+	在金融机构中的存款 / 人口
	人均公共财政收入	元	+	公共财政收入 / 人口
	消费品零售销售额与 GDP 之比	%	+	消费品零售额 /GDP 总值
社会指标	人口自然增长率	‰	+	出生率 - 死亡率
	城市人均可支配收入与农村之比	－	－	城市人均可支配收入 / 农村人均可支配收入
	已登记的城市失业率	%	－	登记城市失业人数 /（城市雇员人数 + 登记城市失业人数）
	在职职工的平均工资	元	+	企业事业单位、机关工作人员一段时间的平均工资
	政府预算支出占教育支出的比例	%	+	教育支出 / 地方一般公共预算收入
	每 1 万人的医疗机构床位	个	+	医疗机构中的床位数 /（人口 /10000 人）
	人均城市道路面积	m²	+	城市道路面积 / 人口
	公共图书馆的人均馆藏	份	+	公共图书馆的藏书总数 / 人口
环境指标	人均绿地面积	m²	+	绿化用地面积 / 人口用地面积
	工业固体废物综合利用比例	%	+	工业固体废物综合利用 /（工业固体废物生产 + 前几年综合利用储存）
	单位 GDP 能耗增长率	%	－	（今年单位 GDP 能源消耗 - 去年单位 GDP 能源消耗）/ 去年单位 GDP 能源消耗
	城市污水处理率	%	+	污水处理量 / 污水排放总量
	家庭垃圾的无害处理能力	t/d	+	每天以无害处理的家庭废物量
	各企业工业烟尘排放量	t	－	工业烟尘排放量 / 工业企业数量
	各企业的工业废水排放量	万吨	－	工业废水排放量 / 工业企业数量

2.2.3　评价方法

多标准决策（MCDM）被广泛地用于评估城市的可持续性，可通过是否考虑子系统或指标的相互作用分为两大类。一类认为它们相互独立，如相似性排序技术（TOPSIS）。但一个高GDP的城市也是一个高碳排放和低失业率的城市，所以还有一类分析是把指标一体化。灰色关系分析常用来分析两个变量的关联，但很少用于城市可持续性研究，更少用于决定指标权重。灰色关系分析指标的最大值和最小值不适用，一个因素的结果也受别的因素影响。

综上，采用混合式GRA方法，不仅考虑指标曲线的相似性，还考虑指标年度增长曲线的相似性。海峡西岸经济区是中国东南地区重要的经济综合体，包括4个省份的20个城市。

1. 灰色关联性分析

给定归一化的n–比较序列$Y_i=\{y_i(1), y_i(2), \cdots, y_i(n)\}$（$i=1, 2, \cdots, m$）和一个归一化的$n$–参考序列$Y_0=\{y_0(1), y_0(2), \cdots, y_0(n)\}$。在第$k$点处，$Y_i$和$Y_0$之间的灰色关系系数由下列公式计算：

$$\delta_{i0}(k)=\frac{\min\limits_{\forall i}\min\limits_{\forall k}\Delta_i(k)+\rho\max\limits_{\forall i}\max\limits_{\forall k}\Delta_i(k)}{\Delta_i(k)+\rho\max\limits_{\forall i}\max\limits_{\forall k}\Delta_i(k)}$$

其中，$\Delta_i(k)=y_i(k)-y_0(k)$（$k=1, 2, \cdots, n$），$\rho$为区分系数。$\rho\in[0, 1]$，通常取0.5。然后，可以得到$Y_i$和$Y_0$之间的灰色关系度（GRD）：

$$\gamma_{i0}=\frac{1}{n}\sum_{k=1}^{n}\delta_{i0}(k)$$

其中，γ_{i0}值越大，表示Y_i与Y_0的相互关系越强。

2. 灰色斜率关联性分析

两个序列的关系程度由序列曲线趋势的相似性。当应用于时间序列时，GSRA中的趋势表示序列的年增量。给定n维比较序列$Z_i=\{z_i(1), z_i(2), \cdots, z_i(n)\}$（$i=1, 2, \cdots, m$）和一个$n$维参考序列$Z_0=\{z_0(1), z_0(2), \cdots, z_0(n)\}$，然后

$$\xi_{i0}(k)=\frac{1}{1+\left|\dfrac{1}{\sigma z_0}\dfrac{\Delta x_0(k)}{\Delta k}-\dfrac{1}{\sigma z_i}\dfrac{\Delta x_i(k)}{\Delta k}\right|}$$

其中，$\xi_{i0}(k)$是点k处Z_i和Z_0点之间的灰色斜率关系系数。$\Delta x_0(k)=x_0(k+1)-x_0(k)$，$\Delta x_i(k)=x_i(k+1)-x_i(k)$，$\Delta k=(k+1)-k$，$\sigma z_0$和$\sigma z_i$分别是序列$Z_i$和$Z_0$的标准差。

Z_i与Z_0之间的灰色关系斜率度（GRSD）的计算方法为：

$$\varphi_{i0}=\frac{1}{n-1}\sum_{k=1}^{n-1}\xi_{i0}(k)$$

$\Delta x_0(k)/\sigma z_0-\Delta x_i(k)/\sigma_{Zi}$越小，$\xi_{i0}(k)$越大，$\varphi_{i0}$越大。如果两个序列的曲线斜率在任意一点上相同，则两条曲线的趋势接近平行，说明两个序列具有较高的联系。

3．加权法

设$x_{ij}(k)$表示备选o_i相对于指标x_j的性能值。在本书的案例研究中，o_i、x_j、t_k分别代表城市、可持续性指标和评价时期。显然，$i=1, 2, \cdots, 20$，$j=1, 2, \cdots, 23$，$k=1, 2, \cdots, 10$。那么$x_{ij}=\{x_{ij}(1), x_{ij}(2), \cdots, x_{ij}(10)\}$是关于指标$x_j$的城市$o_i$的时间序列。加权原则是，如果一个指标与其他指标的相互作用更强，则应给予更大的权重。本研究采用GRA和GSRA来测量指标之间的相互作用。HGRW法加权过程的结论如下。

步骤1：规范化原始数据。要将所有性能值转换为可比范围，需要对原始数据进行规范化。

$$x_{ij}^*(k) = \frac{x_{ij}(k) - \min\limits_{j}\min\limits_{k}\left(x_{ij}(k)\right)}{\max\limits_{j}\max\limits_{k}\left(x_{ij}(k)\right) - \min\limits_{j}\min\limits_{k}\left(x_{ij}(k)\right)}, \text{if } x_{ij}(k) \text{ is the benefit indicator}$$

$$x_{ij}^*(k) = \frac{\max\limits_{j}\max\limits_{k}\left(x_{ij}(k)\right) - x_{ij}(k)}{\max\limits_{j}\max\limits_{k}\left(x_{ij}(k)\right) - \min\limits_{j}\min\limits_{k}\left(x_{ij}(k)\right)}, \text{if } x_{ij}(k) \text{ is the cost indicator}$$

其中，$x_{ij}^*(k)$是标准化的性能值。

步骤2：提取一个城市的数据，计算GRD矩阵和GRSD矩阵，如$\gamma_{(i)} = \left[\gamma(i)_{jj}\right]$ 23×23和$\varphi(i) = \left[\varphi^{(i)}_{jj}\right) 23 \times 23$，$\gamma^{(i)}_{jj}$和$\varphi^{(i)}_{jj}$之间的GRD和GRSD指标$x_j$和指标$x_j$。我们可以看到的是

$$(1)\gamma^{(i)}_{jj'} = \varphi^{(i)}_{jj'} = 1, \text{if } j = j$$
$$(2)\gamma^{(i)}_{jj'} = \gamma^{(i)}_{j'j} \text{ and } \varphi^{(i)}_{jj'} = \varphi^{(i)}_{j'j}$$

步骤3：重复步骤2，直到选中了所有20个城市。我们可以得到20个城市的GRD和GRSD矩阵。

步骤4：计算指标x_j的综合GRD和GRSD。

$$\gamma_j = \frac{1}{20 \times 22}\sum_{i=1}^{20}\sum_{j'=1,j'\neq j}^{23}\gamma^{(i)}_{jj'}$$

$$\varphi_j = \frac{1}{20 \times 22}\sum_{i=1}^{20}\sum_{j'=1,j'\neq j}^{23}\varphi^{(i)}_{jj'}$$

步骤5：获取指标权重。

$$w_j = \frac{\alpha\gamma_j + (1-\alpha)\varphi_j}{\sum\limits_{j=1}^{23}\alpha\gamma_j + (1-\alpha)\varphi_j}$$

其中，w_j为指标x_j的权重，$\sum_{j=0}^{23} w_j = 1$，α为一般需要0.5的分辨率。

4．集合模型

采用简单的加性加权（SAM）模型，将每个城市的指标值和指标权重相加，得到评价值。

$$y_i^{(k)} = \sum_{j=1}^{23} w_j x_{ij}^*(k)$$

其中，$y_i^{(k)}$为t_k期间城市o_i的评价值。

2.2.4 研究程序

参照MCDM的过程，在本研究的研究过程，一是结合研究案例的当地情况，建立了一个合理的、可衡量的指标体系，全面反映了城市可持续性的概念；二是通过第2.2.3节1—3项中公式收集指标数据，确定指标权重；三是通过第2.2.3节"4.集合模型"公式将归一化数据和指标权重积分到评价值中；四是从整体水平、维度水平和指标水平上分析了评价绩效、可持续性维度之间的协调和障碍因素的动态变化；五是讨论评价结果。

第**3**章

城市体检的现状及发展趋势

3.1 城市体检的发展历程

广义的公共政策过程包含了政策制定和政策执行两部分，其中，政策执行包括了政策实施、监控、评估和调整。城市体检是对城市建设政策评估的新方法。

发达国家在城市人居环境评估方面起步较早，也积累了丰富的理论实践经验。具体来看，在联合国提出的可持续发展目标指数（SDG指数）的指引下，美国与欧洲发达国家开展了面向城市的可持续发展评估；伦敦自2005年起，每年向社会公开发布城市规划《年度监测报告》（Annual Monitoring Report，AMR），并将《年度监测报告》作为评估城市规划及政策实施有效性的主要依据；纽约与东京等发达国家的城市则是根据城市总体规划及战略规划编制提出相关指标体系，用于对城市规划情况的评估与考核。

1. 我国城市体检工作发展历程

2019年，住房和城乡建设部在北京城市体检实践的基础上，在全国选取11个城市作为城市体检首批试点城市。2020年，习近平总书记在《国家中长期经济社会发展战略若干重大问题》中指出，城市发展不能只考虑规模经济效益，必须把生态和安全放在更加突出的位置，统筹城市布局的经济需要、生活需要、生态需要、安全需要。要坚持以人民为中心的发展思想，坚持从社会全面进步和人的全面发展出发，在生态文明思想和总体国家安全观指导下制定城市发展规划，打造宜居城市、韧性城市、智能城市，建立高质量的城市生态系统和安全系统。这对我国城市体检提出了更高的标准和要求，为我国城市治理高质量发展指明了发展目标和方向。此后，住房和城乡建设部逐年扩大样本城市覆盖范围，从2021年起，已扩大至59个体检样本城市，实现31个省、自治区、直辖市的全覆盖。

当前，我国城市建设重点开始转向对存量空间资源提质增效阶段。随着我国城镇化水平的提高，城市规模和人口数量不断壮大，城市基础设施、人居环境、公共服务等配套资源承载能力逐步趋于满负荷，在这个过程中，很多城市不可避免地出现了不同程度的"城市病"，阻碍了城市高质量发展。因此，开展城市体检工作有着非常重要的现实意义。

2．住房和城乡建设部城市体检相关政策发展

住房和城乡建设部于2019年4月发文将沈阳、南京、厦门等11个城市作为样本城市开展"城市体检"试点工作。2020年6月，住房和城乡建设部颁发《关于支持开展2020年城市体检工作的函》，要求扩大至36个样本城市开展城市体检工作。2021年4月，《住房和城乡建设部关于开展2021年城市体检工作的通知》发布，样本城市数量扩大至59个。2022年7月，住房和城乡建设部再次发文部署"城市体检"工作。

当前我国城市发展已进入城市更新的重要时期，近年来，城市更新相关政策文件中多次提出"坚持城市体检评估先行""以城市体检推进实施城市更新行动""建立城市更新体检评估制度"等相关要求，城市体检正成为城市更新工作开展的重要前置性制度设计。

具体来看，2015年12月，中央城市工作会议上，习近平总书记强调完善城市治理体系，提高城市治理能力，着力解决"城市病"等突出问题，会议要求建立常态化的城市体检评估机制。2017年2月，习近平总书记在北京考察时指出，要建立城市体检评估机制，制定可衡量、可监督的量化指标，通过定期评估，反映城市发展建设目标和实施状况。2019年4月，住房和城乡建设部将11个城市列为城市体检试点城市，通过城市生态宜居、城市特色、安全韧性、城市活力等进行评价，推动城市高质量发展。2020年6月，住房和城乡建设部选取36个样本城市，并制定了相关工作方案。在2020年10月的《中共中央关于制定国民经济和社会发展第十四个五年规划和二〇三五年远景目标的建议》中提出，要建立完善城市体检评估机制，统筹城市规划建设管理，系统治理"城市病"等突出问题。2021年4月，住房和城乡建设部将样本城市增加到59个，明确了城市体检主要内容与工作方式，即8个方面组成的城市体检指标体系，以及由城市自体检、第三方城市体检、社会满意度调查共同构成的体检工作办法。2021年9月，住房和城乡建设部发布《关于在实施城市更新行动中防止大拆大建问题的通知》，提出坚持城市体检评估先行，合理确定城市更新重点、划定城市更新单元。2021年10月，中共中央办公厅、国务院办公厅印发《关于推动城乡建设绿色发展的意见》，提出建立城市体检评估制度，推进城市更新行动，而后住房和城乡建设部办公厅公布了第一批城市更新试点，要求各试点城市落实坚持城市体检评估先行，合理确定城市更新重点。此后，2022年1月住房和城乡建设部印发《"十四五"推动长江经济带发展城乡建设行动方案》中也指出，要在设区市全面开展城市体检评估，指导各地制定和实施城市更新规划，有计划、有步骤地推动城乡建设工作。

3.2 城市体检的现状

2019年，住房和城乡建设部在11个城市开展试点城市体检，随后样本城市规模扩大到59个城市，覆盖全国31个省、自治区、直辖市。目前，各地正加快形成一批可复制可推广的经验做法，为完善城市体检评估工作积累经验。

1．样本城市进一步"横向到边"

2019年11个试点城市，2020年确定36个样本城市，到2021、2022年，样本城市进一步由36个增加到59个。其中，中小城市数量由4个增加到17个，占比从11.1%增加到28.8%，超大与特大城市，大城市、中小城市的样本城市数量分布更加均衡。

2．调研工作进一步"纵向到底"

居民满意度调查：2021年共收集居民满意度问卷58.12万份，清洗后有效问卷共计45.77万份，有效问卷率78.70%；

社区抽样调查：59个样本城市中，共抽样10597个城市社区，涉及城市人口7365万人，全国社区抽样率达到30%。

3．城市体检工作组织有力、高效

住房和城乡建设部城市体检样本城市高度重视体检工作，各样本城市均组建了以市长等主要领导为组长的城市体检工作领导小组，统筹推进城市体检工作。具体来看，在对全省非样本城市的组织方面，如江西省从全省层面统筹安排，组织全省11个设区市开展城市体检工作，并推动江西省在城市体检评估地方立法上先行先试，探索建立从诊断到治疗的联动机制。在对多方协助组织管理方面，如上海市依托专业研究团队，探索建立"部门协同、公众参与、专家咨询、第三方评估、信息平台支撑"的工作机制，形成由各委办局、技术团队等共同参与编制体检报告的协作模式。

4．进一步明确从城市体检到城市更新路径

由于受理念、技术、方法等因素的影响，城市工作在很长一段时间内大多是碎片化的，常出现"头痛医头、脚痛医脚"的情况，城市工作系统性、延续性不足。2022年全国住房和城乡建设工作会议提出，在设区市全面开展城市体检评估，指导各地制定和实施城市更新规划，有计划有步骤地推进各项任务。城市体检有利于统筹城市规划建设管理，提高城市工作系统性。具体实施路径即基于城市体检工作，系统性梳理城市短板问题，并以新型城市基础设施建设赋能，以建设宜居、绿色、韧性、智慧、人文城市为目标，最终实现城市有机更新。

坚持城市体检作为城市更新前置性工作机制。在城市体检的基础上，各地精准把脉城市病灶，联动城市更新，在补短板、提品质等诸多方面探索体检成果转化的体制机制，形成了一批城市更新优秀案例。例如重庆在城市体检中提出，要结合城市体检评估成果，建立健全城市更新数据库，并强调结合城市体检满意度调查，充分征求公众意见，积极探索"以城市体检推动城市更新"的工作机制。

3.3 城市体检的发展趋势

1. 将更好关注人民幸福感、获得感

开展城市体检工作，是推动人居环境高质量发展的重要手段，是落实"以人民为中心"发展思想的具体行动，是支撑未来城市高质量发展和精细化管理的有效举措。关注城市完整居住社区建设，关注城市新市民、青年人城市住房问题，正逐步成为我国城市体检工作的重要关切，是城市体检工作助力人民群众美好生活向往的具体印证。通过开展城市体检，深入查找"城市病"根源，解决群众的急难愁盼问题，不仅能发现和逐步解决城市在长期的规划建设管理过程中积累的问题，把握城市发展状态，为城市健康发展、高质量发展提供助力，而且通过深入老百姓中的居民调查工作，还能进一步聚焦百姓关心的问题，让老百姓感受到城市温度，提升老百姓对党和政府为群众办实事的满意度，建设人民满意城市，实现为群众办实事的目标。

城市体检工作未来发展将朝着更好践行"人民城市人民建"理念。城市体检将更遵循以"人"为核心的社会和城市发展逻辑，重视将城市体检与市民感受、基层治理密切结合，有针对性地开展城市治理、解决城市问题。

2. 将更好连接城市更新行动

以问题为导向，以"查病灶、析病因、开良方"为路径，城市体检正在成为现代城市治理的主要内容和工具，城市体检可使城市治理更加高效、城市建设项目投资更加精准、城市资源配置更加合理。有效的城市体检评估旨在"防未病、治已病"，是城市治理体系和治理能力现代化的重要体现，在城市体检成果应用方面，未来城市体检将成为城市更新行动的重要抓手。

一是将更好建立城市体检"从检到用"的闭环路径。城市体检不是为体检而体检，其成果的应用才是关键。随着住房和城乡建设部城市体检工作的不断推进，体检工作作为统筹城市规划建设管理重要抓手的作用将越发凸显。实现城市体检结果应用，确定体检结果应用的必要性，推动将城市体检作为城市科学治理决策的重要参考和依据，以提高城市的风险防范能力、科学决策水平，促进资源精准投放，确保城市在转型发展中建立"发现问题—快速整改—巩固提升"的联动工作机制，是下一步城市体检的重点。

二是将更好推动"无体检，不更新"。建立城市体检评估结果与城市政府年度计划、重点行动项目库、投资方向的联动机制，提炼"城市更新行动建议"。

3. 将更好助力智慧城市建设

城市体检信息平台，是结合新基建和智慧城市建设，借助城市体检的数据采集，结合各部门共享的业务数据、城市管理数据，实现体检评估相关的指标综合查询与展示、对比分析评估等功能，集"数据采集、校核更新、模型分析、评估预警"于一体的城市建设信息平台。城市体检信息平台将更好地助力城市体检工作面向全过程数字体检、量化体检、动态监测评估，实现充分利用大数据、智能化的现代治理手段，建立平台化、长周期、可持续的城市体检方法，辅助城市科学决策。未来，随着各地城市体检信息平台的建设，城市体检将实现动态的数据管理和应用，通过城市体检，更好助力智慧城市建设。

4. 将更好指导绿色城市建设

随着我国对绿色、环保、低碳的"双碳"目标的持续推进，未来城市发展模式将发生深度改变。当前，绿色发展已纳入城市体检指标体系当中。在"双碳"目标与城市的高质量发展紧密结合的背景下，下一步城市体检将围绕绿色发展理念，通过政策赋能、技术支撑等路径，进一步增强城市体检查找发现城市发展和规划建设管理上的问题的能力，支持精准施策；同时，以绿色低碳为发展路径，对未来可能产生的问题防患于未然，助力城市体检真正由末端治理转为源头管理。

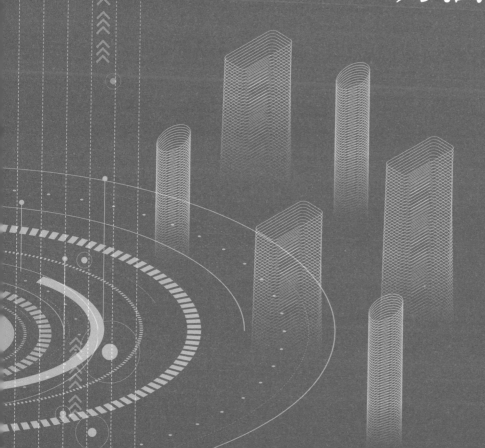

2

方法篇

第 **4** 章

城市体检的总体框架

4.1 城市体检的主要内容

城市体检，是在将城市作为"有机生命体"的语境下产生的词汇。评价城市人居环境的各项指标，构成了城市体检的指标体系，也构成了城市体检的主要内容。2018年，住房和城乡建设部会同北京市政府率先开展了城市体检工作。2019年，住房和城乡建设部设立了36项城市体检指标；2020年，城市体检指标增加到了50项；2021年，城市体检指标增加至65项。同时，城市体检样本城市增加到59个，涵盖31个省、自治区、直辖市。

结合结果导向、问题导向和目标导向，经过3年多的实践探索，目前我国已基本建立了城市体检评估机制，建立了生态宜居、健康舒适、安全韧性、交通便捷、风貌特色、整洁有序、多元包容、创新活力8方面65项指标组成的体检指标体系，形成了城市自体检、第三方体检和社会满意度调查相结合的城市体检工作方法，建立了发现问题、整改问题、巩固提升的成果运用机制。

2021年，住房和城乡建设部贯彻落实党中央关于统筹发展与安全的部署要求，突出底线管控要求，增加了组团规模、新建建筑高度超过80m的住宅数量、城市生态廊道达标率、城市可渗透地面面积比例等指标。同时，为贯彻落实碳达峰、碳中和重大战略决策，增加了反映绿色低碳发展的指标，如单位GDP二氧化碳排放量、社区低碳能源设施覆盖率、绿色交通出行分担率等，更加精准地反映新发展阶段对城市高质量发展的要求。

2022年，住房和城乡建设部进一步聚焦城市更新主要目标和重点任务，提出通过开展城市体检工作，建立与实施城市更新行动相适应的城市规划建设管理体制机制和政策体系，促进城市高质量发展。指标体系进一步结合城市更新工作要求，增加至69项。

4.2 城市体检的总体框架

以体检指标体系为核心，基于目标、问题、结果三个导向，构建"三位一体"工作技术框架，建立发现问题→整改问题→巩固提升的联动工作机制（图4-1）。

（1）城市自体检。样本城市政府是城市体检工作主体，通过开展自体检，摸清城市建设成效和问题短板，依法依规向社会公开体检结果。结合自体检成果，编制城市更新五年规划和年度实施计划，合理确定城市更新年度目标、任务和项目。

（2）第三方体检。住房和城乡建设部组织技术团队对样本城市开展第三方体检，评价样本城市人居环境质量及所在都市圈、城市群建设成效，总结推动高质量发展方面的好经验、好做法，针对共性问题制定出台政策措施。各省、自治区住房和城乡建设厅可以在以往工作基础上，增加省级样本城市数量并组织开展第三方体检。

（3）社会满意度调查。城市自体检和第三方体检同步开展社会满意度调查，住房和城乡建设部组织技术团队对样本城市开展社会满意度调查。通过问卷调查、实地走访等方式，调查分析群众对城市建设发展的满意度，查找群众感受到的突出问题和短板，调查结论和有关建议纳入城市自体检、第三方体检报告。

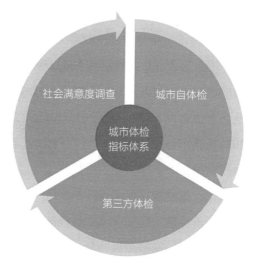

图4-1 城市体检指标体系

4.3 城市体检的技术路线

紧扣城市特性，问题出发、目标引领和特色导向，结合地方政府的重点工作。借助大数据与传统数据分析相结合、纵横向对比分析等技术方法，重点围绕城市运行的8大维度，以及居民满意度调查结果进行综合评估，评价城市实际运行中的实施成效，分析发展实际中存在的问题，提出对策建议（图4-2）。

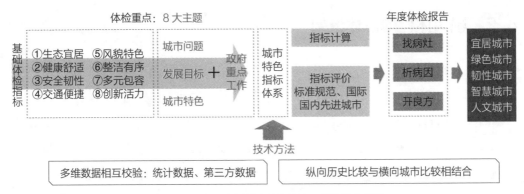

图4-2 住房和城乡建设部城市体检工作的技术框架

4.4 指标体系的构建

4.4.1 指标体系的分类

按照约束性对指标进行分类，可以分为底线指标和导向指标。底线指标是各城市都应该达标的约束性指标，如果底线指标不达标，则底线指标所表征的对象或领域就是城市面临的突出问题，是城市更新中必须要给予高度关注或必须解决的问题。如2021年城市体检指标中的组团间的生态廊道达标率、人口密度大于1.5万人/km²的建设用地规模等指标。导向指标是引导或鼓励城市在规划建设管理中努力去达标或超越的指标，这类指标可能越高越好或越低越好，可能有明确的评价标准，也可能没有明确的评价标准。比如高峰期机动车平均车速、5km幸福通勤比例等指标。

按照指标结果数值特征分类，可以分为正向指标、负向指标和区间指标三类。正向指标是指城市体检指标结果越高越好，比如社区普惠幼儿园覆盖率、再生水利用率、万人上市公司数量等指标。负向指标是指指标越小越好，比如政府负债率、城市历史风貌破坏事件数量等指标。区间指标是指城市体检指标的达标值或合理值是某个区间，区间外就表明该城市指标不达标或需要改善，如可渗透地表面积占比（％）。

从实际操作层面对指标分类，可以分为基础指标和特色指标两类。基础指标是指住房和城乡建设部发布的城市体检指标体系，如2020年城市体检8个维度、50个指标。特色指标是各地方城市在住房和城乡建设部8个维度、50个指标的基础上，结合城市自身的特征、问题、实际情况及发展目标，研究建立的特色指标。

4.4.2 指标体系的构建原则

城市体检指标的遴选要坚持指标可计算、数据可获取、通用性原则。

1．指标可计算原则

城市体检指标要能够量化，必须有合适的计算方法或模型，通过计算获得数值，以便对指标开展定量评价。

2．数据可获取原则

城市体检指标计算所需的数据要有稳定的数据来源，以便对指标结果进行纵向比较，评估城市体检指标所表征对象的变化情况。有可靠的渠道可以获取数据，数据精度要能满足要求，确保城市体检指标计算结果的精度和可信度。

3．通用性原则

城市体检指标一定要确保通用性，能够对不同类型的城市进行体检评估。截至2020年底，我国共有686个城市，从城市规模上看，可以分为超大、特大城市、Ⅰ型大城市、Ⅱ型大城市和中小城市。从区域上看，有东部城市、中部城市和西部城市。从地形地貌上看，有平原城市、丘陵城市、山区城市和沿海城市。

4.5　城市体检评价方法

当前，从粗放型管理形态向精细化管理模式跨越，是中国城市普遍面临的命题，城市体检是推动城市高质量发展的具体实践，城市治理就像找"病灶"、治"病根"，需要从根本上解决问题，这就需要深入查找"城市病"根源，提出"治疗方案"。开展城市体检就是城市治理"找病灶"的过程，这既是我国城市治理体系和治理能力建设的迫切需要，又是推动人居环境高质量发展的重要举措。城市体检评价方法主要有以下三点：

一是单要素特征分析与多要素交叉分析相结合。城市是复杂的巨系统，影响城市发展的因素往往相互联系、互为因果，因此，在开展城市体检评价的过程中，不仅关注单个指标的达标情况，还应善于将不同指标组合起来，通过"指标族"，以多要素交叉分析的办法，考察城市各要素之间的互动关系、匹配性、协调性，最终才能对城市规划建设发展作出全面科学的判断与评价。

二是横向城市对比与纵向历史分析相结合。其一，"城市病"既有"急症"，如紧急突发的公共卫生事件，也有"慢性病"，如交通拥堵和城市内涝问题。"慢性病"是城市体检过程中的主要"城市病"类型。在城市长期的规划建设发展过程中积累下来的"病症"，需要我们在城市体检评估中通过纵向历史维度的长期观察分析得出。其二，城市间的横向对比也是城市体检评估的主要方法，应注意选择在城市规模、性质等方面相近的城市之间开展比较研究，并考虑不同的发展阶段和政策、文化环境，如北京在选择对标城市时，国内的上海，国外的东京、纽约、巴黎、伦敦等人口2000万以上、功能高度复合的大都市常常是比较的对象。

三是主客观评价相结合。城市体检的工作方法中，居民满意度调查主要是以问卷调查的方式，对城市居民对城市规划建设管理的满意度进行采集分析。体检指标体系的数据采集分析，属于城市体检客观评价，而居民满意度调查，则是属于主观评价，将数理分析的客观评估结论与市民切身的主观感受结合一起分析，有利于掌握居民需求和城市治理之间的匹配度，研究提升规划建设服务居民实际需求的能力；有利于客观全面地评估城市发展，践行"人民城市人民建，人民城市为人民"的重要理念。

4.6 城市体检结果的管理与应用

我国已经步入了城镇化的中后期，这一阶段城市更新行动将成为城市发展和建设的主旋律。这就要求城市规划建设管理工作需要通过质量变革、效率变革和动力变革，推动城市经济社会的高质量发展，增强城市的经济竞争力、创新力和抗风险能力，全面建设宜居、绿色、韧性、智慧和人文城市。

城市更新行动的质量变革要求城市经济活动、人口集聚规模要与城市的资源环境承载能力相匹配，改变过去"大量建设、大量消耗、大量排放"和过度房地产化的城市开发建设方式，走内涵式发展道路，以提升城市品质为主的存量提质改造，促进资本、土地等要素根据市场规律和国家发展需求进行优化再配置。城市更新行动的动力变革除重视城市的科技创新外，还要把城市的宜居环境、历史文化风貌和特色作为城市发展的新动力源，提升城市的宜居性、包容性和吸引力。实施城市更新行动的内涵，是推动城市结构优化、功能完善和品质提升，转变城市开发建设方式。随着城市更新行动持续推进，城市功能有望实现全面升级，城市发展方式也将发生根本性转变。

同时，我们也应认识到，推进城市更新不再是简单地修修补补，而是要有系统性、整体性、协同性的观念，同时还要有动态感知、实时评价、及时反馈的工作机制。随着城市体检工作的不断推进，城市体检正成为城市更新工作的先导。城市体检是统筹城市规划建设管理的平台，是提升城市工作整体性、系统性的重要抓手。所谓的城市体检就是对城市人居环境状态、城市规划、建设和管理工作的成效进行定期分析、评估、监测和反馈，准确把握城市发展状态，发现"城市病"，监测城市动态变化，开展城市治理工作，促进城市人居环境高质量发展。因此，我们要把城市作为"有机生命体"，建立完善城市体检评估机制，围绕城市的承载力、宜居性、包容性、安全性和吸引力等，查找"城市病"和城市建设的短板，根据体检结果制定城市更新行动计划。

可以说城市体检工作是城市更新行动的重要抓手，城市体检结果为城市更新行动实施找准了工作的重点，推动了城市更新行动的精准化和科学化，并能实现由事后发现、检查和处理问题向事前监测、预警和防范问题转变，可提高城市治理体系和治理能力的现代化水平，推动城市的高质量发展。

第**5**章

问卷调查

5.1 问卷调查的目的与分类

了解居民满意度是城市体检问卷调查的核心目的与出发点。满意度这一概念源于心理学的认知理论，在社会学、地理学、市场管理、组织行为学等领域应用广泛，既包括对产品或服务整体的总体满意度，也包括产品或服务属性的属性满意度。总体满意度可以采取多维度的标准进行度量，即总体满意度是各属性满意度的加权，而属性满意度既可以通过期望与现实的比较来测度，也可以直接在问卷中询问受访者对产品或服务的具体感知水平。

在现代城市中，居民满意度常用于衡量居民对人居环境各个方面的主观感知和评价，可以分为整体的人居环境满意度和不同维度的人居环境满意度。居民满意度属于生活质量的构成部分，会进一步影响居民的幸福，进而影响到居民的行为决策，例如住房区位选择或在某城市的长期定居意愿，因此具有重要意义。满意度研究的历史源远流长，相关实证工作始于20世纪60年代，主要由社会学家展开。1980年以来，满意度研究在城市地理与城市规划领域中不断得到重视和加强，广泛应用于评估区域人居环境质量、评价规划项目实施效果、分析测算适宜人的环境指标参数等。

5.1.1 人居环境质量评估

居民满意度调查经常被用于评价一定空间单元的人居环境质量，范围涵盖区域、城市、城区、街道和社区等不同尺度，从以人为本视角出发，了解问题与短板，对症下药，从而达到改善人居环境和服务民生的目的。

国际上比较有代表性的基于主观满意度的人居环境评价指标是日本浅见泰司的"居住环境评价系统"，他依据世界卫生组织健康人居环境的4个基本理念，即安全性、保健性、便利性、舒适性，同时加入了可持续理念，在社区尺度上构建了居住环

境满意度评价指标体系。

在全国59个样本城市的社会满意度调查中，围绕城市体检工作的8大维度指标体系（包含生态宜居、健康舒适、安全韧性、交通便捷、风貌特色、整洁有序、多元包容、创新活力），对空间单元内人居环境整体进行评价，分析视角也深入不同社会特征的人群。

5.1.2　规划实施效果评价

随着城市规划制度的完善，规划实施评价的重要性日渐突出，其中社会满意度评价是规划实施社会效用的最直接反映，逐渐成为规划实施评价的重要组成部分。国内外许多研究都是以某一个规划项目为研究对象，讨论使用者对其满意度评价特征，从而考察规划实施结果对规划目标的达成程度，并且作为后续规划实施的评估依据，强调规划实施过程与成就效果的统一。

5.2　社会调查主要内容

城市体检的目的是通过多种手段对城市建设的各方面进行全面评估，在此基础上找出各城市全面提升城市宜居性的努力方向。社会满意度调查的目的是从城市居民主观感受角度发现城市宜居性的优势与不足之处。自20世纪中期至今，宜居城市的内涵由注重物质环境建设扩展到重视城市人文关怀，再到关注城市的可持续性，均融入了和谐发展的思想。在宜居城市建设上，应该最大限度地为居民创造和提供一个居住安全、生活便利、工作愉悦、社会和谐、环境友好、成果共享等发展环境。

导向1：城市更安全。安全是人最基本的需求，宜居城市建设应该首先保障居民的生命、财产和日常行为活动安全。城市的安全性可以大致分为四类：（1）日常生活的安全性，包括犯罪等社会治安问题和交通安全；（2）抵御灾害的安全性，包括地震等自然灾害诱发的灾害，以及火灾等人类活动引发的灾害；（3）城市运行的安全性，包括能源、供水、供热、供气、垃圾处理等城市基础设施运行的安全；（4）居民的食品和药品安全性，这是关系城市生产活动和居民日常生活最直接的问题，也是居民最关心的问题。

导向2：生活更方便。居民日常生活的便利程度是体现城市生活品质的重要方面。宜居城市应当为居民提供多样化和方便的居住、公共服务和生活方式。让城市更加方便，需要从基础设施、公共服务设施、土地利用、人口分布等方面综合考虑，具体包括以下三个方面：（1）控制城市扩张速度，建设紧凑、混合的社区，以增加近距离的就业机会，减少通勤；（2）提供丰富多样的公共服务设施，包括健全的生活服务设施、高质量的教育设施、完善的医疗设施、现代化的文化娱乐设施等；（3）提高交通运行效率，建设现代化的综合交通系统，倡导公共交通出行。

导向3：环境更宜人。清新的空气、令人愉悦的自然之美、健康的人工环境等是宜居城市建设最重要的基础。宜人的环境建设包括四个方面：（1）维护城市的自然环境，把好山好水好风光融入城市，让居民享受到自然之美；（2）营建城市人文环境，保留城市特有的地域环境、文化特色、建筑风格等，提高居民归属感和文明素质；（3）控制各种污染对居民的影响，防治各类污染源、辐射源等有害身心健康的设施对居民造成伤害；（4）合理控制城市人口和用地规模扩张，使人口规模和集疏水平与城市的承载能力相匹配，保留足够的生态空间。

导向4：社会更和谐。宜居是城市发展的最高要求，也关系到居民的幸福感。建设包容和公正的社会体系应从三个层面入手：（1）创造包容和公正的社会环境，为不同群体的居民提供适合自身特点的发展机会和条件；（2）创建共享的城市发展的机制，为居民提供平等的就业和享受义务教育的机会，共享城市发展的成果，如最基本的社会保障；（3）关注弱势群体的生存和发展，在制度设计上以及全社会层面形成关注低收入群体、老年人以及残疾人等弱势群体的环境。

导向5：经济更繁荣。经济繁荣、充满活力是宜居城市建设的基础，在维持环境和社会可持续发展的同时，如何进一步增强城市经济活力，包括城市经济的稳定发展、住宅供求平衡、与社会发展相适应的城市结构、提供充足的就业机会等。

在上述导向分析的基础上，社会满意度调查的主要内容如表5-1所示。

城市体检社会满意度调查主要内容　　　　　　　　　表5-1

调查主要方面	调查内容
生态宜居	居民对公共开敞空间、建筑密度、亲水空间、污染治理等方面的满意程度
健康舒适	居民对房租、房价、市场、老旧小区改造、物业管理、公共空间、邻里关系等方面的满意程度
安全韧性	居民对治安、交通安全、紧急避难场所、医疗废弃物处理、垃圾分类、供水、管网等方面的满意程度
交通便捷	居民对步行、骑行、公交环境、道路通畅性、通勤时间等方面的满意程度
风貌特色	居民对历史街区保护、修复与利用、建筑独特性、山水风貌保护、城市文化特色塑造等方面的满意程度
整洁有序	居民对城市形象与城市卫生的满意程度

调查主要方面	调查内容
多元包容	居民对外来人口、国际人士、弱势群体、低保水平、社会保障、无障碍设施等方面的满意程度
创新活力	居民对工作机会、创业氛围、营商环境、创新环境、人才引进等方面的满意程度

5.3　问卷设计

问卷调查以反映居民对城市各方面真实感受的主观评价指标为主。问卷设计秉承全面性与层次性相结合原则。城市是一个复杂巨系统，宜居城市评价指标也应该是有体系的，应由不同的宜居子系统共同组成。宜居城市评价是一个综合的多维概念，因此评价指标选取要全面反映宜居城市建设的各个重要方面，对于关键宜居要素尽力避免遗漏，像教育医疗、休闲娱乐、社会安全、交通出行、自然环境和人文环境等方面所涉及的城市宜居要素都应该有所体现。

5.3.1　评价指标体系设计

构建城市体检社会满意度指标体系时，主要遵循两个原则：首先是全面性与层次性相结合，其次是主观与客观评价指标体系要对应。

城市体检社会满意度评价体系的设计应当体现对居民城市生活各个维度的全面关切，而非对所有单个指标的简单罗列；还应体现不同指标组合的层次性，由宏观到微观层层深入，把同一维度的独立指标进行归类组合，形成统一的有机体，能够明晰宜居城市发展的具体内涵和把握未来城市建设的重点方向。

主观评价与客观评价是互为补充的城市体检双视角。主观满意度是对客观环境建设情况的反映，而客观指标是提升主观满意度的现实抓手。社会满意度评价与自体检和第三方体检的评价体系对应，并根据问卷调查的需要和不同城市特色部分指标进行合理的分解或调整。

5.3.2　社区问卷设计

调研内容应向城市体检指标中与社区建设、社区配套设施、民生服务等相关领域靠拢，着重覆盖社区人口、配套、基础设施、公共空间等人居环境建设方面（表5-2）。

住房和城乡建设部2022年城市体检社会满意度社区问卷设计　　表5-2

序号	题目名称
一	社区基本信息
1	请在地图上点选社区大概的位置：
2	您的社区职务是：
3	您所在社区辖区内的总占地面积为：（km^2）
4	您所在社区辖区内的常住人口数量为：（人）
5	其中，流动人口数量为：（人）
6	您所在的社区主要属于以下哪种类型？
7	您所在社区包含的居住小区数量为：（个）
8	您所在社区内，在建成时未安装电梯的既有住宅楼单元数量为：（个）
9	其中，在更新改造中累计完成电梯加装的既有住宅楼单元数量为：（个）
二	社区基本公共服务设施
10	您所在的社区内是否拥有以下公共服务设施？
三	社区便民商业服务设施
11	您所在的社区内是否拥有以下便民商业服务设施？
四	社区市政配套基础设施
12	您所在社区的小汽车停车位缺口比例约为：（%）
13	社区内住宅到周边设施和公共活动空间的人行道、自行车道是否连贯？
14	社区内是否拥有以下环境卫生设施？
15	社区内是否拥有以下低碳能源设施？
五	社区公共活动空间
16	您所在社区内的公共活动空间是否充足？
17	社区体育场地的总面积约为：（m^2）
六	社区物业管理
18	您所在社区内实施专业化物业管理的住宅小区数量为：（个）
七	社区管理机制
19	您所在的社区是否开展了以下活动？
20	您所在的社区采取了哪些方式推动居民共治共享？
八	城市体检反馈
21	您对"一年一体检、五年一评估"的城市体检工作制度是否满意？
22	您对城市体检工作的总体满意度

5.3.3　居民问卷设计

为反映城市居民日常生活的真实感受，充分体现以人为本的城市发展理念，在遵循全面性、层次性、科学性、动态性等基本原则前提下，根据本次调查目的，重点围绕生态宜居、健康舒适、安全韧性、交通便捷、风貌特色、整洁有序、多元包容、创新活力等方面构建城市主观评价指标体系。最终形成问卷如表5-3所示。

住房和城乡建设部2022年城市体检社会满意度指标体系与问卷对应表　表5-3

序号	问题描述	一级指标	对应二级指标
一	对城市整体的评价		
1	您对城市开敞空间是否满意	生态宜居	开敞空间
2	您对城市亲水空间是否满意	生态宜居	亲水空间
3	您认为城市 PM2.5 等空气污染严重吗	生态宜居	PM2.5 等空气污染
4	您认为所在城市文化设施使用方便吗	风貌特色	文化设施
5	您对城市历史街区保护是否满意	风貌特色	历史街区保护
6	您对城市历史建筑与传统民居的修复和利用是否满意	风貌特色	历史建筑与传统民居的修复和利用
7	您对所在城市房价的可接受程度	多元包容	房价可接受程度
8	您对所在城市房租的可接受程度	多元包容	房租可接受程度
9	您认为城市住房租赁市场的规范程度	多元包容	住房租赁市场的规范程度
10	您认为城市对外来打工人员生活和就业的关照程度	多元包容	外来人口友好性
11	您对城市保障性住房建设是否满意	多元包容	保障性住房建设
12	您对城市棚户区及城中村改造水平是否满意	多元包容	棚户区及城中村改造水平
13	您认为所在城市对自然灾情的提醒是否及时	安全韧性	自然灾害预警
14	您对城市自然灾害和安全事故的应对能力是否满意	安全韧性	自然灾害及安全事故灾后应对
15	您对城市的安全宣传与教育是否满意	安全韧性	安全宣传教育
16	您对城市的疫情防控能力是否满意	安全韧性	疫情防控能力
17	您对城市人才引进政策是否满意	创新活力	人才引进政策
18	您对城市工作机会是否满意	创新活力	工作机会
19	您对城市开公司、办企业、做买卖政策扶持是否满意	创新活力	市场环境
20	您认为所在城市对年轻人的吸引力	创新活力	年轻人吸引力
二	对居住区周边的评价		
21	您是否因周边人口密度过高感觉不舒适	生态宜居	人口密度
22	您进入周边公园绿地方便吗	生态宜居	公园绿地方便性
23	您认为周边地区噪声污染严重吗	生态宜居	噪声污染
24	您认为周边水体是否发臭或变色	生态宜居	水体污染

续表

序号	问题描述	一级指标	对应二级指标
25	您认为日常就近购物方便吗	健康舒适	日常就近购物
26	您对大型购物中心等设施是否满意	健康舒适	大型购物中心
27	您对社区老年食堂 / 饭桌是否满意	健康舒适	社区老年食堂 / 饭桌
28	您对社区养老设施是否满意	健康舒适	社区养老设施
29	您对社区婴幼儿托育服务设施是否满意	健康舒适	婴幼儿托育服务设施
30	您对社区户外儿童活动设施是否满意	健康舒适	户外儿童活动设施
31	您对小学就近入学是否满意	健康舒适	小学就近入学
32	您对社区卫生服务中心是否满意	健康舒适	社区卫生服务中心
33	您对社区体育场地是否满意	健康舒适	社区体育场地
34	您对社区电动自行车充电桩是否满意	健康舒适	社区电动自行车充电桩
35	您对社区道路、健身器材等基础设施维护水平是否满意	健康舒适	社区道路、健身器材等基础设施维护
36	您对社区志愿者服务是否满意	创新活力	社区志愿者服务
37	您对社区邻里关系是否满意	健康舒适	社区邻里关系
38	您对老旧小区改造是否满意	健康舒适	老旧小区改造水平
39	您对小区垃圾分类水平是否满意	整洁有序	小区垃圾分类
40	您对小区物业管理是否满意	整洁有序	物业管理
41	您认为周边地区街道干净吗	整洁有序	街道卫生
42	您对社会治安是否满意	安全韧性	社会治安
43	您认为各种车辆及路人违反交通规则的情况多吗	安全韧性	交通秩序
44	您认为社区消防安全隐患严重吗	安全韧性	消防安全隐患
45	您对紧急避难场所设置是否满意	安全韧性	紧急避难场所
46	您周边地区急诊就医方便吗	安全韧性	急诊就医的方便程度
47	您周边地区在大雨天气后内涝积水严重吗	安全韧性	内涝积水
48	您对步行环境是否满意	交通便捷	步行环境
49	您对骑行环境是否满意	交通便捷	骑行环境
50	您对公交等候时长是否满意	交通便捷	公交等候时长
51	您认为公共交通换乘方便吗	交通便捷	公共交通换乘
52	您对道路通畅性是否满意	交通便捷	道路通畅性
53	您认为小汽车停车方便吗	交通便捷	小汽车停车方便性
54	您认为您上下班路上花费时间长吗	交通便捷	通勤时间
55	您认为车辆乱停乱放现象严重吗	整洁有序	停车管理
56	您所在城市盲道被占用的情况多吗	多元包容	盲道占用
57	您认为城市供婴儿车、手推车、轮椅通行的路边坡道设置方便吗	多元包容	路边坡道设置

续表

序号	问题描述	一级指标	对应二级指标
三	个人情况和生活评价		
58	与去年相比，您认为城市建设各方面是否有所改善		
59	您在本小区的住房是		
60	您的家庭住房支出（房租和房贷）占家庭总收入的百分比		
61	您日常出行主要采取的交通出行方式		
62	您上下班（上下学）路上单程花费的时间为多少分钟		
63	您上下班（上下学）路上单程距离为多少公里？		
64	您的性别		
65	您的年龄		
66	您的学历		
67	您的职业		
68	您的家庭年总收入约为（一起居住的家庭人口的总收入，包含工资和年底奖金分红等）		
69	您家里同住多少人（自己住请选 1）		
70	您与哪些家人同住		
71	您的户籍		
72	目前这种生活状态您觉得		
73	与周围您认识的人相比，您的收入		
74	与同龄人相比，您的社会经济地位		
75	您觉得您的身体健康状况		
76	您是否考虑长期（至少五年）在这个城市生活		

5.3.4　专项特色问卷设计

针对不同城市的城市体检工作不同侧重点，为了凸显各城市的城市特色，与其客观指标相对应，社会满意度调查中还可增加更适合城市功能定位和城市特色的评价指标。例如针对一线城市，可以增加"国际化程度""对外开放程度"等问卷；针对历史文化名城，可增加"历史文化遗产保护"的相关问卷（表5-4）。

×× 市历史文化遗产保护满意度调研问卷　　　　　　表5-4

序号	专项问卷	题目类型
1	×× 市的城市文化氛围很浓郁	评分题
2	×× 市是一座富有文化特色的城市	评分题
3	×× 市的城市形象很鲜明	评分题

续表

序号	专项问卷	题目类型
4	××市城市景观风貌充分体现了地方文化特色	评分题
5	××市是一座具有文化魅力的城市	评分题
6	××市的文化遗产得到了充分保护	评分题
7	××市的文化遗产资源得到了充分的开发利用	评分题
8	××市的文化遗产和特色得到了充分展示和宣传	评分题
9	我积极保护××市的历史文化和遗产	评分题
10	我愿意向他人宣传介绍××市的历史文化和遗产	评分题
11	你认为××市最具有代表性的历史文化标志是什么	多选题

5.3.5 开放式提案

开放式提案是以"路见PinStreet"（以下简称为"路见"）微信小程序为载体，提供科学高效的公众参与平台，通过预设提案类别，有效引导公众针对与这些类别相关的问题进行提案，精准征集公众图文提案与位置坐标，依托空间可视化与语义分析模块，挖掘空间分布和观点共识，为各类城乡规划研究提供民意支撑。相比客观调查问卷，使用"路见"小程序收集的开放式提案内容自由度更高，公众参与方式更多样化，可以更好地从自身出发对于预设问题进行补充与深化；居民提案内容涉及范围更广，内容更丰富（图5-1）。

通过使用"路见"收集的开放式提案数据包含的属性更多元，同时也弥补了客观调研中对于空间进行精准定位的缺失。针对"路见"收集提案的空间地理信息属性，可以基于GIS地理信息系统进行空间上的分析，形成基于提案数量的提案热力图。

图5-1 "路见PinStreet"开放式提案类别预设

通过对公众提案内容的分析及处理，将提案分析成果转换成报告形式输出，对客观问卷打分调研报告进行补充，并将其反馈给政府或者相关机构，再实时公布问题改善进展，形成政府与公众的双向反馈（图5-2）。

以2019年沈阳城市体检为例，在数据采集阶段创新性地采用问卷打分、开放式提案两种采集方式对公众建议进行高效收集，双轨机制全面地推广并获得了市民的广泛参

图5-2　"路见PinStreet"开放式提案热力分析图

与。通过使用"路见"进行开放式提案征集活动，将提案数据进行空间多维解析和语义深度挖掘，实现"自下而上"百姓献策与"自上而下"专业诊断有机融合，使得政府提出的专业诊断热点问题均获得了居民的建议和改进方案，发挥了公众参与在城市体检中的重要性。

在2019年沈阳城市体检中，使用"路见"收集的开放式提案可以更直观地了解居民的需求，弥补客观打分问卷调查的不足之处。沈阳调查问卷部分主要围绕城市体检指标体系进行公众打分，调查内容仅涉及7个方面。而开放式提案部分在话题设计类别能够分析得出差异性结论。通过热点问题识别和词频统计，发现居民最关注的三类问题分别为公共交通、步行与过街、环境污染，相关提案数超过26000条。从居民参与程度上看，开放式提案在实现对不同类人群的有效覆盖的基础上，对客观问卷的公众参与者进行了补充，其中已经有孩子的中年人参与最多，占总参与人数的66%；其次是工作的青年群体，占比23%；学生群体和老年群体参与程度较低，分别为8%和3%。此外，基于开放式提案的全空间覆盖提供了丰富的空间维度信息，能够分区域识别诉求特征，区分城市和村镇地区的居民需求差异。开放式提案对城市体检相关指标进行了有效补充，完善了城市体检的指标体系，使得公众参与程度更高、更有效（图5-3）。

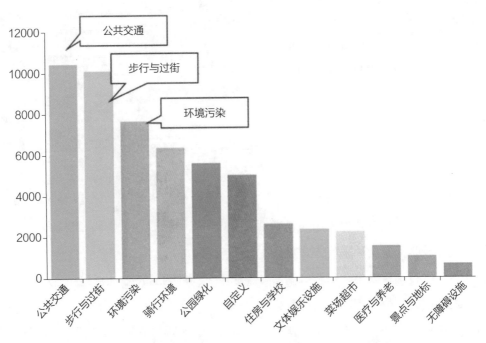

图5-3　2019年沈阳城市体检使用"路见PinStreet"收集开放式提案高频问题

5.4　调查实施方式

5.4.1　调查样本数量控制

首先，根据城市建成区的人口规模与占地面积，确定问卷收集总体样本的数量（一般为城市建成区总人口的万分之一）。再根据建成区范围内的社区数量和各社区人口规模，自上而下确定社区层级的调查样本配额数量。在调查实施过程中，需要保证受访者具有代表性，空间分布与人群构成合理。为了能够收集到足够数量的样本，建议搭建自上而下和自下而上相结合的社会满意度调查组织机制，使调查活动得到快速推广，倡导市民广泛参与城市体检工作。

5.4.2　调查对象与范围

城市体检问卷调查要求调查对象为16周岁以上的本地常住人口，即相对稳定居住半年以上的居民，并确保受访者对所居住城市环境有一定的了解和认识。并且，为了保证主客观体检数据的匹配，问卷调查范围和该城市上报的城市体检范围一致，以城市化区域为主。

5.4.3 自上而下的宣传推广

针对不同区县、街道等制订不同的问卷收集任务，从而提高样本的代表性、总体估计值的精度和抽样方案的效率。各城市及区县组织自上而下的街道宣贯会，保证各街道、社区组织人员能熟练使用软件的相关功能，并熟练指导居民填写问卷。

宣贯会流程如下：

（1）召集街道负责人进行"社会满意度调查"动员；

（2）介绍满意度调查流程、任务；

（3）参会人员实际操作进行测试；

（4）"社会满意度调查"工作答疑。

在本地有影响力的媒体、报刊、电视、网络论坛、公众号、居民群等发布活动信息，加大广大居民对城市体检工作的了解、参与、支持力度，及时回应群众关切，把群众满意度作为衡量城市高质量发展水平的重要内容，同时为推进城市体检工作营造良好的舆论环境，加深居民对于社会满意度调查的认知。

5.4.4 问卷收发形式

综合考虑问卷预期回收质量、回收效率等，社会满意度调查全部采用网络问卷的形式。通过多种渠道将问卷以网页、小程序等形式在居民中分发和回收。

目前问卷调查有线上调查和线下调查两种方式。线下调查方法能够加强与被访者互动交流、控制问卷回答质量，但调查成本较高，对调查员素质要求严格，且不易访问门禁社区、开车人群。

2022年住房和城乡建设部样本城市体检涉及59个城市，主要采用线上调研的方式，通过"城市体检信息自采集平台"进行，采取自上而下的方式，由每个城市的住房和城乡建设局向调查范围内各行政区—街道—社区对样本量进行分派，再由被调查区的社区干部分别填报社区管理员问卷，最后由社区干部控制好性别、年龄等样本属性，邀请本社区居民回答满意度问卷。

5.4.5 问卷质量控制

社区问卷调研主要面向社区干部，即负责社区各项事务及管理的社区居委会人员等。由于社区问卷只收取一份，要求社区管理人员准确填写社区各项基本信息，避免多次填写，造成社区基本数据采集混乱。

在开展面向居民问卷收集和主观提案工作时，首先要确保问卷总量达到要求，同时要尽量保证问卷在空间覆盖度和各社区问卷数量的均衡。尽量和本城市真实人口结构接近，男女性别比例相当、年龄分布均匀：16—30周岁30%左右；30—60周岁55%左右；60周岁以上15%左右，比例浮动不超过5%。涵盖政府工作人员、企事业单位、工人、个体经营者、待业者等各行各业人员；流动人口、本地人口；覆盖低、中、高收入人群。

在问卷收集过程中，从问题填写时间、人群、打分情况等角度，对问卷与公众诉求数据进行实时分类统计。精准查询各时段的问卷与提案采集进展、各受访人群的占比情况，灵活调整问卷收集策略。

5.5　数据分析

5.5.1　问卷清洗与预处理

社会满意度分析采用理论分析与实证研究相结合、定性推理与定量演算相结合的研究方法，在宜居城市理念下进行实证分析。问卷数据进行正式分析前，将利用数理统计等方法进行处理。

保证数据质量是对数据进行有效分析和挖掘的基本条件。一是通过检查软件自动定位和居民选填地址的匹配性，查看问卷填写时长、量表题同分比例、前后逻辑自洽性和数据完整性等多种手段，识别并去除异常样本。二是在问卷收集过程中开展全程抽查，避免出现任何错误数据被复制的情况。三是通过数据质量模型管理，对导入的存量数据进行质量核查，保证问卷数据的真实性、科学性和准确性。

整理回收的调查问卷，均采用李克特五点量表尺度进行问答，按居民的满意程度从高到低依次为"非常满意、满意、一般、不满意、非常不满意"五种类型，分别赋值100、80、60、40和20分，同时增加"不了解"选项，避免居民对调查内容项目了解程度不够造成误答（表5-5）。

某市问卷预处理后数据　　　　　　　　　　　　　表5-5

ID	您对城市开敞空间是否满意	您对城市亲水空间是否满意	您认为城市PM2.5等空气污染严重吗	您认为所在城市文化设施使用方便吗	您对城市历史街区保护是否满意	……
XXX690	80	80	80	60	60	……
XXXaaa	100	100	100	100	100	……
XXXe6c	100	100	—	100	100	……
XXXf5b	100	100	60	80	60	……

续表

ID	您对城市开敞空间是否满意	您对城市亲水空间是否满意	您认为城市PM2.5等空气污染严重吗	您认为所在城市文化设施使用方便吗	您对城市历史街区保护是否满意	……
XXX5aa	100	100	100	100	100	……
XXX5cd	80	80	80	80	80	……
XXX844	80	80	60	80	……	……
……		……				

5.5.2　指标计算

社会满意度的计算主要包括3个方面，一是二级指标得分的计算，二是一级指标得分的计算，三是城市体检评估总体社会满意度的计算。

1．二级指标得分计算

通过问卷问题与相对应的指标进行一一对应，分别统计所有二级指标的总体满意度评价各项分值的样本数量，计算得出每项二级指标的满意度评价分值的平均值，即为二级指标的满意度分项得分（表5-6）。

某市生态宜居下7个二级指标计算结果　　　表5-6

问题名称	100 分项	80 分项	60 分项	40 分项	20 分项	分项总分
开敞空间	2080	899	197	18	10	91.34
亲水空间	2060	917	184	18	7	91.42
PM2.5 等空气污染	1747	824	447	89	17	86.86
人口密度	1215	1232	561	140	29	81.81
公园绿地方便性	1837	906	337	79	32	87.81
噪声污染	1381	991	616	158	41	82.05
水体污染	2030	700	369	36	6	90

2．一级指标得分计算

社会满意度调查的8个一级指标得分情况通过计算该项一级指标下所有二级指标的平均值获得。如表5-6所示，生态宜居一级指标下有7个二级指标，则生态宜居指标的得分为7个二级指标的平均值（图5-4）。

3．城市体检评估总体社会满意度计算

在获取社会满意度各项一级指标评价得

图5-4　某市8个一级指标计算结果

41

分后，利用各指标的得分计算平均值，进而得出城市体检评估总体社会满意度分数。

5.5.3 分析方法

1. 群组分析

不同居民个体的社会经济属性存在较大差异，自身属性、家庭背景及生活背景等对生活环境的认知差异巨大，这些差异会影响到居民对社会满意度的评价。社会满意度分析以各项指标的得分为因变量，以居民的社会经济属性特征中户籍、年龄、学历、职业、收入水平作为自变量。

首先根据居民的社会经济属性特征按分类进行统计，再分别计算各项指标分值。应用交互方法通过对各类不同居民群体与指标分值横向对比，进而探讨居民群体对城市建设情况满意度的差异程度，有助于更精准地把握人居环境满意度人群分异特征，从而更好地制定发展政策，切实将百姓建议落实到政府帮扶政策中（图5-5、图5-6）。

2. 空间集聚分析

为了直观地探索居民满意度评价的空间分异规律，运用GIS空间分析技术，基于不同评价单元内居民的满意度情况，将指标得分与评价单元空间属性进行链接，用来探寻居民满意度的空间分布格局和集聚特征。

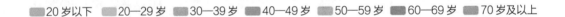

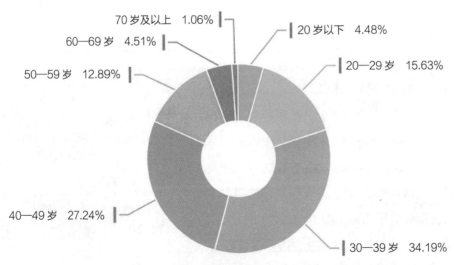

图5-5 某市问卷按不同年龄统计分类结果

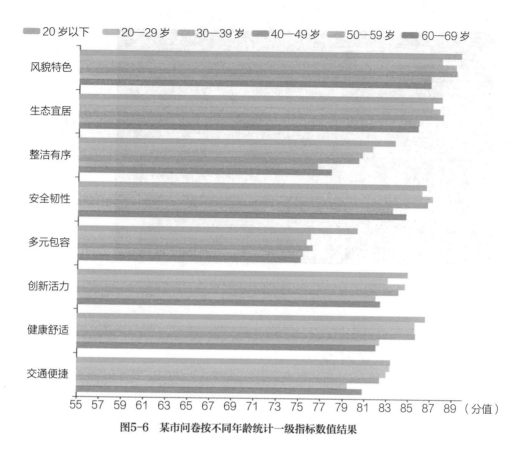

图5-6　某市问卷按不同年龄统计一级指标数值结果

社会满意度分别以市辖区、行政区、建成区和街道为评价单元，在不同空间维度下，对居民满意度空间分异形态进行定量评价。进一步发现城市空间分布中的发展优劣势，以便针对城市内部不同尺度环境中居民的需求，能够科学地提出发展规划策略上的有效建议，加强公众参与到城市体检中的有效性（表5-7、图5-7）。

某市各市辖区生态宜居维度下7个二级指标计算结果　　表5-7

相关问题	A区	B区	C区	D区	E区
开敞空间	92.35	91.94	91.6	92.17	89.5
亲水空间	92.06	91.68	92.09	93.16	88.95
PM2.5等空气污染	90.62	87.86	85.44	87.15	86.82
人口密度	84.71	82.91	80.51	79.95	82.8
公园绿地方便性	90	89.26	88.36	85.77	85.88
噪声污染	84.78	83.21	81.19	79.71	82.64
水体污染	94.15	90.91	90.6	87.79	88.72
分项总分	89.81	88.25	87.11	86.53	86.47

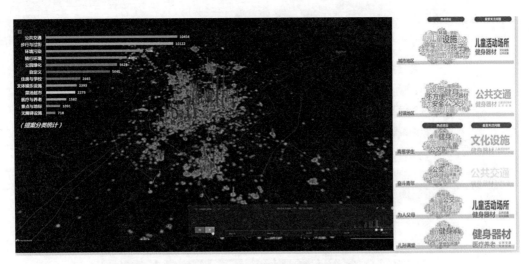

图5-7　某市居民开放式提案空间分布

5.6　报告的主要内容

社会满意度调查报告主要包括以下5个方面：（1）社会满意度评价总体结论；（2）主要问题；（3）不同人群满意度评价特征分析与交叉分析；（4）城市发展建议；（5）为制定城市发展方案提供有价值的指导与方向（图5-8）。

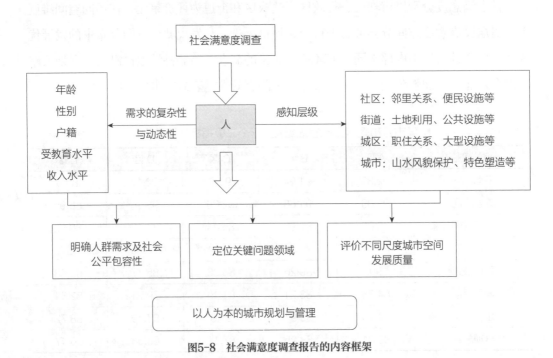

图5-8　社会满意度调查报告的内容框架

5.6.1　社会满意度评价总体结论

总结城市社会满意度整体情况和评分结果，并深入分析8大维度中各项二级指标的得分差异，有效地找出居民对城市发展建设当中满意的方面，精准地定位居民反映强烈的"急难愁盼"的城市短板。

5.6.2　发现城市主要问题

聚焦民生重点，从生态宜居、健康舒适、安全韧性、交通便捷、风貌特色、整洁有序、多元包容、创新活力8大维度切入，结合市辖区、行政区、建成区和街道不同空间尺度的评价结果找出指标得分明显较低的具体问题，根据城市发展现状，分析具体问题满意度得分较低的深层原因，找到"城市病"的根源，为城市发展战略重点工作的部署提供参考。

以2021年重庆城市体检为例，为更加真实地反映市民诉求，对标标杆城市、体现重庆特色，重庆市构建了"65项基本指标+18项特色指标+28项补充指标"的自体检指标体系。为了解决市民关心的具体问题，重庆城市体检形成了"一表三单"的城市体检会诊成果。其中，"一表"为"城市体检综合诊断表"，由综合指标计算的客观评价与居民满意度调查的主观评价汇总而成；"三单"包括"城市发展优势清单""城市发展短板清单"和"城市病清单"。重庆市结合"一表三单"体检成果制订问题与任务清单，分送34个市级相关部门和有关区政府，向辖区政府提供7000余条居民开放式提案信息，督促对2800余个经核实需要整改的问题限期整改，让更多市民乐享高品质生活。

5.6.3　不同人群满意度评价特征分析

探讨群体差异，从户籍、年龄、学历、职业、收入水平五种社会经济属性切入，将评价结果与人群属性链接，关注不同人群的满意度评价差异，从更微观的个体尺度上了解差异化的居民需求，以便提出更有针对性的规划建设意见，尤其是能够确定老年人、流动人口等弱势群体的真实需要，有助于制定分类引导的政策和规划。

5.6.4　交叉分析

根据公众提案数据库，通过对公众调查的数据进行多维分析和语义深度解读，进行用户特征素描、用户行为统计、提案统计、热点分析、分类信息提取、语义分析与词云、特定信息筛选等相关分析，识别公众需求与场地核心问题，与问卷打分情况进行整合和交叉分析，精细化满意度调查结果。

5.6.5 城市发展建议

着重考虑居民对于城市居住的主观感受，刻画其在城市内部的空间分异特征，辨识不同人群的差异化需求，并开展主客观交叉分析等，剖析各影响因素间的相互关系，追溯居民满意度评分结果背后的深层原因。结合城市定位和重点工作，研判未来趋势，探索建设宜居城市的必要条件和相关措施，提出为进一步改善城市人居环境的可行性建议，为城市发展和城市更新工作部署提供有力支撑。

在2021年重庆城市体检中，建立了"体检资源共享、体检成果共用"的合作开放机制，为各单位推进专项工作提供决策辅助，最终实现体检结果引领城市高质量发展。一方面，重庆市将体检发现的问题和相关建议融入重庆市城市基础设施建设、住房发展、城乡人居环境建设、城市道路建设、城市轨道交通建设、城市综合管廊建设、海绵城市建设、城市排水设施及管网建设8个"十四五"专项规划。另一方面，城市体检结果也助推了一些政策文件的制定。在体检中发现重庆老旧小区建筑面积大，改造工作推进难度大等问题，提出了"创新政策支撑，加强资金保障，探索建立政府引导、市场参与、居民共治的老旧小区改造长效运行机制""将社区治理能力建设现代化融入改造提升过程，促进城镇老旧小区治理模式创新"等建议，已融入2021年8月出台的《关于全面推进城镇老旧小区改造和社区服务提升工作的实施意见》。

第**6**章

数据采集与处理技术

6.1 城市体检数据分类

第三方城市体检的数据源以社会大数据为核心，以政府统计数据为辅，重点利用人工智能、网络爬虫、地理信息系统、遥感、物联网等技术，建立八大数据自采集系统，对卫星影像、历史地图、自媒体数据、感知大数据、抽样调查数据等进行采集和处理，建立指标计算模型和算法，完成第三方城市体检的指标计算和城市体检评价。

以2020年住房和城乡建设部第三方城市体检为例，各指标数据源归类如下：

区域开发强度、城市开发强度、城市蓝绿空间占比、公园绿地服务半径覆盖率、高层高密度住宅用地占比、高密度医院占比、人均避难场所面积、工业遗产利用率、城市二级及以上医院覆盖率、城市传统商贸批发市场聚集程度、建成区公厕设置密度，以上11个指标的数据源为遥感大数据、兴趣点（POI）数据、兴趣面（AOI）数据。

城市人口密度、建成区高峰时间平均机动车速度、城市道路网密度、城市常住人口平均单程通勤时间、城市国内外游客吸引力、常住人口基本公共服务覆盖率、城市居民最低生活保障标准占上年度城市居民人均消费支出比例、城市常住人口户籍人口比例、城镇新增就业人口中大学（大专及以上）文化程度人口比例、全社会研究与社会发展（R&D）支出占GDP比重、非公经济增长率、万人高新技术企业数，以上12个指标的数据源为百度、高德、智库2861、手机信令等社会大数据。

空气质量优良天数、城市水环境质量优于五类比例、城市万车死亡率、房租收入比、房价收入比，以上5个指标的数据源为生态环境保护部、中国安全生产科学研究院、房地产协会、蔚蓝地图等部委和机构的数据。

城市绿道密度、新建建筑中绿色建筑占比、社区卫生服务中心门诊分担率、城市建成区积水内涝点密度、城市每万人年度较大建设事故发生数、城市医疗废物处理能力、人均城市大型公共设施具备应急改造条件的面积、城市历史文化街区留存率、城市历史建筑平均密度、城市生活垃圾回收利用率、城市生活污水集中收集率、城市各类管网普查建档率，以上12个指标的数据源为地方城市上报数据、行业统计数据。

社区便民服务设施覆盖率、社区养老服务设施覆盖率、普惠性幼儿园覆盖率、人均社区体育场地面积、老旧小区个数占比、人均体育场地面积、老旧小区停车泊位与小汽车拥有量的比例、公共交通出行分担率、实施专业化物业管理的住宅小区占比、公共空间无障碍设施覆盖率，以上10个指标的数据源为抽样问卷调查数据。

第三方城市体检团队针对天津市老旧小区和社区配套设施情况等开展抽样问卷调查，共采集问卷2543份，经清洗后有效问卷为1653份，有效问卷的空间分布较为均衡。

6.2 数据采集与处理要求

1．空间参考基准系

为推动体检数据的共享，提高城市体检指标结果的准确性，城市体检空间数据必须使用统一的空间参考，具体如下：

2000国家大地坐标系CGCS2000（China Geodetic Coordinate System 2000）。

1985国家高程基准（1985 National Elevation Benchmarks）。

2．时间基准要求

中共中央办公厅、国务院办公厅印发《关于推动城乡建设绿色发展的意见》，意见要求各城市开展城市体检。住房和城乡建设部已连续三年在全国开展城市体检工作，2019年11个样本城市，2020年36个样本城市，2021年59个样本城市。城市体检数据库会有多个年份的城市体检数据，必须用时间对数据进行明确标记，以区分同一指标不同年度的结果，支撑对指标进行纵向对比分析。

城市体检数据的时间属性可以分为两大类：一类是跟年度体检相对应的年份信息，比如2020年城市体检和2019年城市体检。指标体系、指标结果数值及对应的空间数据均需表明年份时间。另一类是指标计算所使用数据的采集时间，如城市重要节假日的国内外游客数量，采集的是上一年度"五一""十一"的国内外游客数量。

3．空间数据入库格式

空间数据处理软件种类较多，常见的有SuperMap、ArcGIS、MapGIS、Envi、Erdas、PIE等，相应的数据格式也有很多种，为了便于数据共享及使用，矢量数据统一以shapefile格式入库，栅格数据以tiff格式或img格式入库。上述格式均是常见及绝大多数软件都可以识别和使用的格式。

4．指标分类编码

城市体检指标体系包含一级指标和二级指标，一级指标包含生态宜居、健康舒适、安全韧性、交通便捷、风貌特色、整洁有序、多元包容和创新活力，共8个，每个一级指标下面再分若干个二级指标。生态宜居、健康舒适等8个一级指标用一个大写字母表示，分别对应字母A—I。每个一级指标下面的二级指标用8位字符加数字进行分类编码（图6-1）。

第一位的大写字母表示一级指标，第2、3位以两位数字表示二级指标的顺序，按顺序以01—99两位数字表示。考虑到城市体检指标尚未完全固定，每年的体检指标可能会有一定的调整，因此分类码中应有城市体检年份信息，故第4—7位为四位数的城市体检年份，如"2021"代表该指标是2021年城市体检的指标。对城市自体检而言，还会在住房和城乡建设部发布的指标体系基础上进一步增加特色指标，因此在第8位以字母"T"代表特色指标，字母"O"代表非特色指标。

以一级指标"健康舒适"为例，其二级指标的分类码示例如表6-1所示。

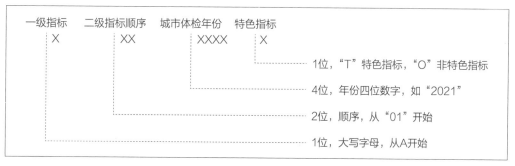

图6-1　城市体检指标体系分类编码规则

城市体检二级指标分类码示例　　　　　　　　表6-1

一级指标	二级指标	分类码
健康舒适（B）	完整居住社区覆盖率	
	社区便民商业服务设施覆盖率	
	社区老年服务站覆盖率	
	普惠性幼儿园覆盖率	
	社区卫生服务中心门诊分担率	
	人均社区体育场地面积	
	社区低碳能源设施覆盖率	
	老旧小区改造达标率	
	新建住宅建筑密度超过30%的比例	

虽然每年的城市体检指标体系会有所变化，但也会有指标保持不变，因此需要给每个指标设置唯一ID，用计算机生成。

5．指标结果校验规则

对于以百分比为最终结果的，保留百分数小数点后1位，如70.1%。对于以整数表示最终结果的，不能有小数，如当年新建住宅高度超过80的栋数，36栋。对于其他结果就包含小数的指标结果，原则上只保留小数点后1位，如万人新增中小企业数55.6家，但是对于指标结果普遍比较小的，可以根据所有样本城市该指标结果的分布规划合理设置小数位数，如建成区积水内涝点密度（个/km^2），大部分城市在0.01—0.25之间，就规定该指标保留小数点后2位。

6．元数据

城市体检数据种类多、时效性强，涉及纵向与横向比较分析，为确保数据的可用性及生命力，必须对元数据进行详细记录。元数据内容包括：数据名称、对应的体检指标名称、体检年份、数据采集时间、数据格式、分辨率（遥感数据）、数据源名称、数据所有单位等。

7．版本管理

从2019—2020年的城市体检实践看，每一个体检年度的指标体系都会有或大或小的调整，地方城市也会根据自身特色及年度重点任务适当增加体检指标，因此必须在数据库中明确标明指标体系对应的体检年份。同时，指标计算也是一个逐步完善的过程，因此对地方政府而言，在进行体检过程中，需要明确制定体检数据的版本，建立数据版本管理机制，通过版本管理对体检数据进行更新，从数据层面实现对体检过程的回溯。

8．数据安全

为确保数据安全，必须建立完备的数据安全体系，比如灾备、防火墙、日志、安全网闸、数据权限、异常访问记录、病毒防护、管理机制等。

6.3 遥感技术的应用

遥感影像数据是城市体检的重要数据源之一。作为一种先进的空间对地观测手段，遥感可以快速获取大范围、高精度的城市动态信息。例如，基于高分辨率卫星成像和AI智能识别算法可以获取公园绿地、城市功能区、建筑物、道路等城市要素的空间位置或边界信息，利用InSAR卫星数据可以识别建筑物沉降、地表沉降，通过基于物理的卫星反演算法（模型）可以估算城市地表温度、测算城市绿化带的蒸散发水平等。遥感为城市体检和城市更新提供了重要的数据支持与定量分析支撑。

6.3.1　遥感技术与应用简介

1. 遥感技术简介

遥感是指借助于人造卫星、飞机或其他飞行器从远距离感知目标反射或自身辐射的电磁辐射信息，对这些信息进行处理，揭示出目标的特征性质及其时空变化的综合性探测技术。从技术组成上来看，现代遥感技术主要包括地物光谱信息的获取、数据传输、存储和处理等一系列环节。遥感传感器已涵盖多光谱扫描仪、高光谱成像光谱仪、微波辐射计、合成孔径雷达等。根据电磁波相应的物理机制，遥感主要分为被动遥感（可见光和近红外波段等）和主动遥感（微波波段和激光雷达）。从整个学科和技术架构上来看，遥感技术体系已逐渐形成光学遥感、热红外遥感、微波遥感、中红外遥感、激光雷达（LiDAR）遥感、夜间灯光遥感、无人机遥感等主要分支，并在不同的应用领域发挥重要作用。

遥感观测具有高频次、大面积、长时间等优势，可以高效且快速获取大量目标信息。遥感技术已广泛应用于国民经济和生态环境等诸多领域。在国土资源领域，遥感技术被普遍应用于土地调查、自然资源规划、地质找矿等方面；在城市规划与管理领域，遥感技术可用于道路提取、桥梁识别、建筑物提取识别工程选线规划、城市规划与扩张、人口与经济活动、城市体检与更新等方面。

卫星遥感技术的迅速发展，把人类带入了立体化、多层次、多角度、全方位和全天候对地观测的新时代。随着人工智能与遥感技术的深度融合，新型遥感时空大数据将带来前所未有的革命性发展，基于云计算平台的大规模遥感数据框架等高效、精准、可定制的遥感大数据处理系统将不断涌现。遥感科技的重点将从标准化、精细化、便捷化以及大众化向智能化与智慧化方向转变。

2. 常用遥感分析软件

遥感图像处理软件作为初步分析和遥感数据可视化的重要基础工具，在最近几十年获得了长足的发展（表6-2）。在常见的商业遥感图像处理软件中，国外的有加拿大PCI公司开发的 PCI Geomatica、美国ERDAS LLC 公司开发的ERDAS IMAGINE、美国Research System INC 公司开发的ENVI以及德国Definiens Imaging公司开发的智能化影像分析软件eCogition。国产遥感图像处理软件主要有原地矿部三联公司开发的RSIES，国家遥感应用工程技术研究中心开发的IRSA，航天宏图信息技术股份有限公司主导开发

主流遥感图像处理软件及其元信息 表6-2

序号	软件名称	开发者	特色功能	是否开源
1	PCI Geomatica	加拿大 PCI 公司	专题制图	否
2	ERDAS IMAGINE	美国 ERDAS LLC 公司	数据融合	否
3	ENVI	美国 Research System INC 公司	像元信息提取	否
4	eCogition	德国 Definiens Imaging 公司	图像语义理解	否
5	QGIS	国际开源组织	功能插件集合	是
6	Sentinel	欧洲航天局	工具箱集合	是
7	RSIES	原地矿部三联公司	矿产调查制图	否
8	IRSA	国家遥感应用工程技术研究中心	集成分析	否
9	PIE-Basic	航天宏图信息技术股份有限公司	类处理平台	否
10	猫头鹰	北京茗禾科技有限公司	高性能集群 /GPU	否
11	SAR INFORS	中国林业科学研究院和北京大学遥感与地理信息研究所	SAR 分析	否
12	CASM ImageInfo	中国测绘科学研究院与四维公司	集成化系统	否

的PIE-Basic，中国林业科学研究院和北京大学遥感与地理信息研究所联合开发的 SAR INFORS以及中国测绘科学研究院和四维公司联合开发的CASM ImageInfo。

3．国产高分卫星系列简介

2006年我国将高分辨率对地观测系统重大专项（以下简称高分专项）列入《国家中长期科学和技术发展规划纲要（2006—2020年）》，并在2010年5月经国务院常务会议审议批准正式全面启动实施。从2010年项目实施到2022年，我国已累计发射数十颗高分系列卫星。高分专项旨在加快我国空间信息获取与应用技术发展，提升民族自主创新能力，建设先进的高分辨率对地观测系统，满足国民经济建设、社会发展和国家安全等需要。高分应用系统分为两部分，一是从高分辨率对地观测数据产品到信息转化和知识服务的主生产线部分，即高分专项应用示范系统；二是以提高基础实验条件、共性处理算法、支撑数据库、共享平台等各类共性支撑体系。表6-3为高分系列卫星的主要参数。

高分系列卫星主要参数 表6-3

卫星	发射时间	传感器分辨率	幅宽	波段
高分一号	2013 年	全色 2m，多光谱 8m	60km	全色，蓝、绿、红、近红外
高分二号	2014 年	全色 0.8m，多光谱 3.2m	45km	全色，蓝、绿、红、近红外
高分三号	2016 年	1—500m	10—100km	C 频段 SAR

卫星	发射时间	传感器分辨率	幅宽	波段
高分四号	2015 年	50—400m	400km	可见光近红外，中波红外
高分五号	2018 年	30m	60km	可见光至短波红外，全谱段
高分六号	2018 年	全色 2m，多光谱 8m，多光谱 16m	90km	全色，蓝、绿、红、近红外

6.3.2　常用遥感分析方法

遥感图像的分析主要体现为两种形式：地物信息反演和遥感图像分类（图6-2）。对于遥感反演，其主要思路分三种：基于物理和生物-化学原理的机理模型，机理与统计模型组成的半经验模型以及统计模型。对于遥感分类和识别而言，由于遥感数据本身的空间分辨率以及"同物异谱"和"异物同谱"现象的存在，单纯地基于像元的分类法容易出现较多的错分、漏分等现象，这导致分类效果不佳；而面向对象的分类技术能够综合利用地物的光谱特征信息、地表几何纹理信息、景观结构信息和上下文的空间语义等信息，这使得其能较好地弥补基于像元分类的不足。按照分类算法，基于像元和面对对象的影像分类又可分为基于样本统计建模和多种分类器融合两种，两者均是通过不同的分类算法以达到提高影像分类精度的目的。目前，图像视觉领域的最新算法，特别是面向"遥感大数据+AI算法"的新型机器学习模型，在遥感图像分类和识别中的优势愈加明显，有望弥补上述遥感图像分类和识别方法的不足。

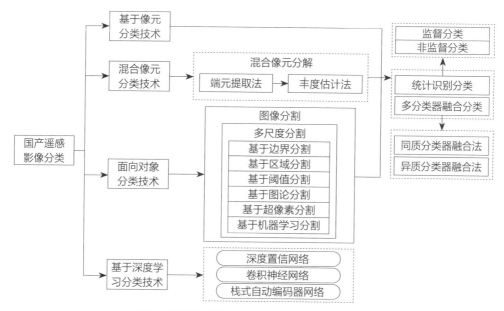

图6-2　国产高分辨率遥感影像的分类技术研究框架

6.3.3 遥感数据的应用

在城市体检中，遥感数据主要用于辅助提取城市建成区边界、城市组团、城市组团隔离廊道等，利用ENVI、ERDAS等遥感影像处理软件识别和提取城市公园绿地、建筑物、水系、建筑物高度等信息。

以城市可渗透面积比例（%）指标，该指标定义为"市辖区建成区为具有渗透能力的地表（含水域）面积，占建成区面积的百分比"。利用高分辨率卫星影像识别城市硬化地表的范围，反向汇出可渗透地表的分布及总面积，再计算其与建城区总面积的比例。

6.4 大数据的应用

自党的十九大提出建设数字中国、智慧社会以来，5G、智能物联网、大数据、移动互联网等新一代信息技术广泛应用于智慧城市、数字政府、智慧社区建设，人们的衣、食、住、行、游、学习工作等均与数字化、智能化技术深入融合，也因此产生了比以往任何时候都要多的各种各样的数据，这些数据为更精细、更精准发现城市运行规律提供了帮助。城市体检应用了大量的行业大数据，比如手机信令、导航地图、各种社交媒体APP等。

6.4.1 手机信令数据的应用

手机信令数据（Mobile Signal Data），即通过手机用户在基站之间的信息交换来确定用户的空间位置，能相对准确地记录人流的时空轨迹。手机只要有开关机、通话、短信、位置更新和切换基站的行为都会被记录下信令数据。手机信令数据具有以下特点：一是大样本、覆盖范围广、用户持有率高，能更好反映人流行为的时空规律；二是匿名数据，安全性好，没有收集任何用户的个人信息，不涉及个人隐私；三是非自愿数据，用户被动提供信息无法干预调查结果；四是具有动态实时性和连续性，能准确反映在连续时间区段内，不同时间点手机用户所在的空间位置，为定量描述区域内人群流动轨迹提供了可能。

因此，手机信令数据可用于评价与人口数量、行为相关的城市体检指标计算与评价。

图6-3为银川市重要节假日期间（春节、"十一""五一"）市辖区国内外游客数量分布热力图。

图6-3　银川市国内外游客数量分布热力图

6.4.2　互联网地图数据的应用

高德地图、百度地图等互联网导航地图为出行、智能驾驶、各种APP提供精准导航位置服务，积累了大量交通要素及交通拥堵情况数据。城市体检中使用互联网地图积累的导航大数据，能够计算城市市辖区高峰期机动车平均速度、5km幸福通行距离人口占比等指标。图6-4为2021年住房和城乡建设部全国城市体检中，59个样本城市市辖区建成区范围内5km幸福通勤人口的占比。

图6-5与图6-6分别为利用高德地图获取的福州市市辖区高峰期机动车平均车速、银川市通行距离小于5km的人口分布热力图。

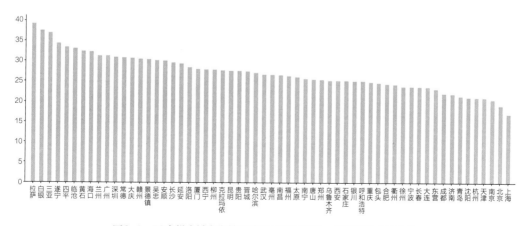

图6-4　59个样本城市市辖区建成区范围内5km幸福通勤人口占比

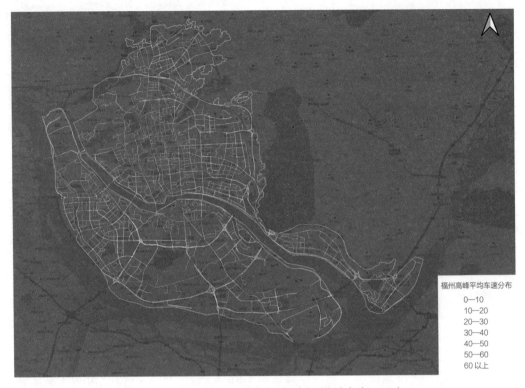

福州高峰平均车速分布

0—10
10—20
20—30
30—40
40—50
50—60
60 以上

图6-5　福州市辖区建成区高峰期机动车平均速度（km/h）

通勤距离小于 5km 的人口比例专题图

低　　　中　　　高
500　　　2000　　　4000

图6-6　银川市通行距离小于5km的人口分布热力图

6.4.3　POI数据的应用

POI（Point of Interest），通常称作兴趣点，泛指互联网电子地图中的点类数据，基本信息一般包含名称、地址、坐标、类别四个属性。随着互联网电子地图服务与LBS应用的普及，各类O2O应用、电商、社交、互联网金融、共享经济等均会产生POI数据，POI所包含的信息越来越多，如商家信息、服务介绍、点评信息、排行榜、推荐、状态、社交互动信息、消费金融信息等。POI数据有广泛的应用场景、较强的计算和表达能力，即可以用于分析计算，如导航定位、地理编码、周边搜索、热度分析、密度分析、选址决策分析等。

城市体检中主要用POI数据对健康舒适类指标进行评价，如社区便民服务设施覆盖率、老年服务设施覆盖率等（图6-7、图6-8）。

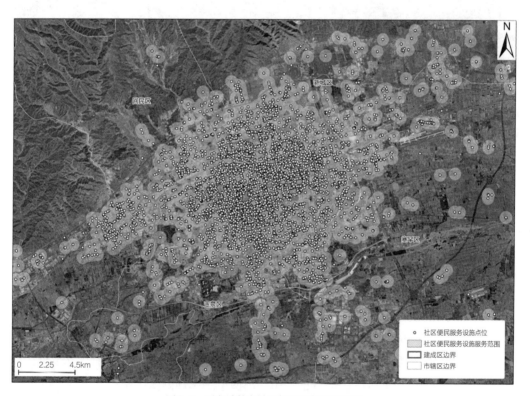

图6-7　呼和浩特市社区便民服务设施分布

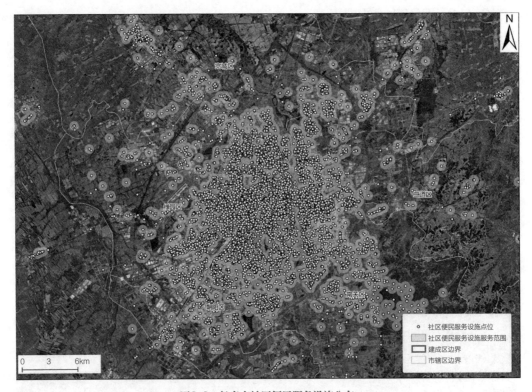

图6-8　长春市社区便民服务设施分布

6.4.4　网络爬虫数据的应用

网络爬虫是近年非常流行的一种快速获取互联网上公开数据的技术，无论数据搜索、数据下载、资料搜集、数据存储和处理，网络爬虫技术均能非常便捷地实现这些功能，在城市体检中该技术用于从专业机构及互联网地图上获取部分指标的数据。

1. 网络爬虫技术的定义

网络爬虫技术是一种具备特定规则的程序，能够依照程序设定来自动抓取网络中的相关信息，在当前的互联网时代下，网络爬虫技术被广泛用于搜索引擎（如百度、Google、垂直领域搜索引擎）、推荐引擎（如今日头条）、大数据（如样本采集）、人工智能（如金融数据分析、舆情分析、用户画像）等多种网络应用场景，通过网络爬虫技术的应用，用户可以更加便捷地抽取网站中所需的数据，在爬虫技术规定的权责范围内，获取和使用所需的相关信息资料。网络爬虫可以按照一定的规则自动、高效地浏览互联网并抓取所需数据。在城市体检中，使用网络爬虫技术从互联网上获取空气质量、水质监测断面、POI等数据。图6-9为通过网络爬虫获取的城市体检指标数据——城市建成区公共厕所设置密度（个/km²）。某市建成区公共厕所的位置见图6-10。

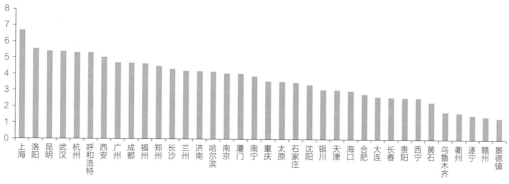

图6-9　2020年城市体检36个样本城市建成区公厕设置密度（个/km²）

图6-10　某市建成区公共厕所的位置

2. 常用的网络爬虫工具软件

网络爬虫工具越来越为人所熟知，因为其简化并自动化了整个爬取过程，使每个人都可以轻松访问网站数据资源。使用网络爬虫工具可以让人们免于重复打字或复制粘贴，可以很轻松地去采集网页上的数据。此外，还可以使用户能够有条不紊和快速地抓取网页，无须编程即可将数据转换为符合其需求的各种格式。表6-4列出了市面上一些比较流行的网络爬虫工具。

网络爬虫工具 表6-4

网络爬虫工具	特点
神箭手云爬虫	（1）云端运行，跨系统操作无压力 （2）隐私保护，可隐藏用户 IP （3）领先的反爬技术 （4）丰富的发布接口，如采集结果以丰富表格化形式展现
八爪鱼	（1）操作简单，完全可视化图形操作，无需具备专业 IT 技术 （2）采集效率高，可以短时间内获取成千上万条信息 （3）内置可扩展的 OCR 接口，支持解析图片中的文字
集搜客 GooSeeker	（1）操作简单，用鼠标点选就能采集数据，不需要技术基础 （2）海量采集，适合大数据场景 （3）文本分词和标签化，自动分词，建设特征词库，文本标签化形成特征词对应表
WebMagic	（1）简单的 API，可快速上手 （2）模块化的结构，可轻松扩展 （3）提供多线程和分布式支持
PySpider	简单易上手，带图形界面，在 Web UI 中调试代码

3．用Python定制数据采集

理论上讲，任何脚本语言都可以用于写网络爬虫程序以获取数据。当前，Python因其网络功能强大，能够模拟登录，解析JavaScript代码；开发效率高，修改灵活；简单易上手，有强大的成熟爬虫框架支持（比如Scrapy、Beautiful Soup等），Python成为最受欢迎的网络爬虫语言之一。

Python程序主要通过两种方式获取互联网数据，一种是对浏览页输入相应请求，并下载网页代码，通过技术解析后形成所需数据信息；另一种是发送请求至模拟浏览器，请求的相关数据被提取并存放到数据库中。Python网络爬虫的一般设计流程如下：

第一步，筛选的网页URL经过选取后放入待抓取的队列当中，之后在队列中抓取URL，并下载相应的网页。相关的搜索请求通过http 发向目标站点，被发送出去的请求信息由请求头和请求体两部分组成。

第二步，若服务器对发出的请求产生及时的响应，就会产生一个答复，这个答复主要由视频、html 以及图片等组成。

第三步，通过利用数据解析模块来完成html的数据解析，主要包含 json 数据以及二进制数据的内容解析。

第四步，分析并整理网页中的数据信息，利用正则表达式来提取用户感兴趣的数据信息，并将数据传输给数据清洗模块，清洗后调用存储模块，数据库会自动存储相关的数据信息。

第五步，遵照用户输入搜索引擎中的需求，筛选出数据库中的爬虫结果，并对其进行读取，以文字、图表、图片的形式向用户展示。

6.5　统计数据的应用

政府部门掌握人口、经济、社会、环境、文化等各方面的统计数据，是城市体检的重要数据源，尤其对城市自体检而言，应该尽可能地使用政府部门的统计数据。例如常住人口、户籍人口、中小微企业数、城市绿道长度等数据，再生水利用率、新建建筑中绿色建筑占比、历史建筑挂牌率等指标均需要政府部门统计数据的支撑。

第7章

地理信息系统的应用

地理信息系统（Geography Information System，GIS）以其强大的空间数据采集、存储、管理、分析、可视化能力，广泛应用于城市规划、建设、管理工作。本章在简要介绍地理信息系统的定义、应用及常用软件的基础上，结合城市体检实践重点介绍GIS如何支撑城市体检数据的管理、城市体检指标的空间计算以及城市体检结果的可视化。

7.1 地理信息系统

7.1.1 地理信息系统简介

地理信息系统（GIS）是以地理空间数据库为基础，在计算机软、硬件支持下，对空间相关数据进行采集、输入、管理、编辑、查询、分析、模拟和显示，并采用空间模型分析方法，适时提供多种空间和动态信息，为地理研究和决策服务而建立起来的计算机技术系统。它是集计算机科学、测绘学、地理学、空间科学、数学、统计学、管理学为一体的新兴科学，它以高效的数据管理能力、空间分析、多要素综合分析和动态监测能力，成为目前一种有效的管理决策工具，广泛应用于土地管理、城市规划、环境监测、防灾减灾、工程建设、房地产开发、商业等各个领域。随着计算机通信网络（包括有线网与无线网）的大容量和高速度化，GIS已成为在网络上的分布式异构系统。

GIS技术整体上是一个包含数据库管理系统、图形图像处理系统、地理信息处理等系统的高度集成化和智能化系统平台。在计算机软件和硬件的支持下，运用系统工程和信息科学的基本理论，科学管理和综合分析具有时空内涵的地理数据，为各行业提供规划、管理、研究、决策等方面的解决方案。

7.1.2 常用地理信息系统软件

GIS软件允许用户创建交互式查询（从人机和数据两个层面设计系统的互操作性），分析空间信息，在地图（或专题图）中编辑数据以及可视化目标输出。所有这些操作指令都将被集成在一个具体的GIS软件中，供不同层面的用户使用。目前，常用的地理信息系统软件主要有ArcGIS、GeoMedia、Global Mapper、QGIS、GRASS GIS、SuperGIS、SuperMap、GeoStar、MapGIS、SAGA GIS和JUMP GIS等（表7-1）。其中，ArcGIS，作为一款受众率较高的商业版地理信息系统软件，通过高效的功能区界面设计（融合了1500多种地理处理工具、35个工具箱）、64位高性能处理和3D模块集成，使得GIS更具高扩展性，其与ArcGIS Online无缝集成。针对开源地理信息系统软件，QGIS是基于Qt，使用C++开发的一个用户界面友好、跨平台的开源版桌面地理信息系统，其通过GDAL/OGR扩展可以支持多达几十种数据格式，且拥有丰富的功能插件和工具箱，通过插件的形式支持海量功能的扩展。与之类似，Global Mapper被称为GIS分析中的"瑞士军刀"，其同样具有高度的灵活性，例如，强大的LiDAR和高程数据可视化和图形渲染功能。在国产地理信息系统软件中，以SuperMap、GeoStar、MapGIS为代表的软件在系统（功能模块）二次开发、海量多源异构时空数据管理以及批量在线协同处理中同样具有显著优势。

常用地理信息系统软件　　　　　　　　　　表7-1

序号	软件名称	开发者	特色功能	是否开源
1	ArcGIS	美国 Esri	一站式空间分析和制图功能	否
2	GeoMedia	INTERGRAPH	分布式数据管理	否
3	SuperMap	北京超图软件股份有限公司	强大的二次开发功能	是
4	GeoStar	吉奥之星	强大的数据管理能力	否
5	MapGIS	中国地质大学	海量数据查询和回溯分析	否
6	QGIS	开源基金会	跨平台实用插件和工具包	是
7	Global Mapper	Blue Marble	LiDAR 处理、图形渲染	否
8	GRASS GIS	开源基金会	数据管理和可视化	是
9	MapInfo	美国 MapInfo	强大的数据处理能力	否
10	SAGA GIS	开源社区	API 接口、数据可视化	是

7.2 体检指标的空间分析

空间分析是地理信息系统最重要的功能之一，是指在计算机的支撑下，提取地理对象在位置、属性、关系等方面的信息，以支持特定的空间决策问题。空间分析的主要内容包括：要素特征与空间关系分析、选址分析、时空动态变化分析、空间网络分析、邻近性分析与距离分析、表面生成与表面分析等。常用的空间分析方法主要有：量算分析（距离、面积、高度、体积等）、统计分析、空间查询分析、叠加分析、缓冲区分析、网络分析以及其他分析方法。

城市体检常用的空间分析方法主要有缓冲区分析、叠加分析、空间统计分析、空间查询分析，主要用于体检指标数据准备、体检指标的计算等。

1. 缓冲区分析

缓冲区分析：为了识别某一地理实体对邻近地物的影响而在其周围建立的一定宽度的多边形区域。根据地理实体的几何类型，缓冲区可以分为点要素、线要素、面要素的缓冲区。缓冲区主要有以下参数：距离、侧面类型（单侧、双侧）、重叠（重叠处理）、末端类型（圆端、平端）。ArcGIS中建立缓冲区主要有［Buffer］工具（最常用），［Multiple Ring Buffer］工具<多环>，独立的［Buffer Wizard］工具，［Editor］工具条下的［Buffer］工具（图7-1）。

公园绿地服务半径覆盖率、城市二级及以上医院覆盖范围等指标的计算过程中，均需利用缓冲区分析工具计算出地理要素的服务范围。以公园绿地服务半径覆盖范围为例，该指标定义面积5000m²及以上的公园绿地服务半径为500m，面积5000m²以下

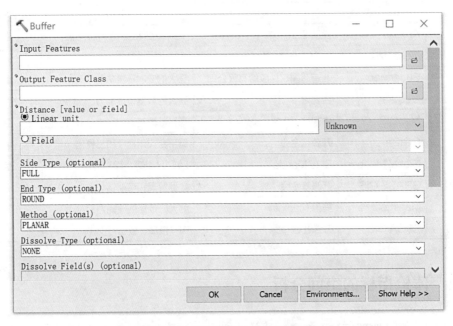

图7-1　ArcGIS中Buffer工具操作面板

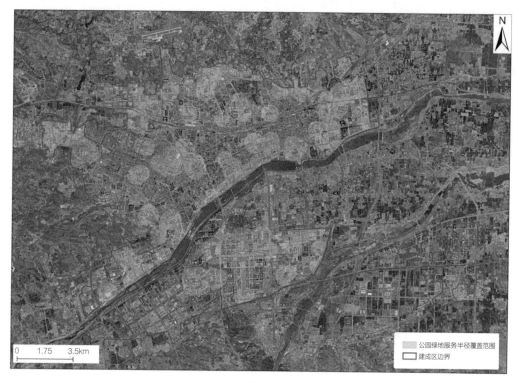

图7-2　某市公园绿地服务半径覆盖范围

的公园绿地服务半径为300m。在GIS中导入公园绿地要素面状图层以后，根据公园绿地面积的大小，设置不同的缓冲区半径，然后执行缓冲区分析，围绕每个公园绿地生成一个缓冲区。因为会出现缓冲区重叠的情况，需要对生成的缓冲区要素做叠加分析（求并），生成市辖区建成区公园绿地服务半径覆盖范围的多边形。图7-2为在GIS中生成的某市市辖区公园绿地服务半径覆盖范围的专题图。

2. 叠加分析

叠加分析：将同一区域的两个或多个矢量数据图层进行逻辑交、差、并等拓扑运算，生成一个具有多重属性的矢量图层。叠加分析的类型包括点与多边形的叠加、线与多边形的叠加、多边形与多边形的叠加。其中，ArcGIS中矢量数据的叠加分析方法有：合并（Spatial Join），相交（Intersect），识别（Identity，保留输入图层区域），更新（Update），擦除（Erase），对称区别（Symmetrical Difference），以上工具均在［Analysis］工具下的［Overlay］工具集中（图7-3）。

城市二级及以上医院的覆盖率，该指标的计算方法为城市二级及以上医院4km服务半径覆盖的建成区面积/建成区面积。在GIS中加载城市二级医院要素图层，以4km为缓冲区半径做缓冲区分析，形成二级医院服务范围缓冲区多边形图层，再通过叠加分析中的合并工具（Spatial Join）对缓冲区多边形进行合并（去掉重复的部分），叠加分析后的结果为二级及以上医院服务半径实际覆盖的城市建成区范围（图7-4）。

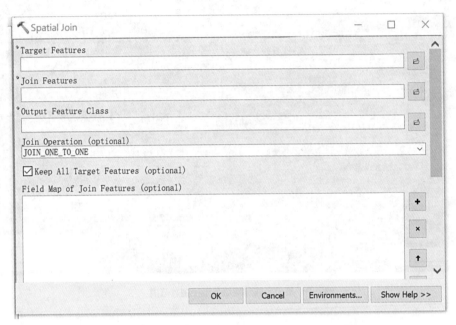

图7-3　ArcGIS中合并（Spatial Join）工具操作面板

图7-4　某市二级及以上医院覆盖率

7.3　指标计算结果的空间可视化

地理信息可视化是以地理信息科学、计算机科学、地图学、认知科学、信息传输学与地理信息系统为基础，通过计算机技术、数字技术、地图等动态、直观、形象地表现、解释、传输地理空间信息并揭示其规律，从空间维度上可分为二维可视化、三维可视化及动态可视化。

城市体检的所有指标，其计算结果均为数字，如图7-5所示。

城市人口、产业、基础设施在空间上是不均衡的，这些数字只能对照标准评价其是否达标，是改善还是恶化，但无法精准发现城市问题在空间上的位置，缺乏对"城市病"治理的精确支撑。因此，对指标计算的原始数据、过程数据、结果数据进行空间可视化尤为重要。城市体检结果的空间可视化一般分为三类。

指标名称	结果	指标名称	结果	指标名称	结果
区域开发强度（%）	12.3	城市国内外游客量（万人）	130.0	新建住宅建筑密度超过30%的比例（%）	0
组团规模（km²）	38.0	城市门前责任区制定履约率（%）	98.6	城市内涝积水点密度（个/km²）	0.01
人口密度超过每平方公里1.5万人的城市建设用地规模（km²）	36.5	城市街道立杆、空中线路规整性（%）	97.5	城市可渗透地面面积比例（%）	34.2
新建住宅建筑高度超过80m的数量（栋）	29	城市街道车辆停放有序性（%）	24.4	城市道路交通事故万车死亡率（人）	0.9
城市生态廊道达标率（%）	60.2	城市重要管网监测监控覆盖率（%）	18	城市年安全事故死亡率（人/万人）	0.1
单位GDP二氧化碳排放降低（%）	1.9	城市窨井盖完好率（%）	98	人均避难场所面积（m²）	4.6
新建建筑中绿色建筑占比（%）	64	实施专业化物业管理的住宅小区占比（%）	75.4	城市二级及以上医院覆盖率（%）	76.5
城市绿道服务半径覆盖率（%）	82.4	道路无障碍设施设置率（%）	54.8	城市标准消防站及小型普通消防站覆盖率（%）	51.7
公园绿地服务半径覆盖率（%）	79.1	城市居民最低生活保障标准占上年度城市居民人均消费支出比例（%）	25.5	建成区高峰期平均机动车速度（km/h）	22.9
城市环境噪声达标地段覆盖率（%）	89.5	常住人口住房保障服务覆盖率（%）	32.7	城市道路网密度（km/km²）	5.4
空气质量优良天数比率（%）	82.5	住房支出超过家庭收入50%的城市家庭占比（%）	14.9	城市常住人口平均单程通勤时间（min）	35.4
地表水达到或好于Ⅲ类水体比例（%）	54.1	居住在棚户区和城中村中的人口数量占比（%）	2.1	通勤距离小于5km的人口比例（%）	25.1
城市生活污水集中收集率（%）	79.2	城市小学生入学增长率（%）	28.9	轨道站点周边覆盖通勤比例（%）	17.5
再生水用量（%）	22.1	城市人口年龄中位数（岁）	34	绿色交通出行分担率（%）	74.0
城市生活垃圾资源化利用率（%）	91.2	政府负债率（%）	32.5	专用自行车道密度（km/km²）	1.2
完整居住社区覆盖率（%）	41.6	城市新增商品住宅与新增人口住房需求比（%）	102.0	当年获得国际国内各类建筑奖、文化奖的项目数量（个）	3
社区便民商业服务设施覆盖率（%）	72.2	全社会R&D支出占GDP比重（%）	2.5	万人城市文化建筑面积（m²）	697.1
社区老年服务站覆盖率（%）	57.2	万人新增中小微企业数量（个）	10.0	城市历史风貌破坏负面事件数量（件）	0
普惠性幼儿园覆盖率（%）	53.2	万人新增个体工商户数量（个）	31.8	城市历史文化街区保护修缮率（%）	100
社区卫生服务中心门诊分担率（%）	28.1	万人高新技术企业数量（个）	0.05	城市历史建筑空置率（%）	22.7
人均社区体育场地面积（m²）	0.28	万人上市公司数量（个）	0.2		
社区低碳能源设施覆盖率（%）	87.3	城市信贷结构优化比例（%）	168.9		
老旧小区改造达标率（%）	65.4				

图7-5　某样本城市2021年65个城市体检指标的计算结果

第一类是直接将城市体检指标相关的空间数据匹配到城市建成区的空间上，通过颜色配置或设置符号进行可视化（图7-6）。

第二类是获取建成区更小空间单元（如街道）对应的指标结果，将指标结果进行分级，通过分级设色的方法区分不同街道的指标值，直观展示哪些街道该项指标存在较严重问题，哪些街道该指标表现较好，有利于更精准地制定"城市病"治理对策，在"城市病"治理过程中将资源匹配到更小的治理单元。

第三类为三维可视化，如利用城市信息模型（CIM）展示市辖区建成区中高度超过80m的住宅，直观展示城市高开发强度区域的分布等。

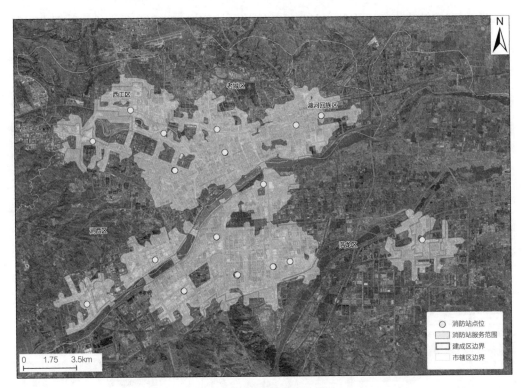

图7-6　市辖区消防站服务范围

第 **8** 章

城市体检报告的撰写

8.1 城市体检报告主要内容

8.1.1 体检概况

2015年习近平总书记在中央城市工作会议上要求加强对城市规划的评估监测，2017年习近平总书记视察北京工作时提出建立城市体检评估机制，以及2018—2021年住房和城乡建设部的连续三年开展的城市体检工作为我国大的政策背景。而由于我国不同城市的经济发展水平不同，地理区位和自然资源差异较大，各地方概况差异较大。

技术方法是介绍体检所采用的准备工作，数据收集、处理和分析的方法。数据收集包括政府职能部门数据，社会公众调查数据和网络大数据；数据处理包括确定指标参考值，数据结果分类等；数据分析包括多维度指标分析法，多层级空间分析法，定量与定性结合分析法。

体检范围是确定体检工作的边界，这一部分根据政府出台的规程进行划定，还包括常住人口，总面积等基础数据。一般城市可分为全市域、市辖区、建成区和组团层面，对于上海、重庆等直辖市可分为市级、区级、街镇级和社区级层面。

指标体系研究是按当年住房和城乡建设部提出的"城市体检工作方案"要求，结合城市前两年体检结论和本年政府重点工作优化调整，围绕生态宜居、健康舒适、安全韧性、交通便捷、风貌特色、整洁有序、多元包容、创新活力8个方面。样本城市可以结合自建房安全专项整治、老旧管网改造和地下综合管廊建设等工作需要，围绕自身发展特点和目标，适当增加城市体检特色指标和研究内容。

8.1.2 指标评估

指标评估，一般分为指标建立、数据处理、综合评价三部分。

1．指标建立

住房和城乡建设部的指标评估重点围绕城市运行的8大维度，每一个维度作为一个专项进行评估。每年住房和城乡建设部发布的评价指标体系都会有一定的变化。

2021年，生态宜居指标从2020年的9项增加到2021年的15项，增加的6项指标关于空间形态、环境质量和节能减排，是指标体系中数量最多的一类指标。数量第二多的指标是创新活力，从2020年的5项增加到2021年的10项，删除了3项，增加了8项关于人口结构和经济环境的指标。其他指标数量变化不大，但都进行了调整。如上海城市体检报告中提出"65+N+X"的指标体系，在住房和城乡建设部既定65项指标基础上增加体现上海特色的指标"N"，以及结合各区特点的指标"X"；广州城市体检报告中对体检指标体系修改为61项。

指标体系建立后，可以对指标定义。2021年唐山城市体检，对每一项指标进行定义和分类，2021年广州城市体检将指标分为导向指标和底线指标，可以对指标进行趋势判断，2021年长沙城市体检将体检结果分为趋势向好和向差，重庆市还对指标进行归纳并进行优良中差的视角评价。

2．数据处理

网络大数据、政府部门数据和社会调查数据并不能全部直接用于所有指标，部分指标需要根据计算方法采集后进行处理计算。

3．综合评价

指标结果的评价可再分为客观评价和主观评价。客观评价是根据现状指标数据与指标相关标准和规范确定的适宜值进行比较评估。客观评估包括多层级空间分析和横纵向对比分析，2021年唐山城市体检对于各区县的开发强度进行横向对比，还与其他城市进行市域级的横向对比；2021年广州城市体检对人口增幅进行了2010—2020年的纵向对比和各区人口增幅的横向对比，还可以对结果进行定量计算，2021年长沙城市体检对指标结果进行权重模型分析，计算每一项指标的评价值。

主观评价包括专家评价、居民满意度调查等，主观评价也可以转化为定量分析，如2021年长沙城市体检对非常满意到不满意赋值100到20等差递减。对体检结果进行综合评估，评价城市实际运行中的实施成效，分析发展实际中存在的问题。

8.1.3 结果分析和体检建议

大部分体检报告可分为发展成效、问题诊断和提出策略。

发展成效是对体检结果中相对较好指标的肯定，包括客观评价中趋势向好和总体达标的指标，也包括主观评价中改善和满意度优良的指标，2021年长沙城市体检中的"城市发展优良清单"就是把指标中的优良指标列表，分为主客观两列，把主客观都优良的指标画线强调。2021年唐山城市体检把优良指标分类列表，并与对标城市的数值进行了比较。

问题诊断部分是把体检结果中相对较差的指标作为重点，包括客观有待改善的指标和主观表现不足的指标。2021年重庆城市体检的发展短板和"城市病"是问题诊断的另一种表示，2021年长沙城市体检的"城市病"清单，分析基于指标体系对"城市病"作了进一步分类，将主客观都未达标的指标作为重点问题，只在一类中未达标的作为二类问题，达标但趋向差的作为三类问题。长沙城市体检还包括区县诊断，体现了空间多层级的问题剖析，以便有针对性地提出改善措施。2021年广州城市体检在对城市体检发现的问题进行诊断时，对如房价、停车等实际问题进行了针对性的分析。

提出策略是对诊断出的问题进行措施建议。体检建议一般与问题诊断相对应，2021年长沙城市体检按8大维度提出建议，不仅有整体市域的建议，还在空间上对各区提出建议。2021年重庆城市体检建议并没有给出明确的指标建议，而是以指导性建议为主，而2021年广州城市体检相比之下更为具体，如制定消防基础设施建设项目清单，明确建设周期，纳入工作规划并下达执行。对于历史建筑的活化利用，该体检还对区县级的体检结果提出体检建议。

8.1.4 工作展望

工作展望主要是对本次体检工作进行总结和对策略实施工作的推进。一般包括对体检相关工作制度的完善，工作机制的形成和工作方法的建立，如2021年长沙城市体检的"六步工作法"以及2021年广州城市体检的"体检—提升—再体检—再提升"的良性工作机制，还可以作为未来规划编制的依据，如2021年天津城市体检中指出作为编制"十四五"城市建设相关规划、城市建设年度计划和建设项目清单的重要依据。部分城市提出加强整改落实，确保城市体检成果落地见效，如唐山城市体检提到"紧密结合城市更新行动"。

8.2 城市体检报告编写方法

8.2.1 城市体检报告的结构

体检报告的结构和体检工作结构相互对应。大部分体检报告可分为四个部分，体检概况、指标评估、结果分析和体检建议、工作展望。体检概况对应前期的准备，指标评估对应体检实施，结果分析和体检建议对应实施后的总结，工作展望是对下次体检的规划。参考报告在章节顺序上并不一定按时间顺序排列。2021年上海城市体检和2021年天津城市体检把问题和对策放在指标评估之前，可能是为了突出问题和对策的重要性。

8.2.2　编写方法

报告编写主要通过专项体检报告的计算分析结果，根据城市特性、问题出发、目标引领和特色导向，综合分析后形成总的城市体检报告。城市体检报告根据住房和城乡建设部每年发布的指标体系，进行各城市体检指标体系的建立，在8个评价维度的基础上，结合各自城市的特色进行适当增减指标，指标系统相对统一，可横向比较。

目前，各城市体检报告的编写还没有规范化，体检报告在空间维度和内容详细程度上各不相同。唐山城市体检的指标评估部分，对大部分指标都进行了指标定义、指标计算与分析、问题成因和提出策略；而2021年上海城市体检对部分指标进行近年数据和基本判断分析，进行了总体的问题分析和策略提出。2021年重庆城市体检对城市组团社区的开发强度进行了分析，而天津城市体检的指标分析只到区级。如果体检报告可以在内容上有更详细的分类和规范依据，不同的城市体检报告就可以更系统地用于对比和分析。

第**9**章

城市体检综合信息平台

9.1 必要性分析

9.1.1 政策要求

2020年《住房和城乡建设部关于支持开展2020年城市体检工作的函》指出，城市体检样本城市需结合前期防疫情补短板扩内需调研工作，组织开展城市自体检，增加符合本市自身特色的指标，有针对性地查找城市发展和城市规划建设管理存在的问题。加强城市体检工作技术支撑，建立城市体检信息平台。住房和城乡建设部城市体检专家指导委员会将对城市自体检和信息平台建设进行指导，并适时组织开展业务交流。

2021年《住房和城乡建设部关于开展2021年城市体检工作的通知》提出，各地要按照建立国家、省、市三级城市体检评估信息平台要求，充分利用现有城市规划建设管理信息化基础，加快建设省级和市级城市体检评估信息平台，与国家级城市体检评估信息平台做好对接，加强城市体检数据管理、综合评价和监测预警。

2022年《住房和城乡建设部关于开展2022年城市体检工作的通知》指出，需运用新一代信息技术，加快建设省级和市级城市体检评估管理信息平台，实现与国家级城市体检评估管理信息平台对接。加强城市体检评估数据汇集、综合分析、监测预警和工作调度，建立"发现问题—整改问题—巩固提升"联动工作机制，鼓励开发与城市更新相衔接的业务场景应用。2022年1月20日，全国住房和城乡建设工作会议要求"在设区市全面开展城市体检评估，指导各地制定和实施城市更新规划"。

9.1.2 数字化转型的必然

2021年6月，住房和城乡建设部城市体检专家指导委员会和第三方城市体检技术团队发布《省级/市级城市体检评估信息平台建设指南（试行）》，同期还配套发布了

《全国城市体检信息评估平台省级用户使用手册（试行）》和《全国城市体检信息评估平台城市级用户报送数据使用手册（试行）》。

2021年全国住房和城乡建设工作会议提出，要加快建设城市体检评估信息平台，加强城市体检数据管理、综合评价和监测预警。信息技术创新日益加快，以云计算、物联网、大数据、人工智能和5G为代表的新一代信息技术蓬勃发展，高速互联、智能感知、边缘计算等技术创新层出不穷。应充分利用城市体检的机会，运用新一代信息化技术，整合数字化、网络化、智能化产生的城市海量数据，建立城市体检信息平台。加快城市建设管理的技术创新，提高城市发展建设质量和治理水平。2021年全国住房和城乡建设工作会议重点提出了城市体检评估信息平台的建设要求、总体框架设计、数据库体系建设、省级平台功能开发、市级平台功能开发、支撑体系建设、项目组织7个部分。

2022年7月，住房和城乡建设部建筑节能与科技司发布《城市体检评估管理信息平台建设指南（试行）》，对平台建设的相关要求进一步更新和加强。提出城市级平台由各城市建设，城市体检评估工作主管部门、城市大数据局等单位作为平台建设的责任主体，负责信息平台的建设与工作组织。城市体检评估工作相关部门共同负责信息平台的实施与运维。对于正在建设城市信息模型（CIM）基础平台的城市，可将城市体检评估平台作为"CIM+"应用模块统筹建设。有条件的城市可以在城市级平台基础上，指导各区政府建设区级信息化平台，更好满足各区精细化治理与高品质发展的需要。

9.1.3　高质量开展城市体检的内在要求

城市体检信息平台是城市体检工作成果的积累与活化，借助城市体检的技术积累和数据积累，打造城市体检数据底板，形成"纵向到底，横向到边"的数据体系。该体系既包括宏观的城市体检评价数据、指标数据，又包括直达街镇、社区的微观数据。

以城市体检工作数据底板为基础，打造城市体检与城市更新工作的数字基础，开展和补充城市更新专项数据和街乡体检数据，服务城市更新行动计划。依托城市信息模型基础平台，引入物联网、互联网等多源大数据，融合人工智能、大数据、地理信息系统（Geographic Information System，GIS）、遥感（Remote Sensing，RS）等技术，围绕城市体检、街乡体检、城市更新专项体检等场景下的评估指标体系，实现城市、区（县）、街道、社区不同尺度空间的精细化分析与管理，形成"体检评估、监测预警、对比分析、问题反馈、决策调整、持续改进"的城市规划建设管理闭环。

以城市体检信息平台为基础，推动住房和城乡建设工作的数据流转和汇聚，形成住房和城乡建设工作重要的数字基础设施，形成自有的一套城市体征监测与动态感知系统，进而循环推动，从体检到更新，再到其他条线的专项体检与更新工作，发挥城市体检信息平台的"指挥棒"作用。

9.2 需求分析

城市体检信息平台在城市体检过程中发挥重要的支撑作用，让城市体检的多部门、多专业协作更加高效，使体检结果更加科学、准确，也对促进城市体检结果的应用有非常积极的意义。长沙市、福州市、武汉市等住房和城乡建设部第三方城市体检样本城市均建立了城市体检信息平台，北京市依托统计局建立了"北京市城市体检评估数据采集平台"，将117项体检指标分发到33个责任部门。

从城市体检全过程来看，城市体检信息平台的需求主要包括以下几个方面：指标体系管理、数据采集与管理、指标评价标准管理、指标计算与分析、城市体检进度管理、城市病辅助诊断、城市体检报告自动生成、城市体检结果可视化、系统管理等。

1．指标体系管理

有效的城市体检机制是首先基于可获取、可计算、可分解、可追溯、可反馈的原则进行指标选取与体系构建，同时，建立一套评价标准与问题类型判断的原则，分别对底线约束型、目标对标型、基础标准型三类指标，从国家或省级标准规范，增加符合本市自身特色的指标方面，有针对性地查找城市发展和城市规划建设管理存在的问题，进行综合施策。结合住房和城乡建设部城市体检评估的实践，将客观的指标和主观的居民满意度评价相结合，将以人为本的理念与具体空间相结合，使城市体检评估的成果更加符合现实情况。

城市是复杂巨系统，城市体检目前还是新事物，城市体检指标也在实践中不断优化，比如住房和城乡建设部2019—2021年全国第三方城市体检指标数量分别为36个、50个和65个。考虑到各城市的差异性及当年市委、市政府工作重点的不同，城市的年度体检特色指标也会略有差异。

因此，城市体检信息平台需要能够对每年的城市体检指标体系进行动态维护，对指标名称、指标解释、指标计算方法说明等信息进行管理。指标管理的需求包括对城市体检指标项、指标体系、指标元数据、指标维度及指标计算方式等进行信息化管理，便于指标库的快速操作、更新维护以及指标的动态调整。

2．数据采集与管理

数据是城市体检的基础，数据的精确性直接影响到城市体检结果的准确性。按照结构化数据和非结构化数据、空间数据和非空间数据等进行分类，分别对不同类型的数据开发相应的采集工具或数据上传接口，建立数据采集规则，根据规则对采集的数据进行校核。

3．指标评价标准管理

城市体检的指标结果是否正常需要有参考值，指标参考值一般来源于国际标准、国家标准、行业标准、地方政府标准及样本城市中位数等。为了通过城市体检信息平台自动完成单一指标结果的评价，需要对每个指标对应的参考值进行管理，包括参考值录入、参考值的来源或说明等功能。

4．指标计算与分析

建立每个指标对应的计算方法或模型，通过采集的数据自动对指标进行计算，并与指标评价标准中对应的参考值进行对比，分析每项指标是否正常及优劣。

5．城市体检进度管理

对单个城市而言，能够实时统计城市体检指标数据采集的完成情况，并生成相应的统计图表，如实时统计完成数据采集的指标占比，查看哪些部门已经完成了数据采集、哪些部门尚未完成数据采集等。对于全国而言，可以查看各样本城市的城市体检进度，为住房和城乡建设部统一调度各城市的体检工作提供决策支撑信息。

6．城市病辅助诊断

统计不达标的指标数量，显示指标结果与标准参考值之间的差异；指标结果空间可视化，展示指标结果在城市不同空间上的差异性；与其他同类型城市进行对比。从多角度、多尺度对城市短板进行分析，为专家进行城市病诊断提供辅助决策支持信息。

7．城市体检报告自动生成

根据报告模板，系统应能够自动生成城市体检报告。根据选择的数据版本（自体检数据和第三方体检数据），可分别生成城市自体检报告和第三方城市体检报告。提供对不同年份的报告进行管理，对不同年份报告结论进行比较的功能。

8．城市体检结果可视化

平台应提供城市体检结果的二维和三维可视化，如公园绿地服务半径覆盖率、高度超过80m的居住建筑等指标。城市体检结果可使用饼状图、柱状图、折线图、雷达图等进行展示分析，如居民满意度调查各主题得分通过柱状图展示，同一指标多年变化通过折线图展示等。

9. 系统管理

提供用户注册、用户登录、用户功能权限管理、用户数据权限管理、用户角色管理、系统日志管理、系统安全管理等功能。

9.3　系统架构设计

城市体检信息平台采用SOA架构，在城市信息模型（CIM）平台基础上进行研发，包括网络与基础设施层、数据层、平台层、应用层和用户层，如图9-1所示。

图9-1　城市体检信息平台架构图

用户层：城市管理职能部门、地方政府主要领导、城市体检承担单位、各领域专家、科研机构、市民等。

应用层：为体检全过程提供数据、平台、计算等支撑的各种应用功能或场景，包括指标体系管理、数据采集、指标计算、可视化、指标诊断、生成体检报告、系统管理等应用。

平台层：以建筑白模、城市道路、城市DEM、遥感影像等构建的城市信息模型（CIM）平台，支撑城市体检过程的空间分析、空间统计、多维可视化、城市病诊断的基础平台。

数据层：包括结构化数据与非结构化数据，结构化数据包括各类统计数据和体检指标结果数据，非结构化数据包括空间数据和各种文件。

网络与基础设施层：电子政务外网、存储与计算设施、物联感知设施等。

9.4　系统功能设计

城市体检信息平台的总体功能设计如图9-2所示。

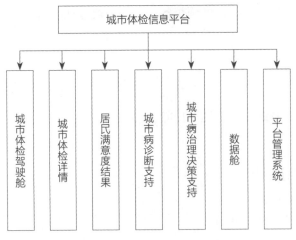

图9-2　城市体检信息平台架构

9.4.1　城市体检驾驶舱

城市体检驾驶舱主要实现城市体检结果总览，让城市管理者迅速、直观地了解城市人口、经济、社会、交通、环境等基本情况，帮助管理者快速、全方位了解城市体检客观评价与主观评价的总体情况，城市未达标指标、预警指标的警示，重点指标的实时监测、舆情监测等。具体功能包含城市体检结果一览、指标统计分析、主客观指标结果对比、体检报告一键生成，以及智能语音交互等（图9-3）。

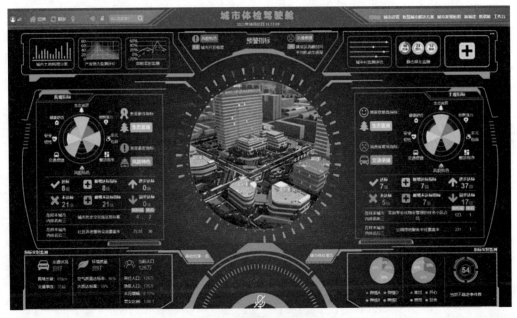

图9-3　城市体检驾驶舱页面

9.4.2　城市体检详情

该部分重点展示特定城市的城市体检详细结果，并提供城市时空数据可视化交互分析，为进一步诊断城市病症提供技术支持。以城市信息模型（CIM）作为数字底图，上、下、左、右设置可拉出收起的控制面板或展示面板。左侧为选择地区的控制面板，上方兼有默认收起的城市体检整体一览面板和城市体检指标体系选择组件，右侧为选定城市或区/街道的体检结果，下方为各二级指标的图表可视化和满意度数据的图表可视化。

1．"城市—区/县—街道（乡镇）—社区"四个尺度的应用场景

按"城市—区/县—街道（乡镇）—社区"四个空间尺度组织应用场景，在不同尺度下任意切换，展示每个尺度下人口、面积等基本情况，以及相应体检指标的结果。

2．城市体检指标结果展示

以生态宜居、健康舒适、安全韧性等8个一级指标为一级根节点，每个一级指标对应的二级指标为二级根节点，点击查看任意指标一级指标或二级指标结果的数值，同时在地图或CIM上展示指标结果在空间上的分布情况。

3．时空数据地图交互展示

按照选择的地域和指标展示当前地区底图，并可选择叠加各种时空数据，如城市三维建筑、路网、蓝绿空间等数据。最小可展示到街道级。

4．数据与分析

体检城市的体检指标结果评价分析，包括指标结果与标准值的对比，体检指标的历史纵向对比，体检指标与对标城市的横向对比，体检指标与全国均值的横向对比等。

5．报告查看与下载

城市的详细报告以全页面单独图层进行展示，并可以PDF形式下载。

9.4.3　居民满意度结果

该部分重点实现居民满意度数据的采集与展示分析。通过手机APP、微信小程序、智能外呼等手段实现居民满意度数据的实时采集，为市民参与城市体检、反映身边的城市问题提供渠道，并借助平台实现数据处理、量化分析、可视化展示，定期生成报告，辅助管理部门进行监管，制定整改方案，切实提升居民满意度。

基于居民满意度数据集，对居民满意度指标结果进行统计分析，通过饼图、柱状图、折线图等图表展示居民满意度指标结果。统计分析内容包括一级指标得分对比、二级指标得分对比、满意度指标与客观指标得分对比、不同区域一二级指标得分对比、不同人群满意度指标数值对比、历史数据对比等（图9-4）。

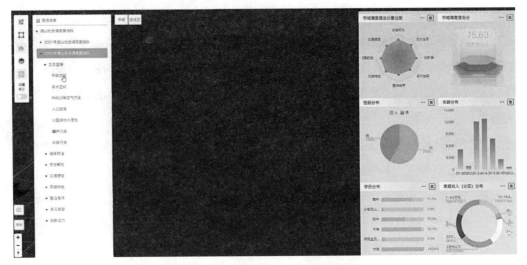

图9-4 "居民满意度"平台界面示意图

9.4.4 城市病诊断支持

建立体检指标评价标准知识库,借助体检指标标准、专家知识进行诊断分析,提供异常指标、城市病列表。同时将城市病与空间匹配,实现主要城市病的可视化查询分析,城市尺度、区县尺度、街道尺度对应的主要城市病及短板查询,城市病的三维空间可视化展示,如城市人口密度超过1.5万人/km²的区域,城市开发强度超过150万m²/km²的区域,便民服务设施覆盖率低于标准的社区位置等(图9-5)。

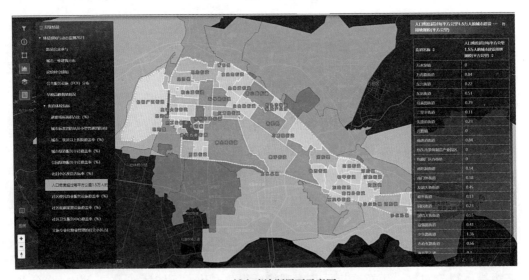

图9-5 城市病诊断界面示意图

9.4.5　城市病治理决策支持

该部分主要实现城市更新决策支持、城市病治理清单及评估管理。根据专家对城市病因的剖析，形成城市病治理清单，指导城市更新顶层设计和城市更新方案的编制。通过对城市病的持续跟踪监测评估，评估城市更新的效能（图9-6）。

图9-6　城市病治理界面示意图

9.4.6　数据舱

该部分重点实现城市体检支撑数据的管理，可在线上查看目前已收集的各类时空数据，上传数据，或下载数据用于其他分析工作。

9.4.7　平台管理系统

该部分主要实现对城市体检业务工作流程的支撑，具体功能包括：

1．指标体系管理

城市体检指标管理部分主要提供指标体系、基础指标的创建、维护等功能。在实际工作过程中，城市体检指标体系往往需要经过不断打磨优化，多方商议调整，因此在该部分设计时，特别考虑指标库和指标体系的可扩展性，并提供各部分数据的下载功能，应对多样化的指标库和指标体系维护需求。通过交互功能设计，帮助用户高效维护指标库、指标体系库，实现对体检工作过程中与指标及指标体系相关内容的数字化支撑，提升工作效率（图9-7）。

图9-7　指标管理界面示意图

2．数据采集

提供数据填报功能，支撑城市自体检工作。该部分提供委办局使用版本，城市体检工作管理部门可以借助该部分功能，组织委办局填报数据。同时也可自行填报数据，自动生成数据报表，用于日常会议、汇报、交流等。如本城市为住房和城乡建设部城市体检工作样本城市，也可以通过平台数据接口向住房和城乡建设部上报城市数据，提升效率。

3．报告管理

提供城市体检相关报告的管理、查看、下载等功能，具体报告如城市自体检报告、第三方城市体检报告、居民满意度调查报告、专项体检报告等。

4．工作进度管理

查看当前城市体检工作进度情况，包括城市自体检、第三方城市体检、满意度调查进度情况，具体包括数据收集进度、指标计算进度、报告撰写进度等，随时掌握城市体检开展情况。

9.5　平台应用实践

9.5.1　指标体系管理

城市体检尚属于一项创新性较强的工作，住房和城乡建设部、各省、各城市均未形成固定不变的城市体检指标体系。

对地方城市而言，城市体检指标体系包括两部分，即"50+N"（以2020年为例）。一部分是住房和城乡建设部发布的年度城市体检指标体系，又称为基础城市体检指标，2020年一共有50个基础指标，一般而言，地方政府如果没有特殊或充分的原因，基础城市体检指标是城市进行自体检工作必须完成计算和分析的指标。另一部分为特色指标，地方政府根据自身的人口、经济、文化、社会、环境等方面的实际情况及特征，以及地方政府的年度工作目标而研究制定符合本市现状的"N"个特色指标。

2020年城市体检在2019年7大维度基础上增加了创新活力，指标体系达到8个维度，指标数量也由2019年的36个增加到50个。

根据以上情况，指标体系管理模块需提供指标名称、指标解释、指标计算方法、指标评价标准、指标类别等信息的录入与管理功能，系统为每一个指标自动生成一个24位的唯一标识码，作为指标的唯一ID。同时，根据生态宜居、健康舒适、安全韧性、交通便捷等8个一级指标及二级指标顺序，对每个指标进行顺序编码（图9-8）。

图9-8　城市体检指标体系的管理与维护

9.5.2 数据采集

数据采集任务分配模块根据各城市政府职能部门职责划分，将指标数据采集任务分配给相应的职能部门。对于城市自体检，通常情况下体检指标数据涉及住房和城乡建设、自然资源与规划、公安、民政、生态环境、水利、城管、卫健委、人力资源与社会保障、交通运输、市政等20多个政府职能部门，本模块为城市体检统筹管理人员提供便捷的操作界面，可以简单、快捷地将指标任务分配给相应的职能部门，并根据需要进行适当的调整（图9-9）。

数据采集提供三种采集方式，第一种是在网页上以表单形式由用户手动填写，第二种是以Excel数据表模板的方式由用户上传，第三种是采集空间数据，以shapefile格式上传。

数据审核模块由城市自体检技术团队对各职能部门采集提交的数据进行审核，从数据范围、数据时间、数据进度等方面进行审核，只有审核通过的数据才能最终进入城市体检指标计算过程。

数据采集进度管理是在数据采集任务分配完成后，实时查看各部门数据采集完成情况、城市体检数据采集整体完成情况，以便统筹数据采集进度及整个城市体检工作的进度（图9-10）。

图9-9　指标数据采集任务分配及进度管理页面

图9-10　城市体检指标数据采集页面

9.5.3　指标分析计算

在数据采集完成后，系统根据指标体系管理模块录入的指标计算公式进行计算，针对需要进行空间分析的指标，根据空间分析模型完成空间计算，获取指标结果。

根据数据采集的精细度，在城市、市辖区、街道三个空间层级进行计算，分别计算出不同空间尺度下指标的结果（图9-11）。

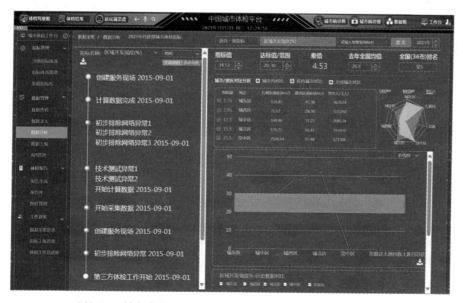

图9-11　城市建成区及市辖区建成区两个尺度下常住人口密度指标

9.5.4 多维、多尺度可视化

1. 全国视图

全国城市体检结果总体概览，展示各指标全国省市体检结果，提供地图交互和数据统计分析。

2. 城市视图

展示具体城市体检结果完整数据，通过时空数据支撑指标的精细化分析，进一步定位城市问题。提供城市间横向对比分析、统计分析/图表分析、报告一键生成等功能。城市时空数据包括兴趣点数据（POI）、建筑三维白模、城市路网、蓝绿空间矢量数据、地形数据等（图9-12）。

3. 街道评估

构建街道级/社区级体检指标体系，借助社会大数据实现综合评估分析，针对具体问题采取针对性提升措施（图9-13）。

图9-12 城市体检评估信息平台天津市主页面

9.5.5 城市病辅助诊断

本模块以三维可视化、数据图表等多种直观方式从多个层级为城市病诊断提供辅助决策信息。

第一是对单一指标进行可视化评价，图9-14是在城市信息模型基础上以三维形式展示城市高层建筑的空间分布及数量。

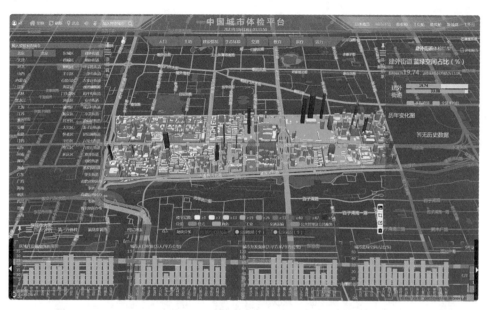

图9-13　城市体检评估信息平台北京市朝阳区建国门街道页面

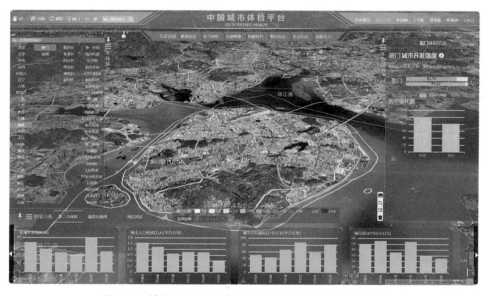

图9-14　城市高层建筑自动识别诊断（高度超过80m的住宅）

第二是多种指标的叠加评价，如高层建筑空间分布图、建筑沉降监测图、人口密度热力图等相互叠加，评价出城市高密度、高风险地质灾害地区（图9-15）。

第三是8大维度的综合评价，提供可视化分析支持和不达标指标数量的统计支持，如对生态宜居、健康舒适、安全韧性等单个维度下指标达标与不达标情况进行整体统计。

第四是在整个城市层面，进行不达标指标的数量统计，不达标指标的数值纵向与横向对比以及不达标指标结果在空间上的分布情况等，为城市主要短板的分析提供评判和决策支持（图9-16）。

图9-15　基于InSAR的城市建成区建筑沉降监测

图9-16　城市体检指标结果不达标情况一览

9.5.6　自动生成城市体检报告

城市体检报告是城市体检工作的总结，也是城市健康档案的重要组成部分。城市体检报告一般包含城市体检工作概况、城市体检指标计算与诊断、居民满意度调查分析、城市体检评价结果、对策与建议五个部分。第一部分包括工作组织、上一年的工作情况回顾、本年度体检工作的重点等内容；第二部分包括每个体检指标的解释分析、数据采集与处理、指标结果分析与评价等内容；第三部分包括满意度调查工作方法、样本处理、结果分析等内容；第四部分主要包括客观数据评估结果、主观评价结果、城市体检的总体评价；第五部分是在对城市病成因分析的基础上，对城市病治理提出的对策、治理清单、建议等内容（图9-17）。

为了提高城市体检报告的科学性和准确性，提高体检报告撰写的工作效率，系统建立了城市体检报告Word模板，在完成指标数据采集、计算、评价等相关工作以后，提供一键生成体检报告的功能。在系统自动生成的城市体检报告基础上，城市体检专家可以对城市病诊断结果、对策建议等进行进一步的编辑完善（图9-18）。

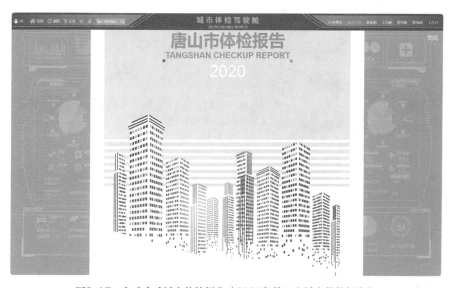

图9-17　自动生成城市体检报告（2020年第三方城市体检报告）

体检指标名称	结果	单位	标准值（范围）
生态宜居 ▾			
区域开发强度	14.92	%	20~30
城市人口密度	1.22	万人/平方公里	0.8~1.3
城市开发强度	151.7	万平方米/平方公里	60~100
城市蓝绿空间占比	81.62	%	≥50
空气质量优良天数	183	天	≥292
城市水环境质量优于五类比例	81.15	%	≥95
公园绿地服务半径覆盖率	32.02	%	≥80
城市绿道密度	87.01	公里/平方公里	≥1
新建建筑中绿色建筑占比	86.28	%	≥50
健康舒适 ▾			
社区便民服务设施覆盖率	52.82	%	≥50
社区养老服务设施覆盖率	23.61	%	≥40
普惠性幼儿园覆盖率	56.44	%	≥60
社区卫生服务中心门诊分担率	19.86	%	≥23.3
人均体育场地面积	1.99	平方米/人	≥1.8
人均社区体育场地面积	0.18	平方米/人	≥0.15
老旧小区用地面积占比	45.78	%	≤40
高层高密度住宅用地占比	24.28	%	≥25
高密度医院占比	22.42	%	≤35

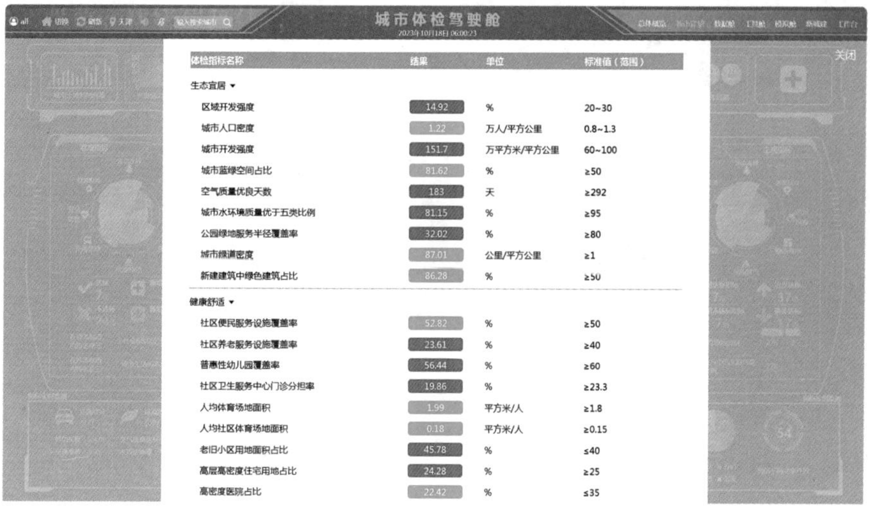

图9-18　系统自动生成的城市体检报告部分内容

3

实践篇

第 **10** 章

全国城市监测评价
——住房和城乡建设部第三方城市体检

10.1 城市体检指标体系

10.1.1 城市体检的8个维度

（1）生态宜居。反映城市生态系统，大气、水、噪声等各类生态环境要素，污水、垃圾等城市资源要素，保护、集约节约利用情况。

（2）健康舒适。反映城市社区服务设施、社区管理、社区建设的基本情况，城市居民健身场地设施建设情况。

（3）安全韧性。反映城市应对公共卫生事件、自然灾害、安全事故的风险防御水平和灾后快速恢复能力。

（4）交通便捷。反映城市交通系统整体水平，绿色交通、公共交通的通达性和便利性。

（5）风貌特色。反映城市风貌塑造、城市历史文化传承与创新情况。

（6）整洁有序。反映城市市容环境和综合管理水平等情况。

（7）多元包容。反映城市对老年人、残疾人、低收入人群、外来务工人员等不同人群的包容度。

（8）创新活力。反映城市创新能力和人口、产业活力等情况。

10.1.2 2022年城市体检指标体系

2022年全国住房和城乡建设工作会议提出重点抓好实施城市更新行动，将实施城市更新行动作为推动城市高质量发展的重大战略举措，其中7大方面分别为：健全体系、优化布局、完善功能、管控底线、提升品质、提高效能、转变方式。为推动城市体检与城市更新的有效衔接，面向以上要求，调整2022年城市体检指标体系。

（1）生态宜居方面，增加了人口密度低于每平方公里0.7万人的城市建设用地占比

（%），生态、生活岸线占总岸线比例（%），新建建筑中装配式建筑比例（%），新建、改建绿地中乡土适生植物应用占比（%），建筑垃圾资源化利用率（%）5个指标。

（2）健康舒适方面，增加了既有公共建筑能耗强度同比降低（%）、既有住宅楼电梯加装率（%）、城镇居民家庭住房成套率（%）3个指标。

（3）安全韧性方面，增加了集中隔离房间储备比例（%）、城市市政消火栓完好率（%）、城市公共供水管网漏损率（%）、城市信息模型（CIM）基础平台建设三维数据覆盖率（%）、市政管网管线智能化监测管理率（%）5个指标。

（4）交通便捷方面，去掉了绿色交通出行分担率（%）。

（5）风貌特色方面，去掉了城市国内外游客量（万人）。

（6）整洁有序方面，指标基本一致。

（7）多元包容方面，纳入了新增保障性租赁住房套数占新增住房供应套数的比例（%）、新市民、青年人保障性租赁住房覆盖率（%），去掉了城市居民最低生活保障标准占上年度城市居民人均消费支出比例（%）、常住人口住房保障服务覆盖率（%）。

（8）创新活力方面变化较大，指标从原来的"城市小学生入学增长率（%）、城市人口年龄中位数（岁）、政府负债率（%）"等变为了"租住适当、安全、可承受住房的人口数量占比（%）""旧房改造中，企业和居民参与率（%）""房地产服务类行业增加值占房地产业增加值的比重（%）""城市更新改造投资与固定资产投资的比值（%）""社区志愿者数量（人/万人）"。

10.2　主要数据源

住房和城乡建设部第三方城市体检的8个一级指标，其主要数据源如下：

生态宜居：以遥感影像大数据、政府公开信息为基础，数据来源单位包括数城未来、百度、联通智慧足迹、蔚蓝地图。

健康舒适：以自采集社区POI数据、自采集社会调查数据为主，结合部分政府数据。

安全韧性：基于遥感数据人工智能算法以及社会调查自采集数据，数据来源单位包括数城未来、中国安全生产科学研究院。

交通便捷：交通数据主要来源于高德、联通智慧足迹、智库2861和社会调查自采集数据。

风貌特色：结合社会大数据、遥感影像历史数据，数据来源单位包括数城未来、百度、联通智慧足迹、智库2861。

整洁有序：数据来源单位包括数城未来、智库2861、社会调查自采集数据、政府数据。

多元包容：综合基于社会大数据的空间分析算法，数据来源单位包括数城未来、智库2861、社会调查自采集数据。

创新活力：数据来源单位主要为智库2861、联通智慧足迹等。

10.3 城市发展主要成效

截至2020年底，我国设市城市数量共684个，城市建成区面积6.03万km²，占全国陆域面积0.6%，城镇化率达到60.6%。我国城镇化总体上处在上升期，城市担负着发展与人居等多重功能，在国家经济、政治、文化发展中占有重要地位。体检结果显示，目前我国城市功能不断完善，人居环境得到改善，人民群众获得感、幸福感、安全感较强。

10.3.1 生态环境质量逐步改善

（1）城市空气质量优良水平逐步提升。36个样本城市中，有20个城市的空气质量优良天数达到或超过292天的目标值，这些城市主要集中在西南、华南、东南和西北地区。以西宁为例，其空气质量连续五年位居西北省会城市前列。

（2）城市水环境质量得到改善。自体检结果显示，22个样本城市地表水体质量优于劣Ⅴ类水质的比例超过95%，达到《"十三五"生态环境保护规划》确定的水环境质量目标，这些城市主要集中在华东、华南、西南、华中和西北地区。以上海为例，2015—2019年，全市259个水环境考核断面优于劣Ⅴ类水比例由43.6%上升至98.8%。

（3）绿色建筑发展取得重大进展。36个样本城市中，除贵阳、洛阳、银川、海口、黄石、太原6个城市外，其余30个样本城市新建建造中绿色建筑占比均超过了50%的水平，达到了《建筑节能与绿色建筑发展"十三五"规划》确定的目标，其中，上海、济南、郑州、乌鲁木齐和衢州已达到100%。

社会满意度调查结果显示，居民对公园绿地、亲水空间与城市公共开敞空间等景观建设指标表示满意，对公园绿地的满意度评价达到84分。

10.3.2 城市安全韧性不断提高

（1）疫情应对能力提升。面对突如其来的疫情防控需求，样本城市供水、供气、供热、排水、环卫等基础设施安全平稳运行。同时，社区智能快件投递柜逐渐增多，快递服务成为疫情防控关键时期保障群众生活的重要手段。

（2）城市交通安全环境明显改善。36个样本城市中，只有衢州、长春的交通死亡率超过了2人/万车，其他34个样本城市均在2人/万车以下，其中贵阳、遂宁、乌鲁木齐、银川、郑州、福州、厦门、长沙、呼和浩特9个城市在1人/万车以下，交通安全保障保持在较高水平。

（3）城市建设安全工作得到加强。自体检结果显示，除上海、广州、武汉、成都、大连、呼和浩特、合肥7市外，其余29个样本城市较大安全事故发生数低于0.02个/万人。

安全韧性满意度评价得分为81.15分，表明居民对城市安全韧性总体满意，特别是对社会治安表示满意。

10.3.3　居民生活设施进一步完善

（1）社区便民服务设施不断完善。自体检结果显示，36个样本城市的社区便民服务设施覆盖率普遍较高，上海、天津等16个城市的便民服务设施覆盖率达到了100%。品牌连锁便利店发展日趋成熟，上海平均每3192人就有一家品牌连锁便利店，接近发达国家水平。

（2）公共体育设施建设持续推进。有21个样本城市的体育场地面积，达到每人1.8m²的国家标准。以成都为例，近三年的人均体育场地面积分别为1.82m²、2.03m²和2.17m²，呈逐年增长的态势。另外，市场营利性健身场馆种类及数量大幅提升。滑板、攀岩及游泳池、健身房等多元体育设施，逐步走入普通百姓生活。

生活舒适性满意度评价得分为80.32分，表明居民对生活舒适性总体满意，特别是对社区超市等便民服务配套建设情况，以及邻里关系等表示满意。

10.3.4　风貌特色保护力度加大

（1）历史文化街区和历史建筑数量显著增长。截至2020年底，134座历史文化名城共划定539片历史文化街区、确定历史建筑21879处，较2018年分别增加77片、8250处，增长率分别为16.7%和60.5%。

（2）各类遗产得到有效保护。截至2020年底，36个样本城市中有23个为国家历史文化名城。这23个名城共测绘历史建筑3350处，完成率47.5%；挂牌和建档历史建筑4693处，完成率66.5%；在175片历史文化街区设置标志牌，完成率93.1%；保护修缮历史建筑1531处，活化利用历史建筑893处。

（3）城市吸引力不断提高。26个样本城市外来旅游人数保持在年2000万人次以上。从数据来看，大城市对外来游客的吸引力明显高于中小城市。

城市风貌特色满意度评价得分为81.93分，表明居民对城市风貌特色总体满意，特别是对山水自然景观保护、城市景观美感方面表示满意。

10.3.5　城市环境整洁有序

（1）生活垃圾处理工作取得积极进展。自体检结果显示，各地生活垃圾收运处理系统不断完善，处理水平不断提高，生活垃圾分类成为新时尚。36个样本城市生活垃圾回收利用率较往年均有提升，以成都为例，该指标由2018年的24.2%上升到2019年的27.5%。其中，有13个样本城市生活垃圾回收利用率超过35%。

（2）城市公厕建设不断加强。各地加大城市公厕建设力度，有21个样本城市建成区公厕设置密度超过了3.5座/km²，达到国家人居环境奖标准。其中，上海、杭州、武汉、西安、昆明等城市都在5座/km²以上，呼和浩特市按照"经济适用、布局合理、数量适宜、绿色环保、标准规范"的原则全力开展"厕所革命"工作，城市公厕状况发生了根本性转变。

（3）城市市容环境得到改善。从2019年开始，36个样本城市按照住房和城乡建设部要求，开展城市道路大清扫、"城市家具"大清洗、市容环境大清理工作，城市面貌普遍干净、整洁、有序。城市道路清扫保洁机械化水平不断提高，机械化清扫率达到70%以上。

城市市容环境管理的满意度评价得分为79.88分，表明居民对城市市容环境管理的满意度一般，其中对道路清扫、公共厕所卫生状况等满意度相对较高。

以上城市体检反映出的进展和成效，是各部门协同合作形成政策合力的结果，凝结了广大城市建设者的智慧和汗水。特别是面对突发公共卫生事件，城市基础设施、交通及各方面安全平稳运行。

10.4　城市体检发现的主要问题

10.4.1　2020年城市体检发现的主要问题

1．城市人口过密、功能布局不均衡

（1）城市人口过于向中心区集聚。36个样本城市建成区人口平均密度为1.13万人/km²，有12个样本城市超过2016年东京中心圈层（半径20km范围）1.3万人/km²的

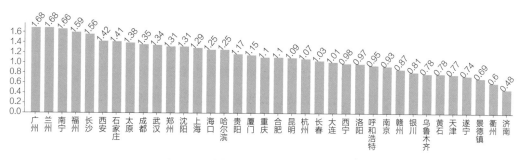

图10-1　城市建成区人口密度（万人/km²）

人口密度（图10-1）。

（2）城市建成区开发建设规模大、高层建筑多。36个样本城市建成区平均开发强度约100万m²/km²，厦门、海口等城市中心区开发强度已经超过200万m²/km²。此外，重庆、大连、长沙、西宁、厦门等城市中心区的高层建筑（18层或60m以上）密度偏大，重庆渝中区最密的区域达到了95栋/km²。14个样本城市高层高密度住宅（18层或60m以上高层住宅，或容积率在3.5及以上的居住小区）占地面积比例超过25%，其中广州、重庆、西宁、福州4个城市超过40%。

（3）城市交通问题突出。城市常住人口平均单程通勤时间长，除景德镇和衢州外，34个样本城市的常住人口平均单程通勤时间超过30min。其中，上海、重庆、合肥、天津、成都、西安、武汉、广州、昆明和南京10个城市超过40min。样本城市的职住分离现象较为严重，是造成通勤时间长的主要原因。同时，路网密度低，与城市规模扩张的速度不匹配，除成都、广州、杭州、合肥、南京、沈阳、天津等9个城市外，27个样本城市的道路网密度低于国家8km/km²的要求。此外，停车问题突出，除西宁、海口、黄石、呼和浩特4个城市外，32个样本城市的老旧小区停车位与小汽车拥有量之比不足80%（图10-2）。

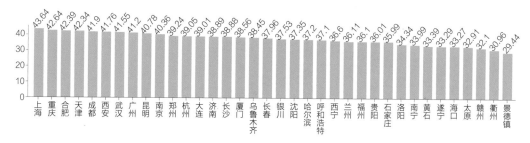

图10-2　城市常住人口平均单程通勤时间（min）

2. 社区基础设施和公共服务设施配套不足

（1）社区公共服务水平普遍不高。36个样本城市的社区养老服务设施覆盖率，均未达到国家要求的90%水平，有32个样本城市覆盖率低于70%，贵阳、昆明、乌鲁木齐、景德镇、哈尔滨、呼和浩特、石家庄、太原、长春9市的覆盖率低于30%（图10-3）；36个样本城市的社区卫生服务中心门诊分担率偏低，其中28个样本城市不足30%，市民看病仍主要集中在大医院；36个样本城市的社区体育设施建设滞后，除黄石外，其余35个样本城市均没有达到国家要求的人均0.4m²的标准；36个样本城市的普惠性幼儿园建设普遍滞后，除赣州、衢州外，其余34个样本城市普惠性幼儿园覆盖率没有达到国家80%的要求。

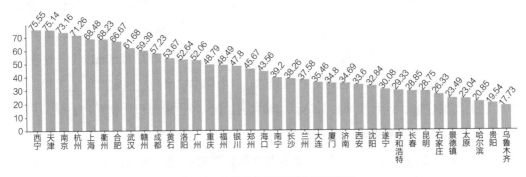

图10-3 社区养老服务设施覆盖率（%）

（2）老旧小区占比高，亟待改造提升。在调研的36个样本城市3.45万个住宅小区中，2000年以前建设的住宅小区数量占比达到40.5%。老旧小区大多存在基础设施老化问题，达不到完整居住社区建设标准要求。

（3）住宅小区实施专业化物业管理的比例整体不高。除天津、上海、重庆、昆明4个城市外，其余32个样本城市实施专业化物业管理的住宅小区占比低于80%，其中遂宁、景德镇、赣州、衢州、贵阳、黄石、海口7个城市低于60%（图10-4）。

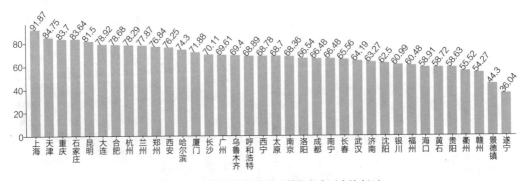

图10-4 实施专业化物业管理的住宅小区占比（%）

3．城市历史文化保护与城市特色风貌塑造有待加强

（1）城市历史文化风貌保护和特色塑造有待提升。自体检结果显示，我国大城市的历史文化街区保存数量偏少，面积偏小，历史文化街区留存率不足5%的城市有9座，其中6座为国家历史文化名城。样本城市存在历史文化资源保护与活化利用不足，城市特色不突出、城市文化影响力不强等问题。满意度调查结果也显示，居民对城市历史建筑与传统民居修复利用、城市文化特色营造方面的满意度偏低。

（2）历史文化保护传承管理工作不到位。保护管理缺少底线要求，刚性管控不足。虽然一些地方制定了保护规划和地方性法规，但是保护要求不明确，普遍缺乏有效的问责处罚条款。如长春违反街区保护规划的管控要求，在人民大街历史文化街区建设控制地带内违规审批超高层建筑，破坏街区风貌；一些地方历史文化街区划定和历史建筑确定工作进展缓慢，存在漏查漏报、不及时公布挂牌等情况；保护对象不完整。只重视单体保护，忽视整体格局、传统风貌的保护。如成都在少城片区有机更新中，将桂花巷的31株树木砍伐，对城市生态和人居环境、城市特色风貌造成破坏。

4．城市精细化管理水平不高

（1）城乡接合部、背街小巷等区域是建设"洼地"。根据住房和城乡建设部开展的城市综合管理服务评价结果显示，居民对城乡接合部卫生情况的满意度低于30%，对老城区架空线满意度普遍低于30%，对背街小巷环卫保洁满意度低于20%。另外，居民反映停车难、非机动车乱停乱放问题普遍存在。

（2）城市运行管理信息化水平不能满足需要。除银川和西宁外，其他34个样本城市都已建设了城市综合管理服务平台，但部分城市还未真正实现城市街道、管网、建筑、交通、人口等信息的集成，运用大数据、人工智能对数据集成分析、风险研判和管控的能力不足。

（3）地下市政基础设施管理薄弱。地下空间建设管理涉及电力、通信、地铁等多行业，以及发展改革、人防、交通、市政、能源、水利等多部门，但样本城市普遍存在部门之间职能边界不清、缺少协调机制，造成地下空间管理中各自为政，制约了地下空间的有序开发建设。地下空间管理底数不清，14个样本城市地下管线普查建档没有达到100%。

5．城市安全韧性不足

（1）城市中心城区建设密度过高带来公共卫生隐患。样本城市建成区内传统商贸批发市场聚集程度偏高，乌鲁木齐、厦门等13个样本城市高于60%（图10-5）。同时，在城市住宅开发中，出现了许多高层高密度住宅，部分城市高层高密度住宅用地面积占比超出40%，其中广州、重庆2个城市该项指标数值甚至接近50%。

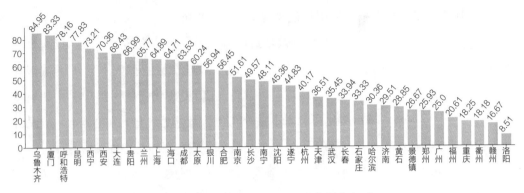

图10-5　城市传统商贸批发市场聚集程度（%）

（2）部分城市人均避难场地建设不足。按照《防灾避难场所设计规范》要求，短期应急需求下的人均避难场所面积应达到2m²以上，自体检数据显示，达标的仅有沈阳、昆明、太原、银川4个城市。同时，应急避难场所分布不均匀，上海浦东新区、宝山等9区人口占全市72%，但避难场所面积总量仅占全市57%。第三方城市体检人均避难场所面积见图10-6。

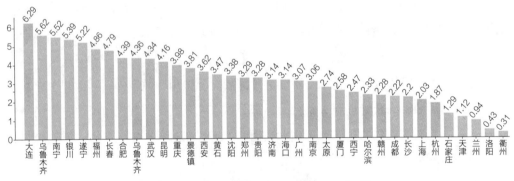

图10-6　第三方城市体检人均避难场所面积（m²）

（3）城市防洪与排涝系统缺乏有效衔接。自体检结果显示，部分城市防洪和排水防涝缺乏有效衔接，系统治理能力不足，在遇到极端降雨时，城市排水系统难以应对，造成内涝，并容易引发次生灾害，其中，昆明、景德镇等城市的内涝点密度大于0.15个/km²。2020年长江和嘉陵江洪水进入重庆城区，导致超200km城市道路被淹，82km城市地下管网被冲毁，86个住宅小区严重积水。

6. 区域发展不均衡

（1）地域之间发展不均衡。第三方体检数据显示，华东、西南地区城市人居环境总体评价较好，华南、华中、西北地区次之，华北、东北地区较为落后。华北地区生态宜居和健康舒适指标短板明显，东北地区健康舒适和创新活力指标明显偏低。华中地区城市生态宜居、安全韧性和整洁有序指标较低。

（2）城市内部发展不均衡。样本城市大型综合医院普遍集中在中心城区。例如，武汉市发热门诊医院主要集中在三环路以内，仅汉正街周围就集中了5家大型综合医院；全市定点医院15min步行距离内仅能覆盖40%的住宅小区，无公共交通情况下可达性较差。相反，城市大型公共活动空间主要位于城市外围，中心区的公共活动场地、口袋公园绿地总量不足，特别是城中村、老旧小区等区域的公园绿地少。此外，城市服务设施建设尚未形成有序体系。城市建设重地上轻地下、重大型公共设施建设轻贴近群众的社区级公共设施建设的现象比较普遍。体检结果显示，健康舒适方面，城市级公共服务设施建设质量较高，而社区级公共服务设施建设方面则普遍较差。

城市发展不均衡的问题不是在2020年才出现的，而是历史长期累积的结果。这些短板和欠账，不是在短期内就能彻底补齐的，需要在发展过程中持续治理、逐步化解。

10.4.2 2021年城市体检发现的主要问题

1. 中心城区建设密度强度普遍偏高，绿色宜居城市建设仍需加强

城市建设仍未形成高效有序、健康宜居的格局，大城市中心城区建设密度强度普遍偏高。

（1）超大、特大城市组团连片无序发展，缺乏有效阻隔的生态廊道网络。

城市体检显示，超大、特大、大城市中心组团规模普遍超出50km^2，大城市生态廊道达标率指标普遍偏低。59个样本城市中，建成区人口超过500万的17个城市，其中心组团规模全部超出50km^2；在建成区人口超过100万的42个城市中，78.6%的样本城市中心组团规模超出50km^2。其中北京、重庆、沈阳、天津、西安、乌鲁木齐、太原、长沙等城市出现了多个100km^{2}以上的超大组团，西安市中心城区形成了连片建成区，超过了500km^2；建成区人口在100万—500万的城市中，只有厦门、兰州、徐州、洛阳、赣州、柳州、唐山、银川、西宁9个大城市空间布局相对较好。另外，样本城市生态廊道达标率平均值仅为86.6%，达标率达到100%的城市仅19个，白银、济南、大连城市生态廊道达标率甚至不足50%（图10-7）。

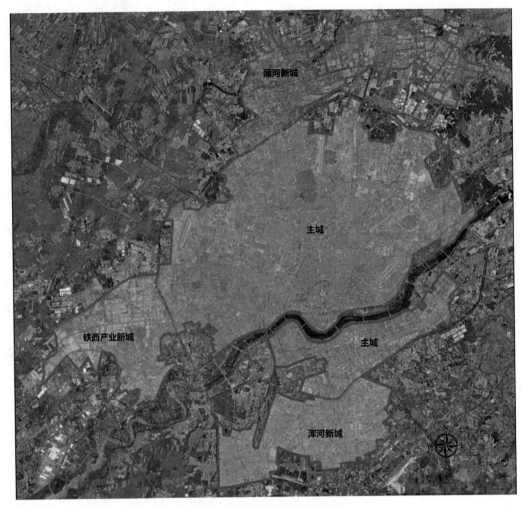

图10-7 沈阳市市辖区建成区城市组团专题图

（2）大城市建成区人口密度偏大、开发强度偏高。

城市体检显示，59个样本城市的建成区人口密度大于1.5万人/km²的城市建设用地面积平均值达到100.5km²。超大、特大城市人口密度普遍偏高，19个超大、特大城市该指标均值为216.5km²，23个大城市该指标均值为72.2km²，17个中小城市该指标均值为9.2km²，但是常德、亳州等中小城市此类问题也很突出。

23个样本城市建成区人口密度大于1.5万人/km²的城市建设用地面积超出了100km²，其中15个城市存在"双高"现象（高密人口用地面积占城市建成区面积比例超过25%），分别是：深圳、北京、广州、成都、武汉、西安、郑州、沈阳、长春、长沙、合肥、南宁、哈尔滨、石家庄、太原。上述15个城市的城市居民对城市人口密度的满意度也较低。

同时，样本城市中，仅17%的样本城市区域开发强度处于20%—30%区间内，超大、特大城市区域开发强度均值达到了25.6%，其中郑州、深圳、武汉等9个城市区域开发强度高于30%，郑州更是高达58.6%（图10-8）。

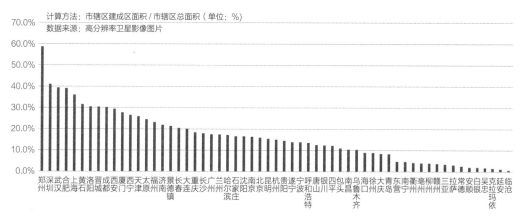

图10-8　样本城市区域开发强度（%）

（3）高层建筑存量大，大量新建住宅建筑高度超过80m。

据统计，2018年以来全国在建、拟建的超过250m的建筑多达166处，高层建筑在成本、能耗、安全和环境等方面存在诸多问题。

体检结果显示，根据遥感影像数据，59个样本城市建成区建筑平均层数为6层，重庆、合肥、福州、武汉、成都等8个样本城市平均层数超过8层（24m）；但是高层建筑问题突出，样本城市建成区高层住宅平均层数全部在20层以上，武汉、兰州、贵阳、重庆等16个样本城市高层建筑平均高度超过80m（图10-9）。

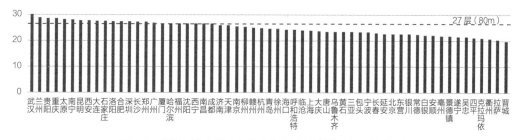

图10-9　样本城市市辖区建成区现状高层建筑的平均层数（层）

新建高层住宅建筑问题突出，重庆、西安、武汉、广州、长沙、南宁6个城市2020年竣工的80m以上的新建住宅超过300栋，重庆甚至达到了699栋。此外，在中小城市中此类问题也很突出，延安、赣州、柳州、景德镇等城市新建高层住宅有增多趋势（图10-10）。

103

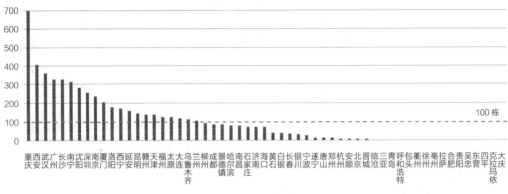

图10-10　各样本城市2020年新建住宅建筑超过80m的数量（栋）

（4）"双碳"目标任务重，绿色城市建设有差距。

城市应对"碳达峰碳中和"响应不足，与"绿色城市"建设目标仍有差距。

1）城市"绿色发展"理念仍需加强。

城市体检结果显示，59个样本城市的单位GDP二氧化碳排放降低比例的均值为5.6%，根据《中华人民共和国国民经济和社会发展第十四个五年规划和2035年远景目标纲要》提出的到"十四五"末单位GDP二氧化碳排放累计下降18%的要求，以降低3.6%为年度目标，仍有10个样本城市未能满足要求，其中昆明、遂宁、晋城单位GDP二氧化碳排放量甚至较上一年度有所增加。

同时，根据社区抽样调查，样本城市社区低碳能源设施覆盖率平均值仅为58.8%。中小城市社区低碳能源设施覆盖率普遍不足，乌鲁木齐、大庆、哈尔滨、呼和浩特等13个样本城市低于30%，东北片区城市社区低碳能源设施覆盖率均值仅为19.2%，城市"绿色发展"理念仍需加强（图10-11）。

2）城市基础设施运营管理过程中的节能减排仍需加强。

城市体检结果显示，城市生活垃圾资源化率不高。其中南昌、景德镇、大庆、延安、克拉玛依、呼和浩特、乌鲁木齐城市生活垃圾资源化利用率不足40%。

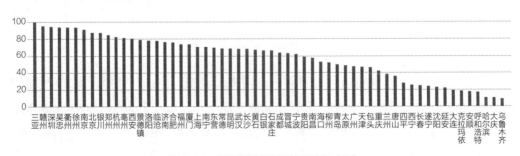

图10-11　社区低碳能源设施覆盖率（%）

同时，样本城市生活污水集中收集率偏低，再生水利用率不高。样本城市生活污水集中收集率均值为77.1%，华南城市普遍偏低，其中，三亚、柳州该指标值不足50%；城市再生水利用率均值为28.7%，其中白银、拉萨、海口该指标值不足10%。

3）亟待通过绿色建造技术推进建筑节能。

城市体检结果显示，59个样本城市的新建建筑中星级绿色建筑占比平均值为79.4%，中小城市绿色建筑占比较低，其中临沧、大庆城市新建建筑中绿色建筑占比不足40%。

2. 完整社区覆盖率不足，城市管理水平仍需提升

社区建设中短板突出，公共服务设施、生活服务设施不足，未实现社区人居环境的共建共治共享。

（1）完整居住社区覆盖率普遍不高，15分钟生活圈服务配套设施仍不完善。

2021年城市体检指标体系中，新增加了评价社区总体发展的综合性指标完整社区覆盖率，对样本城市的9700多个社区的公共服务设施、便民商业设施、社区基础设施、社区运动场地、社区物业管理、社区建设6个维度进行评价，数据分析显示，样本城市完整居住社区覆盖率普遍偏低，总体低于50%，12个样本城市低于20%。

同时，重点对样本城市社区15分钟生活圈进行分析，样本城市内同时配备社区综合服务站、普惠性幼儿园、老年服务站、社区卫生服务站、中小学、公园绿地的社区数量占比，均值仅为33.8%（图10-12）。

（2）老年服务站不足、人均社区体育场地偏低，是社区公共服务设施建设中的明显短板。

体检结果显示，样本城市社区老年服务站覆盖率均值仅为48.4%，特别是东北、华北地区城市老龄化现象突出，但社区老年服务站覆盖率均值与其他地区相比较低，

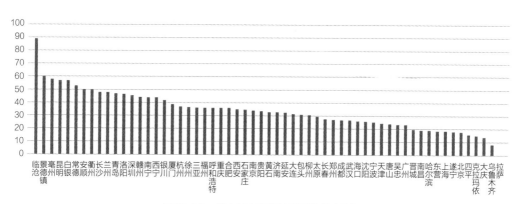

图10-12　样本城市完整社区覆盖率（%）

分别仅为33.8%以及42.9%。未来随着城市老龄化加剧，东北、华北地区城市社区养老服务设施建设短板亟须补齐。

在社区体育场地建设方面，样本城市社区人均体育活动场地均值为0.24m²，低于《城市社区体育设施建设用地指标》提出的0.30m²标准。其中，超大、特大城市人均体育场地偏低，均值分别仅为0.22m²及0.23m²（图10-13）。

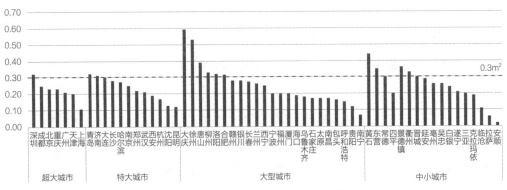

图10-13　人均社区体育场地面积（m²）

（3）社区物业管理不足问题突出。

城市体检显示，样本城市社区物业管理普遍存在不足，居民满意度较低。通过对59个样本城市9700多个社区抽样调查，实施专业物业管理小区占比均值仅为53.7%，39个样本城市实施专业物业管理小区占比指标低于60%（图10-14）。

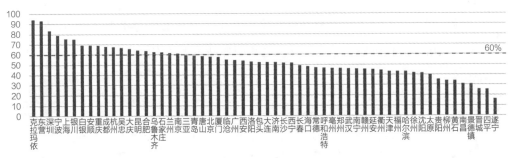

图10-14　实施专业化物业管理的住宅小区占比（%）

（4）停车难问题仍然突出，街道停车管理不足。

城市体检结果显示，根据城市抽样街景影像识别，59个样本城市街道车辆停放有序性占比均值仅为34%。其中，超大、特大城市指标均值为30%，大型城市指标均值为33%，中小城市指标结果略好于大城市，为40.5%。此外，结合居民满意度调查发现，在城市停车满意度指标中，小汽车停车的方便性以及非/机动车管理平均满意度排名分别位于65名和54名，排名整体靠后。反映随着城市私人机动车辆使用的普及，机动车辆停放空间规划及停车管理存在不足。

3. 城市韧性不足，安全韧性形势十分严峻

城市韧性设施系统建设不足，城市安全防控形势仍然十分严峻。

（1）城市可渗透地面面积比例较低，积水内涝点密度上升。

体检结果显示，根据遥感影像分析，59个样本城市可渗透地面面积比例均值为31.5%，根据《全球生态环境遥感监测2020年度报告》对高不透水城市的定义，46个样本城市属于高不透水城市。从区域划分来看，华北、华东、东北、华中城市可渗透地面面积均值均低于30%，其中华北城市尤为突出，仅为25.4%（图10-15）。

同时，样本城市积水内涝点密度均值为0.072个/km²，同比2020年样本城市均值提高了0.015个/km²。结合满意度调查发现，居民对城市内涝问题反映较强烈的城市，也主要集中于体检发现的积水内涝点密度较大的样本城市中。

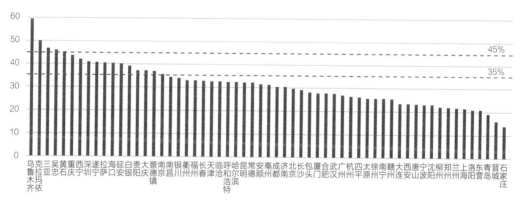

图10-15　城市可渗透地面面积比例（%）

（2）城市消防站覆盖率偏低，中小城市消防应急能力亟待提升。

城市体检结果显示，59个样本城市标准消防站及小型普通消防站覆盖率均值为48.7%，普遍低于60%。从城市规模来看，超大城市消防站覆盖率均值为52.1%，中小城市仅为46.3%。超大、特大城市消防站覆盖率均值明显高于中小城市均值，中小城市消防应急等韧性基础设施建设存在短板（图10-16）。

（3）城市重要管网监测监控覆盖率较低，城市地下空间安全管理不足。

城市体检结果显示，样本城市重要管网监测监控覆盖率均值为65.1%，17个样本城市指标值低于50%。其中，银川、石家庄、西宁、白银等城市重要管网监测监控覆

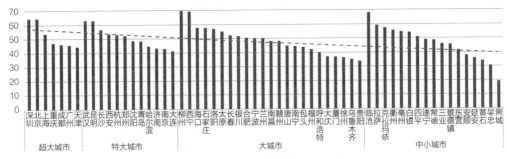

图10-16　城市标准消防站及小型普通消防站覆盖率（%）

盖率低于20%。城市发展过程中，对地下空间的关注度仍需提高。

4．城市交通系统性不足，"幸福通勤"比例低

城市交通的系统性建设仍待加强，大城市"幸福通勤"仍难实现，中小城市绿色出行比例较低。

（1）大城市交通拥堵没有得到有效改善，通勤时间长问题突出。

体检结果显示，样本城市建成区高峰时间平均机动车速度为20.7km/h，其中上海、广州、深圳等23个样本城市低于20km/h。与2020年体检对比，建成区高峰时间平均机动车速度较去年下降2.5km/h，其中银川、西安、郑州等城市下降幅度较大。超大、特大城市早晚高峰交通拥堵现象没有得到改善，仍未实现城市快速干线交通、生活性集散交通和绿色慢行交通的顺畅衔接。

同时，大城市通勤时间长问题突出，城市内"幸福通勤"人口比例明显较低。59个样本城市常住人口平均单程通勤时间为35.6min，通勤距离小于5km的人口占比（"幸福通勤"比例）普遍低于30%，均值仅为27.1%。其中，幸福通勤人口占比高于30%的城市大多数为中小城市，仅广州、深圳为超大城市（图10-17）。

（2）中小城市绿色交通出行不足，大城市自行车道不足。

样本城市绿色出行比例均值为73%，其中28个样本城市绿色交通出行占比不满足"十四五"人居环境规划提出的75%标准值。中小城市绿色出行比例相对较低，缺乏专用自行车道等慢行设施。

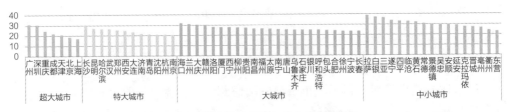

图10-17　通勤距离小于5km的人口比例（%）

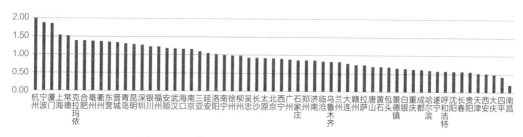

图10-18　城市建成区专用自行车道密度（km/km²）

样本城市专用自行车道密度均值为0.97km/km²，其中天津、西安、南昌等城市问题尤其突出，均不足0.55km/km²（图10-18）。

（3）城市步行系统建设不足，居民步行环境较差。

城市体检显示，城市居民步行出行意愿逐步提高，选择步行作为主要出行方式的人口占比均值为20.5%，较2020年提高了3.1个百分点。

但是城市步行系统建设存在短板，城市步行环境建设未能满足居民步行出行意愿。根据社区抽样调查，样本城市具有连续贯通步行道的社区数量占比均值仅为75.7%。重庆、大连、乌鲁木齐、兰州、哈尔滨、长春、贵阳、遂宁、四平等城市居民步行出行意愿较高，但城市具有连续贯通步行道的社区数量占比不足30%。同时，道路无障碍设施建设不足，哈尔滨、长春、乌鲁木齐、四平道路无障碍设施设置率均不足60%。

5．城市住房保障体系建设仍需加强，住房租赁市场管理亟须规范

（1）城市住房保障服务不足，居民住房支出占比较高。

体检结果显示，根据城市购房、租房难易程度构建模型推导，样本城市住房保障服务覆盖率仅能达到28.9%。其中，超大城市住房保障服务覆盖率仅为20%，北京、上海、深圳住房保障服务短板明显。此外，样本城市住房支出超过家庭收入50%的城市家庭占比均值达到了10.4%，从城市规模来看，大型城市居民住房支出占比最大，达到了11.6%，其次是特大城市，指标值为9.9%。中小城市住房支出超过家庭收入50%的城市家庭占比最低，但仍有9.3%。住房支出仍然是城市居民主要生活支出。

此外，居民满意度调查发现，与城市居民幸福感相关性最强的两项指标，分别是保障性住房建设情况，以及住房租赁市场的规范程度。反映完善住房保障体系建设，提高住房租赁市场规范化管理水平，是提升城市居民幸福感的重要抓手。

（2）城市低品质住房人口占比仍较高，城市更新助力城市人居环境建设任重而道远。

体检结果显示，样本城市中居住在棚户区和城中村中的人口数量占比均值达到了7.3%。其中超大城市均值达到了17%，深圳、广州居住在棚户区和城中村中的人口数量占比分别达到了54.9%及28.2%。厦门、宁波、昆明、临沧、兰州等9城市该指标值在10%以上。此外，小城市中，晋城居住在棚户区和城中村中的人口数量占比最高，达到了28.9%。城市低品质住房人口占比仍较高，以城市更新作为提升城市人居环境的重要抓手，提升城市居民生活幸福感的工作任重而道远。

6. 大拆大建现象仍存在，历史风貌保护利用不足

部分城市存在大拆大建的错误倾向，对城市特色风貌的塑造和历史建筑的活化利用认识不足、谋划不够。

（1）破坏城市历史风貌事件时有发生，城市更新中存在沿用粗放的开发建设方式的错误做法。

体检结果显示，2020年北京、重庆、西安等29个城市，出现了64起涉及城市历史风貌破坏负面舆情事件。部分城市传统街区更新中存在成片集中拆除现状建筑，大肆砍伐古树名木，破坏传统风貌和街道格局，大规模新增建设规模，不断加剧老城区交通、市政、公共服务、安全等设施承载压力。同时还存在大规模搬迁原住民，破坏原有社会结构，割裂人、地和文化的关系等情况。

（2）城市历史街区和挂牌历史建筑总量仍较少。

城市挂牌历史街区和历史建筑数量较少，城市历史文脉保护仍需加强。城市体检显示，截至2021年10月，样本城市挂牌历史建筑数量共10468个，但是59个样本城市万人挂牌历史建筑数均值仅为0.3个；挂牌历史街区数量共305片。其中，59个样本城市中，仍有19个样本城市没有历史文化街区。

（3）城市历史街区和历史建筑的活化利用不足。

城市体检结果显示，59个样本城市的城市历史文化街区保护修缮率和城市历史建筑空置率平均值分别为62.5%和14.6%。其中，亳州城市历史建筑空置率高达86%，存在历史建筑脱管失修、修而未用、随意闲置的问题。结合居民满意度调查，四平、长春、呼和浩特历史建筑空置率较高的同时，居民对城市历史建筑与传统民居的修复和利用的满意度也较低。

10.5 区域差异

当前，经济发展的空间结构正在发生深刻变化，中心城市和城市群正在成为承载

发展要素的主要空间形式。围绕我国区域发展战略及城市群建设发展要求，结合当前城市体检样本城市分布，选取东北振兴战略城市群、京津冀协同发展城市群、黄河流域生态保护和高质量发展城市群、长三角一体化发展城市群、中三角城市群、粤港澳大湾区城市群、成渝地区双城经济圈共7个主要城市群开展评价分析。

1．东北城市建设整体短板明显，东北振兴任重而道远

2018年9月28日，习近平总书记在东北三省考察，主持召开深入推进东北振兴座谈会并发表重要讲话。就深入推进东北振兴提出6个方面的要求，其中包括：（1）以优化营商环境为基础，全面深化改革；培育发展现代化都市圈；（2）贯彻绿水青山就是金山银山、冰天雪地也是金山银山的理念；（3）关注补齐民生领域短板，保障好城乡生活困难人员基本生活，加大东北地区公共基础设施领域的投资力度，支持东北地区轨道交通等城市基础设施建设。此外，《中共中央　国务院关于全面振兴东北地区等老工业基地的若干意见》提出，培育形成东北地区城市群，促进大中小城市和小城镇协调发展；支持沈阳、大连、长春、哈尔滨等地打造国内领先的新兴产业集群。

在东北振兴战略框架下，近年来东北城市的建设发展取得了长足进步。但2021年城市体检结果显示，与全国其他战略发展区及重点发展城市群相比，东北地区样本城市在城市低碳发展响应、水环境质量保护、社区"一老一小"配套服务及城市"看病难"问题、交通系统建设、最低生活保障服务、城市人口活力、产业活力等方面仍存在明显短板，东北振兴任重而道远。

具体来看，2021年城市体检中，涉及东北振兴战略的样本城市共6个，分别为哈尔滨、大庆、长春、四平、沈阳、大连。其中，特大城市占比50%，大型城市占比33%。基于2021年城市体检指标体系，从生态宜居、健康舒适、交通便捷、风貌特色、多元包容、创新活力6个维度入手，评估东北地区样本城市建设对东北振兴战略的支撑情况。

在生态宜居方面，东北地区城市共性问题主要集中在绿道服务和低碳能源设施建设方面。6个东北地区样本城市绿道服务半径覆盖率普遍偏低，指标均值仅为46%。此外，东北地区样本城市低碳响应仍需加强，社区低碳能源设施覆盖率均值仅为19.2%，位于全国七个地理片区末位，其中大庆作为资源型城市，社区低碳能源设施覆盖率仅为10.3%，城市绿色发展任重而道远。在自然要素保护上，东北地区样本城市地表水达到或好于Ⅲ类水体比例均值仅为43.4%，其中长春该指标仅14.9%，6个东北地区样本城市中大连水环境质量指标值最高，也仅有75%。东北地区样本城市距离

《中华人民共和国国民经济和社会发展第十四个五年规划和2035年远景目标纲要》提出的"十四五"末达到85%的要求仍较远。

在健康舒适方面，"一老一小""看病难"是东北地区样本城市完整居住社区建设存在的共性问题。其一，东北地区社区老年服务站覆盖率均值仅为33.8%，远低于其他地区样本城市，其中大庆、四平城市社区老年服务站覆盖率甚至低于20%。未来随着城市老龄化加剧，东北、京津冀城市社区养老服务设施建设短板亟须补齐。其二，东北地区样本城市普惠性幼儿园覆盖率普遍偏低，均值仅为27.2%。其中，哈尔滨普惠性幼儿园覆盖率仅为17.1%，东北地区城市养老抚幼设施建设亟须补齐短板。其三，东北地区城市社区卫生服务中心门诊分担率与2020年基本持平，均值仅为10.4%，与各片区相比，长期处于下游。

在交通便捷方面，东北地区样本城市常住人口平均单程通勤时间达到了36.9min，高于其他地理片区均值。此外，在绿色交通出行方面，东北地区样本城市绿色交通出行分担率均值仅为63.1%，其中大庆甚至不足50%。在慢行交通系统建设方面，与全国其他地理片区相比，东北地区城市骑行友好建设明显不足，专用自行车道密度相对较低，平均值仅为0.57km/km²。在针对社区步行道的专项调查中，东北地区样本城市连续贯通步行道占比均值仅为63.9%，位于七个地理片区末位。此外，东北地区样本城市轨道交通站点周边覆盖通勤比例均值仅为9.2%，与全国建有轨道交通的样本城市相比，东北地区样本城市轨道交通站点周边覆盖通勤比例低于全国样本城市平均水平4.2个百分点。

在风貌特色方面，大庆、四平城市历史文化街区数量为0，其中四平历史建筑数量仅为1处。整体来看，城市文化建筑较少，是东北地区城市的共性问题。样本城市万人城市文化建筑面积均值仅为824.6m²，其中沈阳、大连两座特大城市万人城市文化建筑面积分别仅为327m²和560m²。

在多元包容方面，东北地区多元包容性相对较差。其一城市道路无障碍设施设置率均值仅为50.9%。其二最低生活保障标准占上年度人均消费支出比例均值仅为29%。以上两个指标东北地区样本城市均值在全国七个地理片区中均最低。

在创新活力方面，东北地区样本城市在多项指标中表现较差。一是城市人口活力方面，东北地区城市小学生入学增长率在七个地理片区中最低，均值仅为14.4%，四平甚至为-26.9%，哈尔滨、大庆2020年小学生入学人数与基准年2015年持平。其次东北地区城市人口年龄中位数在七个地理片区中最高，年龄中位数均值达到了38.7岁。二是政府负债率方面，东北地区样本城市政府负债率均值达到37.1%，高于另外六个地理片区，其中四平、大庆、大连接近或超出40%。三是产业活力方面，东北地区样本城市万人新增中小微企业数量仅为23.9家，万人上市公司数量为0.07家，城市信贷结构优化比例仅为174%，在七个地理片区中均位于末位。

2. 京津冀协同发展向好，城市承载力、安全性、宜居性短板问题仍需关注

2014年2月26日，习近平总书记在北京主持召开座谈会，专题听取京津冀协同发展工作汇报，并就推进京津冀协同发展提出7点要求。其中包括：（1）明确三地功能定位、产业分工、城市布局、设施配套、综合交通体系等重大问题；（2）着力调整优化城市布局和空间结构，提高城市群一体化水平，提高其综合承载能力和内涵发展水平；（3）着力扩大环境容量生态空间，加强生态环境保护合作，在已经启动大气污染防治协作机制的基础上，完善防护林建设、水资源保护、水环境治理、清洁能源使用等领域合作机制。

在京津冀协同发展战略框架下，京津冀三地和国家各个部门积极参与，密切配合，6年来三地产业对接协作进入快速融合通道。但2021年城市体检结果显示，京津冀样本城市在空气、水环境质量保护，城市人口密度等方面存在短板，反映京津冀城市承载力问题仍较突出；京津冀城市在社区养老设施建设、海绵城市建设及地下空间安全管理方面存在突出的共性问题；在城市创新活力方面，京津冀样本城市产业活力旺盛，但是城市人口活力有下降趋势，应引起重视。

具体来看，2021年城市体检中，涉及京津冀协同发展战略的样本城市共4个，分别为北京、天津、石家庄、唐山。基于2021年城市体检指标体系，从生态宜居、健康舒适、安全韧性、创新活力4个维度入手，评估京津冀地区样本城市建设对京津冀协同发展战略的支撑情况。

在生态宜居方面，空气质量是困扰京津冀样本城市的共性问题，与2020年相比，京津冀样本城市中，天津、石家庄空气质量优良天数比率均值虽提升了7.2个百分点，但4个京津冀样本城市指标均值仅为66.9%，均未达到《中华人民共和国国民经济和社会发展第十四个五年规划和2035年远景目标纲要》提出的"十四五"末达到87.5%的要求。其中，石家庄城市全年空气质量优良天数比率不足60%。在水环境方面，4个京津冀样本城市地表水达到或好于Ⅲ类水体比例均值仅为50.9%，也均未达到《中华人民共和国国民经济和社会发展第十四个五年规划和2035年远景目标纲要》提出的"十四五"末达到85%的要求。其中，天津地表水达到或好于Ⅲ类水体比例甚至不足30%。京津冀地区样本城市空气、水资源的保护水平仍未达到总书记提出的京津冀生态环境保护要求。此外，城市人口密度过大，是京津冀地区样本城市面对的另

一项突出问题。其中，北京、天津、石家庄人口密度超过每平方公里1.5万人的城市建设用地规模共有696km²，高密人口用地占建设用地比例均值达到了27%，石家庄高密人口用地占比甚至达到了37%，反映城市布局和空间结构仍需进一步完善，城市承载力仍需进一步加强。

在健康舒适方面，京津冀样本城市社区养老设施建设问题较为突出，社区老年服务站覆盖率均值仅为45.9%。超大城市中，北京社区老年服务站覆盖率最低，仅为40%。

在安全韧性方面，京津冀样本城市可渗透地面面积比例均值仅为25.0%。根据《全球生态环境遥感监测2020年度报告》将可渗透地面面积比例小于38%的城市定义为高不透水城市，京津冀样本城市均属于高不透水城市，其中石家庄建成区内可渗透地面面积比例甚至不足20%。京津冀城市建设普遍存在过度硬质铺装问题，城市内涝风险系数较大。此外，京津冀重要管网监测监控覆盖率不足，均值仅为50%，其中唐山、石家庄城市重要管网监测监控覆盖率不足35%，京津冀地区地下空间安全仍需关注。

在创新活力方面，京津冀样本城市突出短板主要表现在人口活力上。京津冀样本城市小学生入学增长率均值为20.6%。其中，唐山2020年小学生入学数量仅比2015年提升10个百分点左右。此外，京津冀地区样本城市城市人口年龄中位数也较大，达到了37岁。

3. 黄河流域城市发展历史欠账较多，围绕生态建设的城市高质量发展任重而道远

2019年9月18日，习近平总书记在郑州主持召开黄河流域生态保护和高质量发展座谈会并发表重要讲话。在座谈会上，习近平总书记提出黄河流域生态保护和高质量发展重大国家战略。要求包括：（1）加强生态环境保护；（2）推进水资源节约集约利用；（3）推动黄河流域高质量发展。

黄河流域生态保护和高质量发展是事关中华民族伟大复兴和永续发展的千秋大计，自2019年提出以来，战略相关城市积极行动部署。2021年城市体检结果显示，黄河流域高质量发展战略框架下的体检样本城市主要短板如下：一是在城市空气环境质量、水环境质量及声环境质量方面短板较为突出；二是城市再生水利用率及生活垃圾资源化利用率等反映城市资源集约化利用水平的指标较低；三是城市管理智慧化支撑薄弱；四是城市对低收入群体友好性仍需加强；五是产业结构转型升级仍需加快，城市产业活力有待进一步加强。

　　具体来看，2021年城市体检中，涉及黄河流域生态保护和高质量发展战略的样本城市共10个，分别为西宁、兰州、白银、银川、吴忠、包头、延安、郑州、济南、东营。基于2021年城市体检指标体系，从生态宜居、城市资源集约化利用、城市智慧化管理、多元包容以及创新活力5个维度入手，评估黄河流域样本城市建设对黄河流域生态保护和高质量发展战略的支撑情况。

　　在生态宜居方面，黄河流域生态保护和高质量发展战略的样本城市空气质量优良天数比例为80.3%，地表水达到或好于Ⅲ类水体比例仅为61.7%，均未达到《中华人民共和国国民经济和社会发展第十四个五年规划和2035年远景目标纲要》提出的"十四五"末要求。其中水质量距目标要求仍有23个百分点的差距。此外，城市环境噪声达标地段覆盖率均值为75%，较全国平均值低7个百分点。

　　在城市资源集约化利用方面，黄河流域样本城市再生水利用率指标均值仅为25.1%，较59个样本城市平均值低4.6个百分点。其中白银、延安城市再生水利用率不足10%，再生水利用率超过50%的城市只有东营和郑州。其次，黄河流域样本城市生活垃圾资源化利用率均值为76.4%，其中西宁、延安指标值甚至未达到50%。

　　在城市智慧化管理方面，黄河流域样本城市重要管网监测监控覆盖率均值仅为39%，其中东营、晋城、延安重要管网监测监控覆盖率为0，西宁、白银监测监控覆盖率不及10%。

　　在多元包容方面，黄河流域样本城市最低生活保障标准占上年度人均消费支出比例仅为30.2%，其中东营指标值甚至不足20%。

　　在创新活力方面，黄河流域样本城市政府负债率均值为30.1%，高于全国平均值2个百分点。黄河流域样本城市高新技术发展水平仍需提高，样本城市全社会R&D支出占GDP比重为1.9%，仅郑州、东营、济南、银川满足《"十三五"国家科技创新规划》提出的研究与试验发展经费投入强度达到2.5%的要求，吴忠、延安等小城市指标值甚至不足1%。此外，黄河流域样本城市万人高新技术企业数均值为0.6家，银川、吴忠甚至不足0.1家。其次，西北地区样本城市中小微企业发展迟缓，黄河流域样本城市2020年小微企业贷款余额仅较2015年数值提升了1.8倍，黄河流域样本城市中银川小微企业金融支撑力度相对较弱。

　　4. 长三角城市发展较好支撑国家发展新格局，城市包容性仍需加强

　　2020年8月20日，习近平总书记在合肥主持召开扎实推进长三角一体化发展座谈会并发表重要讲话。就进一步推进长三角一体化发展战略提出要求，其中包括：（1）引导金融资本重点支持制造业和中小微企业；（2）支持中小微科技型企业创新发展；

（3）长三角区域城市开发建设早、旧城区多，改造任务很重，这件事涉及群众切身利益和城市长远发展，再难也要想办法解决；（4）不能一律大拆大建，要注意保护好历史文化和城市风貌，避免"千城一面、万楼一貌"；（5）要坚决防止借机炒作房地产，毫不动摇坚持房子是用来住的、不是用来炒的定位，落实长效机制，确保房地产市场平稳健康发展。

长三角作为我国经济发展最活跃、开放程度最高、创新能力最强的区域，承担着率先形成新发展格局的重要使命。2021年城市体检结果显示，长三角区域体检样本城市建设较好地关注到了老百姓的身边事，城市更新工作获得老百姓认可，同时对城市历史文脉保护及风貌塑造取得较好成效。此外城市创新活力充足，对国家"双循环"新发展格局起到了有力支撑。但城市体检同时也发现，长三角区域体检样本城市普遍存在城市硬质铺装过多，积水内涝问题突出，以及城市住房压力较大，城市包容性不足等共性问题。

具体来看，2021年城市体检中，涉及长三角一体化发展战略的样本城市共6个，分别为上海、南京、合肥、杭州、宁波、衢州。基于2021年城市体检指标体系，从创新活力、风貌特色、安全韧性、多元包容4个维度入手，评估长三角地区样本城市建设对长三角一体化发展战略的支撑情况。

在解决老百姓身边事方面，长三角一体化发展战略的样本城市社区卫生服务中心门诊分担率较好，均值达到22.1%，较全国样本城市均值高出3.1个百分点。老旧小区改造达标率均值达到86.8%，较全国样本城市平均水平高出10.4个百分点，衢州、上海、南京老旧小区改造达标率均达到90%及以上，城市更新工作获得老百姓认可。此外，城市专用自行车道密度达到1.56km/km^2，较全国样本城市均值高出60%。在风貌特色方面，长三角一体化发展战略的样本城市万人城市文化建筑面积达到2138m^2，是全国样本城市平均水平的1.5倍，城市当年获得国际国内各类建筑奖、文化奖的项目数量均值达到了78项，是全国样本城市平均水平的1.8倍；此外，长三角地区样本城市历史文化街区保护修缮率达到80%，高于全国样本城市平均水平18个百分点，城市风貌特色较好，城市历史文脉保护得到重视。

连续3年城市体检工作发现，城市创新活力一直是长三角样本城市的突出优势。首先，在政府负债率方面，华东地区样本城市政府负债率均值为14.7%，低于全国样本城市均值13.3个百分点。其次，在产业活力方面，华东地区样本城市万人新增中小微企业数量为48家，城市当年小微企业贷款余额，与基准年（2015年）城市小微企业贷款余额的百分比均值为182%，均高于全国平均水平，同时，长三角样本城市万人新增个体工商户数量平均值为90家，较全国平均水平高出近20个百分点。最后，在高新技术发展方面，华东地区样本城市万人高新技术企业数量均值达到了2.36个，是全国平均水平的1.1倍，全社会R&D支出占GDP比重均值为2.83%，虽略低于2020年0.13个百分点，但仍高于全国平均水平31%。

长三角一体化发展战略的样本城市建设取得较好成效的同时，在城市安全韧性及多元包容方面存在的部分短板仍需加强。一是城市快速发展过程中，建成区硬化铺装占比较多，城市可渗透地面面积占比均值仅为28%，其中宁波建成区内可渗透地面面积占比甚至不足25%，城市易涝点密度达到了0.04个/km²，长三角地区样本城市建成区内积水内涝问题亟须关注。二是常住人口住房保障服务覆盖率较低，长三角地区样本城市该指标均值仅为22.5%，低于全国样本城市平均水平6.4个百分点。其中超大、特大城市中，上海常住人口住房保障服务覆盖率仅11%，杭州、南京指标值仅略高于20%。值得注意的是，长三角地区样本城市中，如宁波、合肥、衢州城市住房支出超过家庭收入50%的城市家庭占比均在10%以上，华东地区大城市住房问题不容忽视。

5．长江中游城市生态建设取得成效，以城市高质量发展推动中部崛起仍需努力

党的十八大以来，习近平总书记多次深入长江中游三省考察调研，为三地改革发展指明方向，围绕区域协调发展作出一系列重要论断和系统部署。总书记的长江中游城市群之行，包括3次湖北武汉考察、2次湖南长沙考察和2次江西南昌考察。提出了几点内容，其中包括：（1）自主创新是企业的生命，关键核心技术必须牢牢掌握在自己手里；（2）把修复长江生态环境摆在压倒性位置，共抓大保护、不搞大开发；（3）统筹推进长江干支流沿线治污治岸治渔，绿色生态是最大财富、最大优势、最大品牌；（4）要构建新型城乡关系，促进城乡协调发展、融合发展。

长江中游城市群承东启西、连南接北，是长江经济带的重要组成部分，也是实施促进中部地区崛起战略、全方位深化改革开放和推进新型城镇化的重点区域。整体来看，长江中游城市群比较优势和内需潜力正逐步得到发挥。城市体检结果显示，长江中游城市群空气质量得到一定提升，但是区域开发强度过大，城市建设"过高过密"等问题仍较突出。此外，城市社区卫生服务工作仍需加强，城市历史文脉保护力度仍需提升，城市营商环境优化任重而道远。

具体来看，2021年城市体检中，涉及长江中游城市群的样本城市共6个，分别为南昌、景德镇、武汉、黄石、长沙、常德。基于2021年城市体检指标体系，从生态宜居、安全韧性、风貌特色、多元包容、创新活力5个维度入手，评估长江中游城市群

的样本城市建设情况。

在生态宜居方面，长江中游城市群样本城市空气质量优良天数比率均值为89.5%，较2020年提升了10.7个百分点，其中武汉、黄石提升幅度均在10%以上，武汉提升幅度甚至达到了18%，长江中游城市群空气质量得到一定提升。但是区域开发强度过大，是湖北城市存在的共性问题，武汉、黄石市区域开发强度均在30%以上，其中黄石区域开发强度较2020年体检提升了2.1个百分点。此外，长江中游城市群样本城市中，长沙、武汉两个特大城市均存在高层住宅建筑较多的共性问题，长沙、武汉现状高层住宅栋数分别达到了7644栋及8569栋，2020年竣工的住宅建筑高度超过80m的数量均达到300栋以上。同时，长江中游城市群样本城市的人口密度超过每平方公里1.5万人的城市建设用地规模占比均值达到了28%，常德作为中等城市，高密人口用地占建成区比例甚至达到了41%。可见，高层高密问题是长江中游城市群高质量发展所需关注的重点问题。

在安全韧性方面，长江中游城市群样本城市二级及以上医院覆盖率均值为72.8%，与2020年体检结果基本持平。社区卫生服务中心门诊分担率均值为16.8%，低于全国样本城市平均水平2.2个百分点，城市社区卫生服务工作仍需加强。2021年第三方城市体检显示，武汉城市社区卫生服务中心门诊分担率达到了37%，在同等人口规模城市中位居首位，公共卫生服务能力得到进一步增强。

在风貌特色方面，长江中游城市群样本城市万人城市文化建筑面积均值仅为1692m²。其中，黄石、武汉、长沙、常德指标值未达到1000m²，常德仅为213m²。长江中游城市群样本城市2020年内获得国际国内各类建筑奖、文化奖的项目数量共123项，武汉、黄石、景德镇不足10项。反映长江中游城市群的城市风貌特色仍需加强。此外，长江中游城市群样本城市历史文化街区保护修缮率仅为57%，城市历史建筑空置率达到15%，特别是景德镇历史文化街区修缮率仅为17%，而城市历史建筑空置率达到了73%，存在历史文化街区修缮不足，历史建筑活化利用不力的问题。

在多元包容方面，长江中游城市群的样本城市最低生活保障标准占上年度人均消费支出比例仅为29.6%，低于全国样本城市平均值1.7个百分点，城市对低收入群体关注度仍需加强。

在创新活力方面，长江中游城市群的样本城市人口活力较好，城市人口年龄中位数平均值仅为35岁，低于全国样本城市平均水平。但是城市营商环境仍需增强，万人新增中小微企业数量均值为35个，较全国平均值低20%；万人新增个体工商户数量均值为62.7个，较全国平均值低11%。在高新技术方面，全社会R&D支出占GDP比重均值为2.1%，与全国样本城市平均水平相比仍低0.1个百分点。反映长江中游城市群产业活力建设及高新技术产业支撑工作任重而道远。

6. 大湾区城市群建设助力国家发展大局，城市承载力亟须"解压"

2019年2月18日，中共中央、国务院印发《粤港澳大湾区发展规划纲要》。按照规划纲要，粤港澳大湾区不仅要建成充满活力的世界级城市群、国际科技创新中心、"一带一路"建设的重要支撑、内地与港澳深度合作示范区，还要打造成宜居宜业宜游的优质生活圈，成为高质量发展的典范。以香港、澳门、广州、深圳四大中心城市作为区域发展的核心引擎。

粤港澳大湾区是我国开放程度最高、经济活力最强的区域之一，在国家发展大局中具有重要战略地位。粤港澳大湾区发展规划纲要推出两年多的时间，大湾区发展日新月异，经济、科技、基建、人文全面发展。城市体检结果显示，大湾区样本城市风貌特色及历史文脉开发保护较好，城市管理水平较高，城市人口、产业活力充足。但是大湾区样本城市普遍存在开发强度过大、城市承载力高压运行、城市包容性不足等共性问题。

具体来看，2021年城市体检中，涉及大湾区城市群的样本城市共2个，分别为广州、深圳。基于2021年城市体检指标体系，从生态宜居、风貌特色、整洁有序、多元包容、创新活力5个维度入手，评估大湾区城市群的样本城市建设情况。

在风貌特色方面，大湾区样本城市获得国际国内各类建筑奖、文化奖的项目数量达到了335项。城市历史文化街区保护修缮率达到100%，城市风貌特色及历史文脉开发保护较好。

在整洁有序方面，大湾区样本城市门前责任区制定履约率均值达到96%，城市门前责任区制定履约率均值达到96%，均高于全国样本城市平均水平。大湾区样本实施专业化物业管理的住宅小区占比平均值达到68.8%，较全国样本城市平均水平高出28%。

在创新活力方面，从人口活力来看，大湾区样本城市人口年龄中位数均值为34.5岁，较全国样本城市平均水平低1岁，大湾区样本城市人口活力旺盛。在产业活力方面，华南地区样本城市万人新增中小微企业数量均值达到117家，城市2020年小微企业贷款余额，与基准年（2015年）城市小微企业贷款余额的百分比高达219%，两项指标均位于全国样本城市前列。此外，大湾区样本城市万人上市公司数量也较高，均值达到了0.28家，是全国样本城市平均水平的2.3倍。全社会R&D支出占GDP

比重均值达到3.6%，是全国样本城市平均水平的1.7倍。大湾区样本城市发展活力突出。

大湾区样本城市建设取得较好成效的同时，在生态宜居及多元包容方面存在的部分短板仍需加强。

在生态宜居方面，一是人口过密是大湾区样本城市发展长期面临的突出问题，大湾区样本城市人口密度超过每平方公里1.5万人的城市建设用地规模均值达到了371km²，高密人口用地占建成区面积比例均值已高达31%。其中，深圳人口密度超过每平方公里1.5万人的城市建设用地规模达到418km²，广州达到323km²，此外，深圳区域开发强度达到了60.3%，位于体检样本城市首位。二是水环境质量仍需加强，大湾区样本城市地表水达到或好于Ⅲ类水体比例均值仅为19%，距离《中华人民共和国国民经济和社会发展第十四个五年规划和2035年远景目标纲要》提出的"十四五"末达到85%的要求较远。此外，大湾区样本城市再生水利用率均值仅为50.4%，广州该指标值不足30%。

在多元包容方面，住房问题仍是制约大湾区样本城市多元包容度的关键问题。与其他城市群相比，一是大湾区样本城市常住人口住房保障服务覆盖率最低，平均值仅为13.9%，其中深圳仅为9%。二是大湾区样本城市住房支出超过家庭收入50%的城市家庭占比最高，均值为13.3%，其中深圳高达16.1%。三是大湾区样本城市居住在棚户区和城中村中的人口数量占比最高，均值达到了41.6%。其中，深圳该项指标值更是高达惊人的54.9%，广州则是达到了28.2%，华南地区样本城市住房环境改善工作任重而道远。

7. 成渝"双圈"联动助力西部发展，推动城市高质量发展仍是关键抓手

2020年1月，习近平总书记主持召开中央财经委员会第六次会议，就推动成渝地区双城经济圈建设提出要求。其中包括：（1）促进产业、人口及各类生产要素合理流动和高效集聚；（2）强化重庆和成都的中心城市带动作用，使成渝地区成为具有全国影响力的重要经济中心、科技创新中心、改革开放新高地、高品质生活宜居地，助推高质量发展。

成渝地区双城经济圈是中国西部人口最密集、产业基础最雄厚、创新能力最强、市场空间最广阔、开放程度最高的区域，在国家发展大局中具有独特而重要的战略地位。城市体检结果显示，成渝地区综合实力和竞争力仍与东部发达地区存在较大差距。其中，完整居住社区建设短板较为明显，城市高新技术产业发展仍需加强，以"双碳"推动城市产业转型升级，促进城市高质量发展任重而道远。

具体来看，2021年城市体检中，涉及成渝地区双城经济圈的样本城市共3个，分别为重庆、成都、遂宁。基于2021年城市体检指标体系，从健康舒适、创新活力、城市低碳响应3个维度入手，评估成渝地区双城经济圈样本城市建设对成渝地区双城经济圈战略的支撑情况。

在健康舒适方面，成渝地区双城经济圈样本城市社区卫生服务中心门诊分担率较低，均值仅为21.6%，其中遂宁仅7.5%，重庆仅15.6%。此外，成渝地区样本城市人均社区体育场地面积均值仅为0.23m²，均未达到《城市社区体育设施建设用地指标》提出的0.3m²标准，城市社区体育设施短板明显。

在创新活力方面，与其他城市群相比，成渝地区双城经济圈样本城市政府负债率均值高达29.3%，其中遂宁政府负债率接近40%。在高新技术产业方面，成渝地区双城经济圈样本城市全社会R&D支出占GDP比重仅为2.0%，仅成都达到了《"十三五"国家科技创新规划》提出的2.5%目标。此外，市辖区内万人高新技术企业数均值仅为0.93个，重庆万人高新技术企业数1个。同时，成渝地区样本城市万人上市公司数也较低，仅为0.06家。成渝地区样本城市创新活力亟待加强。

在低碳响应方面，成渝地区双城经济圈样本城市新建建筑中绿色建筑占比均值为83%，其中成都指标值仅为68%，位于超大城市下游水平。在绿色出行方面，成渝地区双城经济圈样本城市绿色交通出行分担率相对较低，平均值仅为78%，重庆、成都绿色交通出行分担率不及75%。在社区低碳设施建设方面，成渝地区双城经济圈样本城市社区低碳能源设施覆盖率均值仅为43.4%，其中重庆、遂宁指标值不足50%，遂宁仅24%。成渝地区双城经济圈样本城市"双碳"建设响应仍需加强。

10.6　对策及建议

2021年作为城市更新的元年，城市发展从原来的快速增长时期转向存量的提质增效和增量的结构调整并重的新发展时期。《中共中央关于制定国民经济和社会发展第十四个五年规划和二〇三五年远景目标的建议》针对城市工作，明确提出实施城市更新行动，推进城市生态修复、功能完善工程，统筹城市规划、建设、管理，合理确定城市规模、人口密度、空间结构，促进大中小城市和小城镇协调发展。为了适应新时期城市工作的发展需要，建议从以下几方面进一步加强城市体检工作。

1. 应逐步建立城市健康指数，进一步加强城市考核

为了更好地考核城市发展质量，更好地显示样本城市的城市体征，2021年第三方体检团队尝试建立了城市健康指数。城市健康指数是从城市体检的65项指标中选取12项重点指标，通过加权赋值计算，形成了每个样本城市的城市健康指数值。

2021年第三方体检城市健康指数显示，从城市规模看，中小城市体检结果普遍较好，综合得分达到73分；超大、特大城市综合得分仅为69分，"城市病"问题较为突出；从区域划分来看，华东、西北片区城市体检结果较好，综合得分达到74分，华北、东北片区城市体检结果一般，其中东北片区城市综合得分仅为60分。

2. 城市体检与城市更新要紧密结合起来

实施城市更新行动是党的十九届五中全会作出的重要决策部署，是国家"十四五"规划纲要明确的重大工程项目。城市体检作为城市更新的前置性制度设计，要更好地发挥监测、评价、预警的作用，要通过城市体检更加精准地发现"城市病"，通过城市更新治疗"城市病"，不搞大拆大建的"外科手术"疗法，倡导城市有机更新的"针灸式""渐进式"疗法。

2021年，住房和城乡建设部《关于在实施城市更新行动中防止大拆大建问题的通知》中明确提出加强工作统筹，坚持城市体检评估先行，因地制宜、分类施策，合理确定城市更新重点、划定城市更新单元。以补短板、惠民生为更新重点，聚焦居民"急难愁盼"的问题诉求，鼓励腾退出的空间资源优先用于建设公共服务设施、市政基础设施、防灾安全设施、防洪排涝设施、公共绿地、公共活动场地等，完善城市功能。

在城市更新行动中，城市体检工作要持续创新工作方法，体检工作要与城市更新实施方案制定紧密结合起来，要与政策性金融紧密结合起来，不局限于城市级的体检，要建立城市、区、街道、社区多层级城市体检评价机制，要与城市更新单元的制定紧密结合。

3. 更好地指导地方城市开展城市体检，进一步健全制度机制

城市体检要进一步走向中小城市、县城。经过3轮的城市体检工作，城市体检制度已经初步建立起来。2021年体检，进一步加大了中小城市的监测评价，目前2800多个县城仍然是空白。"十四五"期间，城市体检要与乡村建设评价有机结合，针对以县城为载体的新型城镇化进程中存在的短板问题，结合城市更新行动、乡村建设行动，尝试建立适合县城规划建设管理工作的城市体检指标工作方法。

4．与新型城市基础设施建设相结合，推动城市体检的精细化

城市体检工作要进一步夯实技术基础。城市体检不能拘泥于整体性城市体征的监测评价，要逐步走向动态体检、精细化体检，要与新型城市基础设施建设结合起来，特别是与城市信息模型平台建设、城市运行管理服务平台相结合，加强对市政基础设施、城市环境、城市交通、城市防灾的智慧化管理，推动城市地下空间信息化、智能化管控，提升城市安全风险监测预警水平。

第 **11** 章

省级城市发展监测与评价
——以江西省为例

11.1 江西省城市体检工作的特色

11.1.1 省部联动高位推进并形成健全的顶层架构

2021年3月25日,住房和城乡建设部、江西省人民政府签署《建立城市体检评估机制推进城市高质量发展示范省建设合作框架协议》(以下简称《框架协议》),合作建立城市体检评估工作机制,为江西省全面推进城市体检工作打下了坚实的制度基础,并根据《框架协议》要求,成立了由住房和城乡建设部部长、江西省省长为组长的工作领导小组,在江西省住房和城乡建设厅下设领导小组办公室,负责统筹全省的城市体检工作。2021年4月6日,江西省省长在全省建立城市体检评估机制、推进城市高质量发展示范省建设暨城市功能与品质提升工作部署视频会议上,要求全力谱写好建立城市体检评估机制"开篇之作",扎实推进城市体检评估、城市高质量发展示范省建设和城市功能与品质提升各项工作。2021年6月16日,住房和城乡建设部在南昌市召开华东片区城市体检工作座谈会,会上住房和城乡建设部领导及相关专家对省住房和城乡建设厅、各设区市住房和城乡建设部门领导及华东片区其他省市领导开展了城市体检技术培训与经验交流。2021年9月30日,印发《建立城市体检评估机制推进城市高质量发展示范省建设实施方案》,明确了"高标准建立'政府主导、部门协同、全社会参与'和'一年一体检,五年一评估'的长效机制"。2021年12月,江西省全面完成县城及以上城市自体检工作的编制与专家审查工作,并获得部、省领导的高度认可与好评。

11.1.2 形成符合省情且相对完善的技术方法

(1)研究制定并发布技术指南。为了进一步规范和加强江西省城市体检评估工作,研究制定并发布了《江西省城市自体检工作技术指南(试行)》,明确了体检工作的指标采集、分析方法与评价标准，体检报告编制的体例及人居环境问卷调查的样板与分析评价方法。

（2）组建省级城市体检专家库。为提高城市体检工作质量和水平，科学实施城市更新行动，充分发挥学科人才优势，住房和城乡建设厅成立了江西省城市体检和城市更新专家库，为全省城市体检工作提供全面的技术支持。要求各地充分发挥专家智库在政策制定、技术指导和成果审查等方面的作用，建立健全专家参与机制，为城市体检和城市更新提供有力技术支撑和保障，有条件的地方可参照建立本级城市体检和城市更新专家库。省级专家库实行动态管理，各专家库成员要提高参与积极性、主动性、创造性，遵守管理规定，强化责任意识，发挥专业特长，共同把好城市体检和城市更新技术关。

（3）开展相关课题研究。开展《江西省第三方城市体检研究》《江西省城市体检信息平台建设研究》等相关课题研究，并委托相关技术单位开展省级城市体检信息平台建设的前期可行性研究。

11.1.3　特色突出全面覆盖

一是扩展指标体系。江西省在《住房和城乡建设部关于开展2021年城市体检工作的通知》65项城市体检指标的基础上，结合江西省城市功能与品质提升工作，研究制定了《关于开展2021年度全省城市体检工作的通知》，分级分层构建了符合国家要求、具有江西特色、可评价、能考核的"118/115+N"的城市体检评估指标体系，其中设区市118+N项指标，县级城市115+N项指标，重点对城市建设领域十大方面、34个板块、118/115项具体指标进行评估。各县市还可结合实际，提炼特色指标。

二是实现全域覆盖。江西省率先在全国推进县城及以上城市体检全覆盖，涵盖11个设区市，4个区级城市及73个县级城市。

三是补助专项资金。安排省级城市体检专项资金3250万元，对2021年新开展城市体检工作的县补助50万元，保证高质量完成城市体检工作。

11.1.4　强化督查考核

督促指导各地完善"政府主导、部门协同、全社会参与"长效机制，鼓励采用城市自体检、省级第三方评估、人居环境满意度调查相结合的方式开展城市体检评估推动市、县每年在当地主要媒体发布城市体检评估主要结论。同时，省高发办对城市体检工作实行"每月一调度、每季度一通报、每半年一督导"的方式，强化重点督办与年度考核，并分别于2021年7月15日、2021年10月27日，发布《关于2021年度上半年城市体检工作进展情况的通报》《关于城市体检工作第三季度进展情况的通报》文件，对全省市、县城市体检工作的进展情况进行通报和指导。

11.1.5 以城市体检科学实施城市更新行动

江西省通过城市体检工作的开展，进一步摸清了城市短板以及老百姓"急难愁盼"问题，并在最终的成果转化运用过程中，列出城市更新行动计划，提出各县市开展城市更新行动计划的主要方向。同时，通过系统梳理将城市问题按照优先级进行排序，帮助解决各地城市功能与品质提升"项目谋划不够精准，项目类别不够系统"的问题。为接下来大力推进城市高质量发展示范省建设，深入实施城市功能与品质提升行动2.0版打下坚实基础。

11.2 江西省城市体检的框架

11.2.1 工作目标

通过城市体检，客观评价城市人居环境质量，深入查找城市建设管理中存在的问题与短板，提出对策建议和具体措施，为地方政府制定下一年度工作计划、城市更新行动及城市建设专项整治工作提供参考，不断完善城市规划、建设和管理治理机制，提高治理水平，促进城市高质量发展。

鼓励地方探索创新城市体检工作方式方法、体制机制，形成具有特色、行之有效的城市体检工作模式。

11.2.2 工作组织

（1）建立定期通报的考核机制。将"开展城市体检工作"纳入《江西省城市功能与品质提升工作2021年度考核办法》，建立"一月一调度，一月一通报"的工作机制，由领导小组办公室定期向开展城市体检的市、县人民政府印发进展情况通报，梳理近期工作存在的问题，提出下一步工作要求，对工作进展慢、工作进度滞后的市县进行定期通报。

（2）形成多方参与的工作机制。为了践行习近平总书记关于"人民城市人民建，人民城市为人民"重要理念，引导多方参与，实现"共检、共治"，2021年江西省城市体检工作主要从两个方面强化公众参与力度。一是在体检工作开展方式上强调多主体参与。主要方式为各市、县按照《江西省城市体检工作技术指南（试行）》，以查找具体问题为目的开展的人居环境问卷调查工作，住房和城乡建设部城市体检样本城市以具体维度满意度为目的开展的社会满意度调查工作及部分市、县开展的社区调查分析工作，尽可能地调动了居民参与城市问题诊断的积极性。另外，通过对接"12345"及"我为群众办实事"及其他政府公众平台，间接获取公众关于城市功能与品质的公众画像。二是工作对象上多部门协同。按照"纵向到底、横向到边"的工作思路，调动市、区、街道、社区及各职能部门的积极性，参与城市体检工作。广泛征集各个层面的群体关于城市建设和管理等方面存在的问题和短板。

（3）明确城市体检与城市更新的传导机制。要求各市、县要在当地主要媒体发布城市体检评估主要结论和城市更新基本计划，各市、县要依据《2021年度城市体检报告》，针对短板弱项，编制城市更新基本计划及2022年城市建设项目计划。

11.2.3　技术流程

（1）制定方案：城市人民政府研究制定当年度城市体检工作实施方案，明确工作分工、时间计划、保障措施等内容，充分动员政府部门和社会公众参与城市体检工作。立足地方特色，研究确定符合地方实际的城市体检指标体系和人居环境调查问卷。加强部门协调，注重市、区、街道、社区四级联动，全面摸清城市家底。

（2）采集数据：按照可统计、可获取、可计算的原则分解指标、采集数据，以精准查找问题为目的，对指标进行下沉收集、分级及汇总计算。同时，统筹专项调查数据、互联网大数据、遥感数据、LBS位置大数据、问卷调查数据、"12345"市民服务热线数据等多源数据，经有效验证后，与部门采集数据进行互相校验、多方比对，确保指标计算的精准度和权威性。

（3）听取民意：采取线上问卷、线下问卷、实地调研相结合的方式，对城市不同年龄段和不同职业人群进行人居环境问卷调查，全面了解人民群众关切的"急难愁盼"问题，深入查找群众身边的"城市病"。

（4）查找问题：综合采用标准比对、横向比较、纵向趋势分析等方法，结合指标数据分析和人居环境问卷调查，客观评价城市人居环境，准确识别存在的问题和短板。对体检过程中发现的比较严重的问题，应进一步深入开展专项体检。

（5）研究原因：针对识别出的城市问题，从城市发展阶段与动力、城市治理、安全保障、设施建设等方面深入分析产生"城市病"的根源。

（6）提出对策：根据城市自体检结论，以解决城市突出问题为导向，以促进城市高质量发展为目标，有针对性提出治理城市病的应对策略，并制订综合解决方案。

（7）列出计划：将治理城市病的应对策略进一步细化为城市建设行动计划建议，根据城市问题的影响范围与影响程度，提出解决问题的行动优先等级，并明确治理内容和治理目标，为城市政府相关政策的制定提供参考依据。

（8）编制报告：客观分析评价城市人居环境质量及城市建设发展存在的问题，提出对策建议，形成年度城市自体检报告，组织专家对成果进行咨询论证，经城市人民政府审定后形成正式的年度城市自体检报告，并报江西省人民政府、住房和城乡建设部共建城市体检评估机制推进城市高质量发展示范省建设工作领导小组办公室备案。

11.3　主要优势

1．生态环境质量不断提升，绿色开放空间总量较大

（1）环境质量保持高水平。江西省通过打赢蓝天保卫战三年行动、污染防治攻坚战系列专项行动的深入实施，城市环境质量大幅改善，空气质量、水环境质量保持在高水平，并持续改善，人民群众对生态环境的满意度普遍较高。2020年江西省11个设区市空气质量优良天数比例除九江市外均达到90%以上，平均比例达94.78%，大多数县级城市亦达到90%以上。水环境质量方面，11个设区市地表水监测断面达到或好于Ⅲ类水体的比例，除南昌市外均为100%，平均达到99.51%，大多数县级城市亦达到100%。各设区市建成区内黑臭水体基本消除，大部分城市已消除建成区内Ⅴ类及劣Ⅴ类水体。经过专项治理，施工扬尘、餐饮油烟等困扰百姓生活的环境污染问题得到了有效治理，大部分城市的治理达标率达到了80%以上。

（2）绿色开放空间总量较大。江西省以打造美丽中国"江西样板"为目标引领，充分发挥绿色生态优势，不断加强城市绿化和公园绿地等开放空间建设，城市绿地率、人均公园绿地面积等"美丽宜居"指标普遍处于较高水平。11个设区市的建成区绿地率平均达到39.64%，多数城市超过40%，县级城市多数达到30%以上；人均公园绿地面积11个设区市平均达到13.61m²，除上饶外均在12m²以上，县级城市多数达到8m²以上，平均达到10.74m²。目前，全省共有12个国家园林城市、12个国家园林县城，省级生态园林城市11个、省级园林城市18个、省级园林县城39个。

（3）绿色建筑快速推广。近年来，江西省相继出台《江西省民用建筑节能和推进绿色建筑发展办法》《江西省绿色建筑创建行动实施方案》等文件，大力推广绿色建筑，推进建筑领域绿色低碳发展。2020年，江西省11个设区市新建建筑中绿色建筑占

比平均达到89.28%，各城市均达到70%以上，比上一年大幅提升，多数县级城市亦达到50%以上，绿色建筑推广应用呈现良好态势。

2．教育医疗设施满足率显著提升，生活居住舒适性较好

（1）教育、医疗设施供给能力不断提升，基本满足需求。教育设施方面，江西省11个设区市中学和小学就读规模满足率的平均值分别达到100.74%和92%，除宜春、抚州等少数城市在70%以上外，其他大多已超过90%，部分城市超过100%，多数县级城市亦达到90%以上，城区入学难的问题得到明显缓解。近两年，江西省大力推进城镇小区配套幼儿园治理，增加普惠性幼儿园供给，普惠性幼儿园已占主导地位，11个设区市的普惠性幼儿园覆盖率除宜春市外均已达到80%以上，部分城市已超100%，多数县级城市也已达到80%以上。医疗设施方面，江西省11个设区市千人医疗卫生床位数均已达到6床以上，平均达到10.34床，大多数县级城市也超过6床，医疗床位供给总体较为充足。

（2）人均住房面积较高，便民商业服务设施较完善。11个设区市人均住房建筑面积平均值已达到49.59m²，远超《2020年全面建设小康社会居住目标》提出的人均35m²的标准，大部分县级城市亦达到35m²以上，城市居民的住房面积总体比较宽裕。得益于各类商业服务业态的繁荣发展，城市社区便民商业服务设施覆盖率普遍较高，11个设区市均在90%以上，多个城市达到100%，县级城市也基本都在90%以上，极大便利了居民日常生活。

3．交通运行更加顺畅，绿色交通分担率较高

（1）交通运行较为顺畅，居民通勤时间较短。近几年，全省各地深入开展"治堵"行动，加强交通体系建设和交通秩序管理，城市交通运行更加顺畅有序，道路拥堵状况得到缓解。从建成区高峰时段机动车平均行驶速度看，11个设区市均达到20km/h以上，赣州、上饶、南昌等地达到30km/h以上，多数县级城市达到30km/h左右。从居民通勤时间看，11个设区市常住居民平均单程通勤时间除南昌市为34min外，其余均在30min以内，通勤距离小于5km的人口比例均占50%以上，职住平衡状况较好；县级城市居民平均通勤时间基本都在20min以内，居民通勤时间总体较短，处于舒适范围。

（2）绿色交通分担率较高。全省各地结合公交都市、公交城市等创建工作，加强公交设施建设，不断改善公交乘车环境，同时积极发展公共自行车、共享（电）单车等绿色交通方式，居民对绿色交通方式的接纳度不断提高，绿色交通分担率达到较好水平。在11个设区市中，除宜春、萍乡外，其他9市的绿色交通分担率均达到50%

以上，其中南昌、赣州、抚州、上饶等地达到75%以上；在县级城市中，多数居民采用电动自行车等非机动车方式出行，绿色交通出行分担率普遍达到60%以上，平均达到69%。

4．供水供电安全可靠，环境卫生状况持续改善

（1）城市供水供电设施较完善，安全可靠性高。11个设区市的居民用户端供水合格率均达到95%以上，其中8个城市达到100%，县级城市的供水普及率和居民用户端供水合格率亦基本达到100%，多数城市居民"一户一表"的安装比例在90%以上。供电方面，全省城市供电可靠率普遍达到99%以上。在问卷调查中，居民对城市供水和供电的满意度总体较高。

（2）生活污水处理厂污泥基本实现无害化处置。近几年，全省各地积极开展城镇生活污水收集处理问题大排查大整治行动，积极推进城镇污水处理厂污泥处理处置设施建设改造，提高污泥处理处置水平。2020年，全省11个设区市生活污水处理厂污泥无害化处置率全部达到100%，县级城市大多已达到100%，全省县级城市平均达到98.76%。

（3）城市环境卫生显著改善。全省各地深入开展"治脏"行动，通过建立路长制、日常保洁巡查检查等长效管理机制，不断提高城市道路清扫保洁市场化、机械化、专业化、标准化水平。2020年，11个设区市城市道路机械化清扫率平均达到94.94%，县级城市平均达到83.98%，城市街道路面的干净整洁度达到较高水准。生活垃圾基本实现全部无害化处理，11个设区市生活垃圾无害化处理率均达到100%，县级城市平均达到99.73%，大多数县级城市亦达到100%。2018年，江西省编制出台《江西省生活垃圾焚烧发电中长期专项规划（2018—2030）》，全省各地大力推动生活垃圾焚烧发电设施建设，焚烧处理日益成为江西省生活垃圾处理的主要方式，2020年11个设区市生活垃圾焚烧处理率平均达到73.85%，县级城市平均达到70.09%，其中新余、鹰潭、景德镇等多地已达100%，部分县级城市也已实现生活垃圾全部焚烧处理。

（4）高速通信设施覆盖率较高。江西省城市家庭的宽带普及率和光纤到户率已普遍达到较高水平，11个设区市的宽带普及率基本达到100%以上，光纤到户率全部达到85%以上，部分城市达到100%，5G信号覆盖率平均达到72.44%，其中南昌、赣州已达到100%。多数县级城市的宽带普及率亦达到100%以上，光纤到户率平均达到93.79%，5G信号覆盖率平均达到84.86%。

5．洪水内涝治理加强，城市安全韧性建设成效显著

（1）防洪堤达标率总体较高，海绵城市建设快速推进。江西省11个设区市防洪堤达标率平均达到91.56%，除赣州（45.63%）、宜春（81.25%）外，其他城市均达到90%以上，南昌、抚州、吉安等5个城市达到100%，多数县级城市的防洪堤达标率也已达到100%。同时，全省各地大力推进海绵城市建设，将海绵城市建设理念贯穿到城市建设的全过程，加强海绵公园、海绵绿地、海绵道路与广场、海绵建筑等新建和改造力度。2020年，11个设区市海绵城市建成区域达标率平均达到28.75%，其中萍乡、吉安已分别达到64.32%和54%，可渗透地面面积比例平均达到45.88%；全省县级城市海绵城市建成区域达标率平均达到17.52%，部分县级城市达到20%以上，可渗透地面面积比例平均达到39.13%，城市内涝问题正得到明显改善。

（2）交通安全状况总体较好，公共场所安全防护得到加强。江西省城市交通安全事故死亡率稳定在较低水平，11个设区市2020年的死亡率平均为2.15人/万车，除鹰潭市外，均低于5人/万车，县级城市平均为3.29人/万车，全省多数城市处于《城市道路交通管理评价指标体系（2012年版）》的一等（2—5人/万车）或以上标准。2018年，江西省印发《江西省公共场所安全防护设施建设意见》，部署推进公共场所安全防护设施建设，并将其列入民生实事工程，两年来，全省各地认真抓好落实，全面开展公共场所安全防护设施排查建设改造，到2020年底，多数城市的达标率已达到100%，对居民的安全保护有效加强。

6. 历史文化街区保护修缮亮点突出，历史风貌保护力度空前加强

当前，全省各地高度重视历史文化街区保护工作，按照应保尽保的原则，将符合标准的老街区及时申报各级历史文化街区，纳入保护名录，全省历史文化街区总量已达到75处，居全国第三。同时，多地积极探索历史文化街区保护修缮和活化利用的路径，涌现出了一批成功案例，亮点突出，如赣州郁孤台、灶儿巷、抚州文昌里、景德镇陶溪川、南昌万寿宫、九江庾亮南路、萍乡南正街、黎川古城等，在保护修缮的同时，成功打造成为所在城市的金名片，成为居民休闲和游客游览的胜地，实现了文化、社会、经济等多重效益的统一。

随着各地对城市历史风貌保护的认识程度和保护力度不断提高，目前在城市建设中已基本消除了拆除历史建筑、传统民居，砍老树，破坏地形地貌、传统风貌和街道格局等破坏历史风貌行为，从2020年的城市体检数据看，全省各城市均未发生破坏历史风貌的负面事件。

7. 城市环境治理取得显著进展，数字化城市管理加快覆盖

近年来，全省各地深入开展"治乱"行动，重点加大对城郊接合部、城中村、农贸市场、背街小巷等区域整治力度，深入推进"防盗窗整治""架空管线整治""建筑物立面整治""广告牌匾整治""车辆乱停乱放整治"等专项行动，城市风貌更加整洁、文明、有序。在背街小巷整治方面，重点拆除私搭乱建，按照水通、路平、墙美、灯亮、线齐、窗明、畅通的要求，全面提升城市背街小巷品质，2020年底，全省11个设区市背街小巷改造整治率除鹰潭、抚州外均达到60%以上，一半以上的县级城市也已达到60%以上。此外，各地大力开展架空线缆整治、11个设区市街道立杆、空中线路规整率平均达到71.82%，部分县级城市已全部完成整治，街道景观环境得到有效改善。

江西省数字化城市管理覆盖率达到较高水平，11个设区市平均覆盖率达到86.36%，约半数县级城市也已达到80%以上，宜春、鹰潭、九江、景德镇、吉安以及部分县级城市已实现建成区100%覆盖，大大提升了城市管理的信息化、精细化水平。

8．创新创业较为活跃，城市人口吸引力较强

近年来，江西省社会经济保持快速发展，全社会创新创业较为活跃，大多数城市的中小微企业和个体工商户均保持显著增长。2020年，11个设区市万人新增中小微企业数量平均达到58.22个，万人新增个体工商户数量平均达到93.02个，全省县级城市万人新增中小微企业数量和个体工商户数量平均值分别为42.41个和76.52个。金融对小微企业的支持也不断加强，全省各城市五年来对小微企业的贷款均实现正增长，11个设区市平均增长50.24%，县级城市平均增长74.93%。同时，江西省很多城市的万人高新技术企业数量已达到或超过全国平均值（1.92个），如11个设区市万人高新技术企业数量平均达到4.2个，除抚州、萍乡外均超过2个，全省县级城市万人高新技术企业数量平均达到2.02个。

当前，江西省正处于快速城镇化进程中，大多数城市表现出较强的人口吸纳能力，常住人口实现较快增长。从小学生入学人数看，2020年11个设区市小学生入学人数平均比2015年增长64.62%，南昌、新余、宜春、萍乡4市增长超过100%，全省县级城市小学生入学人数平均增长77.58%，县城已成为新型城镇化的重要载体。

11.4 主要问题

1．给水排水管网亟待改造提升，环卫、燃气等设施有待完善

（1）污水管网建设亟待加强，生活污水集中收集率偏低。在污水管网建设方面江西省城市存在明显短板，主要表现在雨污分流区域混错接改造率和污水管网空白区消除比例低，城市生活污水集中收集率较低。目前江西省部分城市尚未开展雨污分流区

域混错接排查改造工作，11个设区市的改造率平均只有44.19%，县级城市的改造率平均为51.12%。部分城市仍存在污水管网空白区且未消除，11个设区市平均消除比例为64.29%，鹰潭、上饶及部分县级城市尚未开展此项工作。污水管网的不完善导致江西省多数城市生活污水集中收集率较低，11个设区市的平均水平仅有41.31%，县级城市的平均水平仅为27.58%，大量生活污水未得到有效收集处理。

（2）供水管网有待改造提升，二次供水设施改造率低。江西省11个设区市公共供水管网漏损率平均值为9.25%，基本达到了10%以内的控制目标，但部分县级城市供水管网漏损率仍然较高，甚至达到30%以上，造成严重的水资源浪费。在二次供水设施改造方面，江西省城市总体进度较慢，与国家要求存在较大差距，设区市中，宜春、鹰潭、吉安、南昌、上饶尚未开展改造，县级城市改造率亦普遍较低，全省平均改造率只有45.51%，居民用水存在一定的安全卫生隐患。

（3）环卫设施有待进一步完善，生活垃圾资源化利用需要加强。江西省城市生活垃圾转运站设置数量偏少，垃圾转运站服务半径覆盖率偏低，11个设区市的平均覆盖率为78.11%，县级城市平均为86.35%。部分城市生活垃圾焚烧处理设施尚未建成，焚烧处理率为0。城市生活垃圾资源化利用率不高，11个设区市平均为61.19%，县级城市平均值不足50%。在公厕建设方面，部分城市公厕数量较少，密度较低，新余、吉安、九江均不到2座/km²，县级城市平均为2.47座/km²，与4座/km²的目标要求尚有较大差距。

（4）管道燃气普及率不高，燃气储备能力不足。江西省11个设区市管道燃气普及率平均为79.61%，县级城市平均为53.24%，部分县城普及率尚不及30%，与居民的需求和期望存在较大差距。燃气储备能力总体较低，11个设区市平均只有35.1%，部分县级城市则不到20%，燃气供应保障水平较低。

2. 消防设施短板明显，内涝治理有待加强

（1）消防站点设置数量不足，消火栓配置达标率低。江西省多数城市消防站点配置率较低，11个设区市平均为9.28km²/个，县级城市平均为11.32km²/个，均未达到7km²/个的规范要求，单个消防站服务面积偏大。消火栓配置达标率普遍较低，改造任务艰巨，设区市的消火栓配置达标区域覆盖率平均为47.45%，县级城市平均为44.02%，消防安全保障水平较低。

（2）排涝设施建设不完善，内涝点治理率不高。全省11个设区市排涝设施能力平均为83.52%，赣州市仅为39.29%。部分县级城市排涝设施欠账较多，目前尚未建设，如龙南、瑞金、崇仁、永丰等县城排涝设施能力均为0。多数城市的内涝点尚未

完全消除，目前11个设区市平均为0.1个/km²，内涝点治理率平均为73.82%，县级城市内涝点密度更高，平均为0.6个/km²，治理率平均为66.94%，城市内涝对居民生产生活的影响仍比较突出。

（3）应急避难场所建设需要加强。江西省多数城市应急避难场所建设不足，人均面积不达标。设区市中，景德镇、吉安、九江、抚州低于2m²/人，南昌仅有0.06m²/人；全省县级城市平均为2.3m²/人，部分县城不足1m²/人，与3m²/人的标准要求差距较大，无法满足城市居民的应急避难需要。

3．公共服务体系存在短板，居民生活仍有不便

（1）养老服务体系亟须健全。部分城市养老服务设施数量不足，千名老人拥有养老床位数较少，11个设区市的平均值为34.05，上饶、景德镇两市以及全南、于都、兴国、南昌县等城市均不足20床/千人，养老床位缺口较大。部分城市社区老年服务站覆盖率较低，居民无法就近获取养老服务，如宜春、景德镇两市社区老年服务站覆盖率分别只有35.06%和45.35%，高安、都昌、横峰、余干、万年等县级城市不足30%。在人居环境满意度调查中，养老服务设施不足是居民反映较多的问题。

（2）教育设施尚未均衡覆盖。目前江西省大部分城市的中小学和普惠性幼儿园就读规模满足率总体尚可，除少数城市外，学位总数量基本能够满足适龄学生的入学需求。但普遍存在分布不均衡、服务半径覆盖率低的问题，全省11个设区市的中小学服务半径覆盖率平均只有57.88%和42.88%，在县级城市中，近半数城市的中小学服务半径覆盖率不足50%，从而导致大校额、上学远、接送不方便等问题。

（3）基层医疗卫生服务体系较为薄弱。江西省大部分城市二级及以上医院覆盖率达到80%左右，医疗卫生机构床位数基本能够满足需求。但基层医疗卫生服务体系不够完善，社区卫生服务中心门诊分担率普遍较低，11个设区市的平均水平仅有10.25%，多数县级城市不足10%，部分县城没有社区卫生服务中心，居民就近就医不便。

（4）社区服务体系有待完善。在完整居住社区覆盖率方面，江西省城市总体较低，11个设区市的平均值仅有27.45%，部分城市尚未建成完整居住社区，社区服务体系不完善。社区低碳能源设施建设进展比较缓慢，11个设区市的平均覆盖率只有46.89%，县级城市相对更低，部分县城尚未建设。此外，部分城市老旧小区改造率偏低，仅有20%左右，与目标进度存在较大差距；县级城市农贸市场覆盖率总体不高，多数城市不到50%，居民"买菜难"问题尚未得到彻底解决。

（5）文化体育设施建设需要加强。江西省在文化体育设施建设方面仍然存在不

足，无法满足群众日益增长的文化体育活动需要。11个设区市中，新余、宜春、吉安、抚州四市的万人城市文化设施建筑面积不到1000m²，南昌、上饶、赣州、萍乡不足2000m²，约半数的县级城市亦未达到相关要求。体育设施方面，社区体育设施缺口较明显，部分城市人均社区体育场地面积不足0.3m²，问卷调查中较多居民反映社区体育健身场地少、球类运动场所少、场地环境差等问题。

4. 道路设施建设需要加强，公共交通有待提升

（1）道路网密度偏低，道路设施建设不足。江西省城市道路网密度总体偏低，11个设区市平均道路网密度为6.24km/km²，县级城市的道路网密度平均为5.86km/km²，与8km/km²的标准要求存在一定差距。此外，在专用自行车道和道路无障碍设施设置方面也存在明显短板，11个设区市专用自行车道平均密度仅有1.9km/km²，部分县级城市不足1km/km²，城市骑行环境较差，机非混行现象较为普遍，对交通秩序和交通安全造成一定负面影响。部分城市道路无障碍设施设置率较低，如鹰潭、新余分别只有21.9%、57.38%，少数县级城市不到20%，道路建设的精细化、人性化水平有待提升。

（2）停车泊位供应不足。江西省多数城市停车泊位供应不足，停车难问题广泛存在，居民群众反映强烈。大部分城市建成区停车泊位总量与小汽车拥有量的比值不足1∶1，新余、赣州、吉安、萍乡等市以及部分县级城市均不到0.5，停车泊位比较紧缺。

（3）公共交通有待完善。多数城市均存在公交车辆配置不足、公交站点覆盖率不高的问题，城市公交系统的支撑能力和服务水平需要进一步提升。全省11个设区市的万人公交车辆拥有量平均为8.16辆，未达到10辆的标准，公交站点500m半径覆盖率平均为74.24%，距离90%的标准尚存在明显差距。多数县级城市万人公交车辆拥有量不足5辆，公交站点500m半径覆盖率也相对较低，平均为73.43%。

5. 城市治理有待深化，社区管理需要加强

（1）城市环境治理尚存短板，智慧化管理水平不高。江西省城市在背街小巷改造整治、门前责任区监督履约、街道立杆和空中线路规整等方面还存在薄弱环节，11个设区市的背街小巷改造整治率平均为72.99%，鹰潭、抚州分别只有19.43%和30%，部分县级城市改造整治率也较低。在门前责任区履约方面，部分城市缺乏日常监督，履约情况不容乐观。街道立杆和空中线路规整尚未完成，11个设区市平均为71.82%，部分县级城市完成率较低，老城区空中线路杂乱问题仍然较为突出。此外，江西省城市重要管网监测监控覆盖率多数较低，新余、上饶、抚州以及多数县级城市尚未建立

管网监测监控系统。

（2）专业化物业管理覆盖率不高，居住品质有待提升。各级城市专业化物业管理覆盖率普遍不高，11个设区市平均水平仅有47.74%，吉安、抚州两市仅有21.43%，县级城市多数低于50%。此外，部分小区物业管理服务水平不高，居民满意度较低。在问卷调查中，大量居民反映居住小区环境品质不高，对推广物业管理、提高物业服务水平的诉求比较强烈。

6．强度密度局部偏高，环境质量和开放空间仍有不足

（1）环境质量存在薄弱环节。部分城市在建成区水环境质量、城市环境噪声达标率等方面存在明显短板，如南昌市建成区水环境优于Ⅴ类的比例仅有30%，鹰潭市城市环境噪声达标地段覆盖率仅有42%，在人居环境满意度调查中，多数城市的居民均反映存在噪声污染、水体污染等问题，百姓身边的小型水体监测治理尚存在盲区。此外，在餐饮油烟、施工扬尘治理方面，政府数据与居民感受存在明显差异，政府部门公布的达标率普遍较高，但居民通过问卷反映的餐饮油烟、施工扬尘等问题仍然较多。

（2）开放空间覆盖率不足。江西省11个设区市的建成区绿地率和人均公园绿地面积总体较高，但普遍存在空间分布不均、覆盖率不高、系统性不强的问题，11个城市的公园绿地和城市绿道平均覆盖率分别只有68.76%和62.82%，县级城市公园绿地服务半径覆盖率平均为60.5%。部分县级城市绿色开放空间较为缺乏，覆盖率较低，城市居住环境品质不高，如兴国县建成区绿地率仅有13.24%，人均公园绿地面积仅有3.13m²，公园绿地和城市绿道服务半径覆盖率分别只有38.03%和41.59%。

（3）强度密度局部偏高。江西省城市普遍存在老城区人口密度过高、空间拥挤的问题，11个设区市均存在人口密度超过每平方公里1.5万人的区域，平均规模为15.73km²，其中南昌市达71.26km²，占城市建设用地总规模的17.28%。县级城市亦多数存在该问题，人口密度超过每平方公里1.5万人的城市建设用地规模平均为1.55km²。此外，超过80m的高层住宅分布广、数量多，在大量县级城市亦广泛存在，部分城市在2020年仍有新增，如南昌市、赣州市、景德镇市分别新增80栋、137栋、85栋。

7．历史文化遗存保护需要加强，活化利用不足

（1）历史文化街区保护修缮率不高，历史文化遗存活化利用率较低。11个设区市中历史文化街区保护修缮率平均为72.22%，其中景德镇仅有16.67%，与国家历史文化名城的地位不匹配，县级城市历史文化街区保护修缮率平均为54.77%，部分县级

城市的历史文化街区尚未开展保护修缮。文物保护单位、登记不可移动文物、工业遗产等历史文化遗存的活化利用普遍不足，11个设区市的文物保护单位和登记不可移动文物活化利用率平均为53.11%，工业遗产利用率平均为53.32%，多数县级城市的文化遗存利用率亦较低。

（2）历史建筑保护利用有待加强，城市设计覆盖率不高。部分城市历史建筑公布、挂牌和测绘建档率较低，如南昌市仅有13.57%，宜春市为44.44%，部分县级城市尚未开展此项工作。历史建筑空置率偏高，11个设区市平均为13.79%，南昌、景德镇、宜春分别达26.3%、41.94%、50%，部分县级城市的历史建筑大多数处于空置状态。城市设计工作较为薄弱，部分城市设计覆盖率较低，如南昌市为20.97%，上饶市为17.21%，抚州市为7.2%，部分县级城市未编制城市设计。

8. 住房保障覆盖率不高，住房价格偏高

江西省部分城市常住人口住房保障服务覆盖率较低，如南昌市仅3.64%，新余市10.49%，九江市31%，部分县级城市未提供保障性租赁住房，或未统计需要提供保障性租赁住房的人数。江西省城市住房销售价格相对于居民收入水平来说普遍偏高，11个设区市房价收入比平均为8.22，多数县级城市也在8左右，高于国际通行的合理区间。部分城市房租收入比也较高，如九江市30.5%、上饶市32%、永新县33.96%、芦溪县33%，高于25%的合理水平。在居民问卷调查中，多数城市都有较高比例的居民认为房价过高，难以接受。

9. 创新投入相对不足，产城融合有待深化

江西省创新投入整体不足，全省11个设区市R&D支出占GDP的比重平均为1.7%，显著低于全国平均水平（2.4%），部分县级城市不足1%，创新能力总体偏弱。在产城融合方面，江西省部分城市存在不足，产业园区与城市存在空间割裂、功能联系不紧密等问题，园区内基础设施和公共服务不完善，居民生活不便，对企业经营发展也形成一定制约，产城互促作用发挥不充分。

11.5 主要对策

1. 擦亮绿色生态底色，加快建设美丽宜居城市

针对江西省城市存在较为普遍的人口分布失衡，居住区强度密度过高，局部空气环境、水环境、声环境污染，以及公园绿地等开放空间分布不均、覆盖率不高等问题，深入开展生态环境细化治理、城市增绿补绿等行动，擦亮江西省绿色生态底色，

进一步彰显绿色生态优势，提升城市生态宜居水平。

（1）调整控制城市强度密度。积极科学推进城市更新行动，努力改善老城区居住环境，使老城区的设施承载力和环境品质与高密度的居住人口相适应。加快完善新城新区公共服务体系，积极引导老城区功能和人口疏解，促进城市人口合理均衡分布。深入贯彻城市绿色低碳发展方针，严格贯彻落实《关于加强超高层建筑规划建设管理的通知》《关于加强县城绿色低碳建设的意见》等文件精神，严控超高层建筑和高层高密度居住区建设，鼓励引导中低密度住宅区规划建设，增加高品质住宅供应。加快推行绿色建筑和建筑节能节水标准，确保城镇新建民用建筑全部达到基本级绿色建筑标准，鼓励发展星级绿色建筑。

（2）深化细化生态环境治理。推动城市生态环境治理工作向城市细部推进，向老百姓身边推进，向常态化监管治理推进。借助城市体检问卷调查、"12345"居民热线、市长信箱、新闻媒体等民声通道，持续收集百姓身边的环境污染信息，认真排查居民反映较多的空气污染、水体污染、餐饮油烟、施工扬尘、环境噪声等城市环境污染问题，逐一加以治理解决，防止各类环境污染问题回弹、反复，努力消除环境质量监测数据与居民感受不一致的现象。

（3）实施城市增绿补绿行动。目前江西省城市普遍存在公园绿地和城市绿道服务半径覆盖率偏低的问题，距离"300m见绿，500m见园"的目标尚存在明显差距，相当部分居民无法就近享受公园、绿道等开放空间。下一步要全面推进实施城市增绿补绿行动，进一步加大公园绿地、城市绿道的建设力度，优化公园、绿道布局，填补公园绿地空白区。重点建设社区绿地、街头绿地、小游园、口袋公园等老百姓家门口的公园绿地，并加大城市绿道建设力度，形成绿道网络，串联各类开放空间，努力实现公园、绿道对城市各片区的均衡覆盖，使居民百姓能够推窗见绿、开门见景、漫步进园。

2．完善公共服务体系，加快建设健康幸福城市

围绕幼有所育、学有所教、病有所医、老有所养等公共服务发展目标，加大公共服务领域投入力度，推进公共服务设施均衡布局，实现基本公共服务充足供给、优质均衡、便捷可得，加快化解居民面临的养育、教育、医疗、养老等方面的民生痛点，着力提高居民幸福感。

（1）优化义务教育学校布局。根据学龄人口变化，动态调整优化义务教育学校布局，加强新城新区、学位紧缺区中小学规划建设，扩大城镇义务教育学校学位供给，努力实现各城市中小学就读规模满足率达到100%以上，全面消除义务教育大班额，逐步化解大校额，解决区域性入学难问题。推行中小学集团化办学，实行义务教育学校教师"县管校聘"、县域内校长教师交流轮岗等制度，促进义务教育学校均衡发展，逐步化解择校引起的生源不均问题。在城市规划建设中加强中小学用地保障，更多采用中小规模、均衡分布的布局建设方式，提高中小学服务半径覆盖率，逐步解决上学远的问题。

（2）加快发展普惠性学前教育和托育服务。深入推进城镇小区配套幼儿园治理工作，扶持普惠性民办幼儿园发展，加大幼儿园空白区、稀少区布局建设力度，继续提高普惠性幼儿园覆盖率，为幼儿提供更加充裕、更加普惠、更加优质的学前教育，加大公办幼儿建设力度，更好满足人民群众对公办幼儿园的需求。大力发展多种形式的托育服务，推动县级综合托育中心建设，实施社区托育中心建设工程，提高社区托育中心覆盖率，引导社会力量举办多元化托育机构，支持幼儿园设置幼儿托班，进一步增加托育服务供给，提高婴幼儿社会化照护率。

（3）加强基层医疗卫生服务体系建设。按照医疗卫生设施规划标准，结合居民实际需求，加大社区卫生服务中心、社区卫生服务站等基层医疗卫生设施布局建设力度，实现15分钟生活圈医疗卫生服务机构全覆盖。提高基层医疗卫生服务机构服务能力和质量，引导居民常见病就近治疗，提高社区卫生服务机构分担率。

（4）推进完整居住社区建设。按照《完整居住社区建设指南》，推进完整居住社区建设，开展城市居住社区建设补短板行动，重点补齐基本公共服务设施、市政基础设施、公共活动空间、物业管理等方面短板，推动全省各地打造一批示范性完整居住社区。在住宅用地出让中，对照完整居住社区建设要求，提出相关设施的配建要求。在旧城区，结合老旧小区改造，按照完整居住社区标准，改造提升社区基础设施，推进物业管理全覆盖，利用闲置建筑、场地配置公共服务设施和公共活动场地。

（5）补齐养老服务短板。加强公办养老机构建设管理，落实新建城区、居住（小）区"四同步"工作规则，严格按照相关标准，分区分级规划设置养老服务设施，提高护理型床位占比，逐步提高公办养老机构服务水平。加强社区养老服务站、日间照料中心建设，努力实现社区日间照料机构覆盖90%以上城市社区，加快构建以"社区日间照料+居家养老"为主导的养老服务体系，形成社区15分钟"养老服务圈"。积极发展多层次、多样化养老服务，引导社会资本参与养老服务发展，拓展多样化养老服务，扩大普惠性养老服务供给。

3．提升城市交通系统，着力建设便捷高效城市

（1）加强道路设施建设。推动城市路网建设和提升改造，努力实现断头路清零，结合旧城更新加强支路建设，完善区域路网，畅通微循环。对有条件的路段进行拓宽或快速化改造，提高交叉路口渠化比重，推广应用智慧交通管理系统，不断提升道路通行效率。加强城市道路机非隔离设施和人行设施建设，有条件的路段应设尽设，形成完整连续的慢行交通体系，改善慢行交通环境，完善道路无障碍设施，打造安全、人性化的城市交通。

（2）提升公共交通服务水平。坚持公交优先发展战略，加大公交设施建设力度，增加公交车辆配置，逐步推动新能源公交车替代普及，改善公交乘车及候车环境。不断优化加密公交线路，提高公交站点覆盖率，大中城市要打造"快线—干线—支线"相结合的公交体系，根据居民出行规律灵活调整行车间隔，缩短乘客等候时间。加强公交专用道建设，增加港湾式公交站数量和比重，提高公交运行效率。

（3）增加停车泊位供给。多措并举继续推进实施城市公共停车设施增量提质补短板行动，通过新建、改造、路划、开放、共享等多种方式增加停车泊位供应，进一步缓解停车难问题。重点通过旧城更新改造、建设地下停车场或立体停车场、划设路侧夜间停车位等方式增加老城区公共停车位数量，缓解老城区停车位不足的问题。按照规范要求在新建居住区和公共建筑中足量配建停车位，避免新城区、新建筑出现停车难问题。推动机关、企事业单位内部停车位在节假日向社会开放，探索构建智慧停车管理平台，实现停车位资源的实时更新、查询、预约等功能，引导个人或单位所属停车位在闲置时段通过信息平台向公众发布，发展共享停车服务。

4．巩固基础设施体系，着力建设安全韧性城市

（1）加快给水排水管网提升改造。全面开展城市老旧供水管网改造，将建设年代较早的混凝土管、铸铁管替换为复合管道、塑料管道，消除供水管网跑冒滴漏现象，降低公共供水管网漏损率，减少供水管道对自来水的污染，提高供水水质。推进二次供水设施问题排查和改造，加快消除因二次供水设施老化造成的居民用水问题。加大城市雨污水管网建设投入，加快消除污水管网空白区，完成雨污分流区域混错接排查改造，结合老旧小区改造、城市道路改造等，对雨污合流制管网改造为雨污分流管网，提高生活污水集中收集率和处理效率。

（2）完善城市环卫设施体系。优化生活垃圾转运站布局，适当增加垃圾转运站密度，提高垃圾转运站服务半径覆盖率。加快部分城市垃圾焚烧处理设施建设，推进垃圾焚烧处理对县级城市全覆盖，进一步提高垃圾焚烧处理率。深入实施《江西省生活

垃圾管理条例》，加快建设垃圾分类收集处理体系，强化日常管理，确保垃圾分类工作落到实处，有效开展。进一步推进"厕所革命"，加大公厕建设力度，提高公厕设置密度和覆盖率，改造老旧公厕，改善如厕环境。

（3）推进城镇燃气管网更新改造。认真贯彻落实国家关于城镇燃气管网更新改造的工作部署，多方筹集资金，一手抓管网新建延伸，提高燃气普及率，一手抓老旧燃气管网更新改造，加快消除安全隐患，强化燃气安全保障，防止发生燃气泄漏爆炸等安全事故。

（4）强化排涝设施建设和内涝点治理。按照城市防洪排涝规划，结合地方实际，加快推进排涝设施建设，力争排涝设施能力达到规划要求，适当提高设施冗余度，增强对极端降水和城市内涝的应对能力。加大城市内涝点治理力度，全面排查城区内涝易发点，"一点一策"制订改造方案，结合排水管网改造、老旧小区改造、道路改造等进行彻底治理。

（5）加快补齐消防设施短板弱项。按照城市消防专项规划，加强消防站点布局建设，填补消防站点空白区，提高消防站点密度，缩短消防救援到达时间。在老城区、住宅区等缺乏建设空间的区域设置小微型消防站，确保火灾事故第一时间响应处置。全面开展消火栓排查改造，结合老旧小区改造、道路改造等对缺失、损坏的消火栓进行补齐和维修改造，确保城市建成区内消火栓配置达标且完好可用。

（6）加强应急避难场所规划建设。推动全省各地编制应急避难场所建设规划，布局由中心避难场所、固定避难场所、应急避难场所构成的多层次应急避难场所体系，实现避难场所服务半径对建成区的全覆盖。结合公园广场、体育场馆、学校等公共场所推进应急避难场所建设，强化应急避难物资储备，提升城市应急避灾安置能力。

5. 彰显城市文化风貌，着力营造特色人文城市

（1）加强历史文化街区和历史建筑保护修缮。加大对历史文化街区和历史建筑保护修缮的投入力度，坚持修旧如旧，重视对整体风貌和自然环境要素的保护，优先对损坏严重、濒临倒塌的重要历史建筑进行抢救性保护修缮。积极引入社会力量参与历史文化街区和历史建筑保护修缮及活化利用，通过整体修缮、整体运营的方式，打造文化旅游街区，促进老街区重生。

（2）推进各类历史文化遗存活化利用。强化文保单位、不可移动文物、历史建筑、工业遗产、非物质文化遗产等各类历史文化遗存的活化利用，通过引入专业机构、专业人才，创新活化利用方式，结合文化遗存实际情况，综合采取文旅开发、公益展示、研学教育、延续利用等方式进行活化利用，实现在保护中利用、在利用中保

护，重新激活历史文化遗存的生命力。

（3）做好城市设计和风貌管控。加强城市设计编制工作，提高城市设计成果质量，推动城市设计覆盖城市核心区、中心地区、历史风貌区、新城新区、重要街道等区域。将城市设计融入城市规划、建设、管理全过程，把城市设计的重要内容纳入用地出让条件和工程设计要求，提高城市设计的约束性和实施性。在旧城改造、城市更新行动中加强监管督查，严格防止大拆大建，尽力保留利用既有建筑，保持老城格局尺度和街巷肌理，恢复、延续城市特色风貌。

6. 提升城市治理水平，加快打造精致精美城市

（1）深化城市环境治理工作。深入推进城郊接合部、城中村、老旧小区、老街道、国省道沿线等薄弱区域环境综合整治，实施建筑立面改造、路面改造修补、违建治理、广告店招整治、电线乱拉整治、小餐饮整治等，实现整洁环境不留死角，城市内外一个样。继续推动背街小巷改造整治，力争在2—3年内完成所有背街小巷改造整治任务，提升背街小巷环境品质，打造成为可供居民游客漫步品味的小巷。推动各城市建立架空线缆整治联动机制，多部门、多单位协同，分片区整体推进架空线缆整治，加快完成城市建成区架空管线整治任务。

（2）推进城市管理智能化。推进城市管理数字化平台建设，提高数字化城市管理覆盖率，增强数字化平台功能，提升城市管理精细化、实时性水平。支持有条件的城市建设城市大脑，不断拓展城市大脑应用，推动建设智慧城市。加快建设城市管网监测监控信息系统，对供电、供水、燃气等重要管网实施智能化监测监控，提高城市生命线安全保障水平。加强城市窨井盖排查整治，推广智能井盖，切实保障马路安全。

（3）提高社区管理水平。着力提高专业化物业管理覆盖率，新建小区全部实行物业管理，无物业的老旧小区通过综合整治改造，积极引入专业化物业管理，加强对居民的宣传引导，提高居民对物业管理的接受程度。培育规模化、连锁式物业管理企业，对无物业小区进行批量管理。推动各地制定颁布物业管理规章条例，加强对物业管理企业的监管，提高物业服务质量。鼓励建立智慧物业平台，提高物业管理信息化、智能化水平。

11.6 体检成果应用

全省各地针对城市体检发现的问题短板，围绕城市建设管理的九大方面，结合地

方实际，制定行动计划，并明确行动优先级和责任部门，以循序渐进地解决城市问题，补足城市短板，提升城市功能品质。同时，各地以城市体检成果为基础，结合地方国民经济和社会发展规划、政府年度投资计划、部门项目计划等，制定近期城市建设项目库，并落实建设地点和责任单位，明确建设年限，各地制定的项目数量在十多项到一百余项不等，平均三十余项，总体上看，以市政设施、公共服务、城市交通、安全韧性等方面的项目居多，着重于补足基础设施、公共服务、城市安全、生活环境等方面的短板弱项。

各地的城市建设项目主要涵盖表11-1所示内容。

江西省各地2021年度城市体检主要城市建设项目　　　　表11-1

一级指标	二级指标	主要项目／行动计划
生态宜居	（1）强度密度	—
	（2）环境质量	1）餐饮油烟治理项目； 2）污染水体排查整治项目； 3）噪声监测点位建设项目
	（3）开放空间	1）公园绿地建设项目（城市公园、小游园、口袋公园等）； 2）城市绿道建设项目； 3）城市绿化提升项目； 4）城市绿廊建设项目
	（4）低碳节能	—
健康舒适	（1）教育设施	1）中小学新建、改扩建项目； 2）公办幼儿园建设项目； 3）托幼设施建设项目
	（2）医疗设施	1）综合性医院、专科医院新建、改扩建项目； 2）社区卫生服务中心建设项目
	（3）体育设施	1）体育公园、全民健身中心建设项目； 2）社区体育场地及设施建设项目
	（4）生活居住	1）完整居住社区建设项目； 2）社区新能源汽车充电桩建设项目； 3）电动自行车停车充电设施建设； 4）老旧小区改造项目； 5）农贸市场建设或升级改造项目
	（5）健康养老	1）康养中心、养老院建设项目； 2）社区养老服务站、日间照料中心建设项目
	（6）文化设施	1）大型文化场馆建设或改造提升（博物馆、美术馆、文化馆、文化艺术中心等）； 2）城市书屋等遍在型文化设施建设
交通便捷	（1）道路设施	1）城市道路、桥梁等新建、改建、提升项目； 2）专用自行车道建设项目（机非隔离设施建设）； 3）道路无障碍设施建设及维护

一级指标	二级指标	主要项目 / 行动计划
交通便捷	（2）交通运行	—
	（3）绿色交通	1）公交线路增补优化； 2）公交设施建设提升项目； 3）慢行交通设施建设项目
	（4）停车设施	公共停车场、停车位建设项目
市政配套	（1）城市供水	1）供水管网提升改造项目； 2）二次供水设施改造项目
	（2）污水治理与回用	1）污水管网建设改造项目； 2）污水处理厂建设及提标扩容项目； 3）雨污分流区混错接排查改造项目
	（3）环境卫生	1）垃圾转运站建设项目； 2）垃圾焚烧处理设施建设项目； 3）垃圾分类收集处理设施建设项目； 4）公厕建设及改造提升项目
	（4）燃气	1）燃气管网建设及更新改造项目； 2）燃气储备设施建设项目
	（5）供电	—
	（6）通信	城市公共区域公共 Wi-Fi 建设项目
安全韧性	（1）防洪与内涝治理	1）防洪堤建设提升项目； 2）排涝泵站建设项目； 3）城市内涝点治理项目； 4）海绵城市建设项目
	（2）消防设施	1）消防站建设项目； 2）消防栓建设及维护改造项目
	（3）应对能力	应急避难场所建设项目
风貌特色	（1）历史文化保护	历史文化街区保护修缮项目
	（2）历史建筑	历史建筑保护修缮及活化利用
	（3）城市设计	城市设计编制项目
	（4）城市吸引力	城市文化旅游项目
多元包容	生活保障	保障性住房建设项目
管理有序	（1）环境治理	1）背街小巷改造整治项目； 2）架空线缆整治项目； 3）道路窨井盖排查整治项目
	（2）智慧管理	城市管网监测监控系统建设项目
	（3）社区管理	专业化物业管理推广提质

续表

一级指标	二级指标	主要项目／行动计划
创新活力	（1）产业发展	1）高等院校、职业院校建设及提升项目； 2）科技创新平台建设项目； 3）人才公寓建设项目
	（2）产城融合	产业园区公共服务、基础设施建设项目
	（3）其他	—

第**12**章

地方城市自体检与城市更新

　　本章主要介绍地方城市开展城市体检的工作机制、组织保障措施、技术框架、特色指标、发现的主要问题、城市体检结果的应用等内容。从近几年的实践情况来看，工作机制是否顺畅、组织保障措施是否给力，对城市体检工作的进度、结果质量、成果应用均有较大影响。特色指标是否能精准刻画城市特色和典型问题、技术框架是否合理，在一定程度上影响着城市体检结果的科学性和准确性。本章以上海、重庆、武汉、鄂尔多斯为例，介绍各自开展城市体检工作的特色，不同规模城市关注的侧重点，以及各城市对城市体检结果的应用情况，以期对其他地方城市开展城市体检工作有所借鉴。

12.1　上海超大城市体检与更新

12.1.1　发现的主要问题

　　上海市2021年城市体检发现存在的主要问题见图12-1。

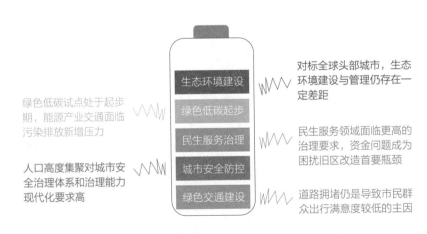

图12-1　上海市2021年城市体检发现存在的主要问题

146

1．对标全球头部城市，生态环境建设与管理仍存在一定差距

复合型、区域性污染特征明显，大气主要污染物因子处于临界超标水平，结构性污染矛盾较为突出，碳排放总量大、强度高，低碳转型任重道远。能源消费总量持续走高，进一步压减煤炭消耗总量的难度加大。传统产业占比依然较大，主要污染物排放总量长期维持高位水平。交通需求刚性增长，全市移动源污染物排放贡献占比持续走高。河湖水质仍然存在区域性季节性水质恶化等问题，水质改善程度仍不能满足公众亲水需求。中心城区雨污混接、泵站放江等问题短期内难以彻底消除，雨天溢流放江造成河道间歇性污染的问题较为突出，反映出治水成效总体较差。

2．绿色低碳试点处于起步期

交通用能方面：随着国际航运中心建设、轨道交通建设推进、国内外航空线路开拓和汽车保有量继续上升，交通领域用能仍将保持稳定增长；建筑用能方面：公共建筑总面积增长的同时，单位面积能耗将继续下降，人均生活用能增长缓慢，建筑领域用能将呈现稳中略增的趋势；工业用能方面：传统工业用能将呈现稳中有降的趋势，而新兴制造业将快速成长和发展，该领域用能也将呈现快速增长。

3．民生服务领域面临更高的治理要求

社区方面，部分社区综合服务设施存在综合利用效能较低的情况；社会力量参与社区综合服务设施的建设与运营的广度和深度仍不足；设施管理人才缺乏且能力相对不足。旧改方面，资金问题成为困扰当前旧区改造推进中的首要瓶颈难点，旧区改造项目推进受资金平衡和资金筹措方面的影响较大，归根结底是如何正确把握好"风貌保护、民生改善、开发利用"三者之间的关系。

4．城市运行安全风险防控压力大

上海市人口高度集聚，基础设施体量庞大，高层建筑、轨道交通、地下管线、危险化学品等各类安全隐患点多面广，事故诱因多，防控难度大，安全生产监管和保障能力尚未达到超大城市安全治理体系和治理能力现代化的要求。一方面部分行业安全管理标准、技术规范操作性和有效性不强，另一方面相关部门监管合力以及属地安全监管能力有待加强，"监管力量不足、专业队伍不稳"等问题还没有彻底解决，"检查不处罚和执法宽松软"等问题仍然存在。

5．对标"双碳"目标，绿色交通体系建设仍待完善

相对机动车出行量增长，公共交通出行总量增长仍相对较弱，道路拥堵仍是导致市民群众出行满意度较低的主因。轨道交通方面，对照"上海2035"提出的"3个1000公里"建设目标，市域线及局域线建设缓慢。公共交通方面，一方面轨道交通对

小汽车出行客流吸引力不足，另一方面多层次公共交通系统一体化建设尚待完善，智能化服务平台构建、推广不足。慢行交通方面，出行环境仍有较大的优化空间，自行车出行路权保障以及停车场所设置尚无法完全满足市民需求，电动自行车管理仍存在差距，为市民带来诸多安全隐患。

12.1.2 体检技术流程

1. 建构三级阶梯式指标

针对体检指标总量大幅度增加的特点，在一级指标的基础上进一步对指标进行二级、三级框架梳理，进一步梳理明晰指标与指标间的逻辑框架，既可以为上海市级特色指标增减提供依据，又方便各部门在既定框架内结合部门工作实际进行指标优化与调整，由此充分确保了指标体系的刚性与弹性。

2. 指标拆解与分类

一是通过指标拆解，分离出包括常住人口、行政辖区面积、建成区面积、GDP等在内的共性元数据，统一明确数据来源单位。

二是针对涉及多部门汇总的多维指标进行分类。包括社区便民服务设施覆盖率、城市常年积水内涝点密度、城市年安全事故死亡率、城市历史风貌破坏负面事件数量、城市重要管网监测监控覆盖率等指标。

三是针对涉及不同参考值，需分类评估的指标进行分类。包括建成区高峰期平均机动车速度等指标。

四是针对涉及卫星影像识别的指标，利用GIS等技术，对图元数据进行评估。

3. 指标评估值与参考值的确定

一是针对刚性指标选取法律法规、行业标准规范等刚性标准作为达标标准。

二是选取政策文件或规划预期性目标等阶段性目标作为达标标准。

三是针对导向型指标，通过评估指标数值发展的趋势，设置达标标准。

四是相关依据缺失的情况下，则参考历年城市体检相关城市的情况，利用分位值、平均值等作为评估依据。

4. 指标数据结果的分类与评价

根据指标数据评价的结果趋势与是否达标，通常分为以下4个评价维度（图12-2）。

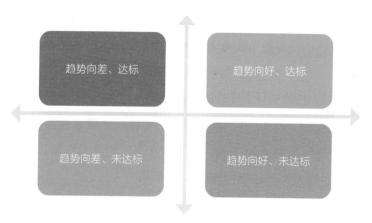

图12-2 指标评价的4个维度

12.1.3 体检范围

在继续优化完善市级层面城市体检工作的基础上，上海在16个区全面开展城市体检工作，鼓励各区对标国际一流城市建设水平，搭建符合各辖区实际的区层面体检指标体系，开展区级城市体检工作。16个区均全面响应市一级要求，区级城市体检开展有条不紊（图12-3）。

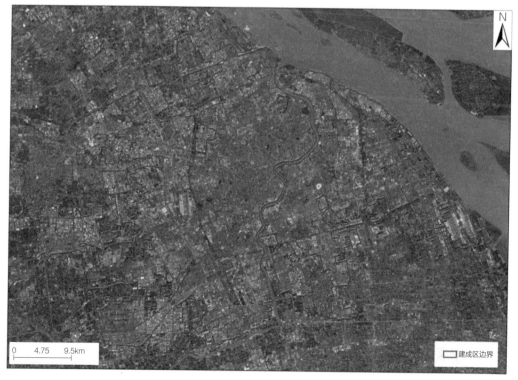

图12-3 上海市市辖区建成区边界

此外要求有条件的区可组织开展街镇层面城市体检试点工作。如浦东区高行镇结合自身特点，重新建构镇级城市体检指标体系，开展镇级城市体检工作。

12.1.4 上海市城市体检特色指标

上海城市体检搭建"65+N+X"指标体系，在住房和城乡建设部既定指标的基础上，增加了体现上海特色的指标"N"，以及结合各区特点的指标"X"。

1. 住房和城乡建设部基础指标体系采用情况

2021年，部级65个指标在一级指标上与2020年保持一致，仍分为生态宜居、健康舒适、安全韧性、交通便捷、风貌特色、整洁有序、多元包容、创新活力8个方面。相比上个年度，具体指标调整对比如表12-1所示。

上海市2021年城市体检基础指标调整情况　　　　　　　　表12-1

指标维度	2020年	2021年	指标的调整
①生态宜居	9	15	组团规模、城市生态廊道达标率（空间形态）；城市宜居区域声环境质量达标率（环境质量）；单位GDP二氧化碳排放降低、城市生活垃圾资源化利用率、再生水利用率（节能减排）
②健康舒适	9	9	社区低碳能源设施覆盖率（节能减排）（置换）
③安全韧性	8	9	城市医疗废物处理能力负荷/人均城市大型公共设施具备应急改造条件的面积（体育馆）/城市传统商贸批发市场聚集程度；城市重要管网监测监控覆盖率、城市窨井盖完好率（市政安全）；城市可渗透地面面积比例；城市标准消防站及小型普通消防站覆盖率（应急处置）
④交通便捷	5	7	绿色交通出行分担率、轨道站点周边覆盖通勤比例、专用自行车道密度（绿色出行）；通勤距离小于5km的人口比例（职住平衡）
⑤风貌特色	4	6	当年获得国际国内各类建筑奖、文化奖的项目数量（特色）；城市历史文化街区保护修缮率、城市历史风貌破坏负面事件数量、城市历史建筑空置率（管理与使用）；万人城市文化建筑面积（文化设施）
⑥整洁有序	5	4	城市化地区公厕设置密度、城市门前责任区制定履约率、城市街道立杆空中线路规整性、城市街道车辆停放有序性（城市管理）
⑦多元包容	5	5	房租收入比、房价收入比、常住人口基本公共服务覆盖率、住房支出超过家庭收入50%的城市家庭占比、居住在棚户区和城中村中的人口数量占比、常住人口住房保障服务覆盖率（住房保障）
⑧创新活力	5	10	城市常住人口户籍人口比例、主要劳动年龄人口中受过高等教育的比例、非公经济增长率、城市小学生入学增长率、城市人口年龄中位数（人口结构）；政府负债率、城市信贷结构优化比例、城市新增商品住宅与新增人口住房需求比、万人新增中小微企业数量、万人新增个体工商户数量、万人上市公司数量（经济环境）

2．市层面特色指标

在2020年度城市体检工作基础上，2021年上海市城市体检工作由住房和城乡建设委员会牵头，组织相关领域的专家以及第三方团队开展大量前期研究，召开多轮头脑风暴，通过研读相关规划、文献综述以及总结上年度城市体检工作等方式，共提出35项新增特色体检指标体系，具体选取方式如下：

一是全面贯彻落实党的各项精神，对标上海城市中长期的发展规划，重点聚焦绿色发展理念、"双碳"目标、高效治理、民心工程、数字化治理、公园城市、城市精神品格等政府重点工作，体现行业管理新动态。

二是对标全球的头部城市，将伦敦、纽约等城市新一轮战略规划，选取与上海发展阶段较为匹配的指标。

三是针对上个年度城市体检工作发现的典型问题，设置指标监测改善情况。

3．区级层面特色指标

各个区根据各自区域发展特色，提出相应特色指标体系，如：

嘉定区结合自身新能源和智慧交通示范特色，提出电动充电桩数量、车路协同道路占总道路长度比例、自动驾驶出租车、专用车规模化示范应用、C-V2X网联公交车辆规模化示范应用车辆数、智慧车站、主要路口交通信号灯联网率等特色指标。

黄浦区聚焦碳达峰碳中和、数字化转型、安全运行、营商环境等重要领域，新增光伏规模、5G网络室外覆盖率、公共安全满意度、民防工程完好率、消防重点单位物联网系统联网率、大型商业综合体消防安全管理达标率、新增跨国公司地区总部、学校体育场地设施开放率等体现本区特色的14个指标。

浦东新区结合数字治理的特色，提出BIM技术应用程度、智慧工地数量、道路养护信息化应用场景数量等特色指标。

崇明区结合自身世界级生态岛定位，在区级特色指标中增加森林覆盖率、自然湿地保有率、占全球种群数量1%以上水鸟物种数、可再生能源装机量、绿色食品认证率等特色指标。

4．街镇层面特色指标

以浦东新区高行镇为例。高行镇结合镇级工作特点，主要聚焦民生服务、社区数字治理，提出既有车辆停放资源完成数量、智慧化社区覆盖率、社区公共活动空间或健身点位覆盖率、智能化安防完好率、接入"一网统管"镇域内街面、社区智能化管理事项占城市运行总事项比例等街镇层面特色指标。

12.1.5 城市自体检成效

上海市2021年城市体检结果反映出的城市建设成效见图12-4。

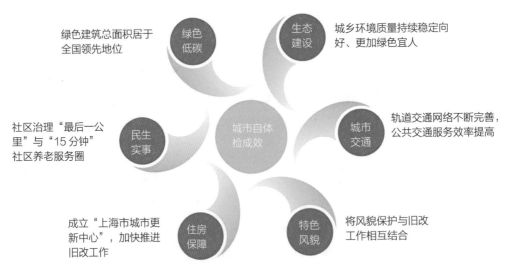

绿色建筑总面积居于 **绿色低碳** **生态建设** 城乡环境质量持续稳定向
全国领先地位 好、更加绿色宜人

社区治理"最后一公 **民生实事** **城市自体检成效** **城市交通** 轨道交通网络不断完善,
里"与"15分钟" 公共交通服务效率提高
社区养老服务圈

成立"上海市城市更 **住房保障** **特色风貌** 将风貌保护与旧改
新中心",加快推进 工作相互结合
旧改工作

图12-4 上海市2021年城市体检结果反映出的城市建设成效

1. 积极开展绿色低碳示范实践,示范试点效应显现

绿色建筑领域,推广居于全国领先地位。截至2020年底,上海市绿色建筑总面积达到2.33亿m²,新建建筑100%执行绿色建筑标准。紧紧围绕"以人为本"的核心理念,修订上海绿色建筑评价、设计、审图、验收等地方标准,全面对接新国标的核心理念和技术体系。通过资金扶持,鼓励绿色建筑由设计向运营转变。设立低碳示范试点领域,引导社区构建气候友好的自然环境、房屋建筑、基础设施、生活方式和管理模式,降低能源资源消耗,实现低碳排放。

2. 生态环境建设成效持续巩固

城乡环境质量持续稳定向好、更加绿色宜人。单位生产总值能源消耗和二氧化碳排放降低完成国家下达目标,PM2.5等六项大气常规污染物全面稳定达到国家二级标准,部分指标优于国家一级标准,地表水达到或好于Ⅲ类水体比例达到60%以上。生态空间规模扩大,生态品质明显提升,森林覆盖率达到19.5%,公园数量达到千座以上,人均公园绿地面积持续提高。全市生活垃圾回收利用率达到45%以上,现代环境治理体系加快形成,绿色低碳生产生活方式成为全社会的新风尚。

3．民生实事民心工程成效显著

社区综合服务设施领域，作为各区创新社会治理、加强基层建设、服务群众的"最后一公里"的重要举措已成为上海推进社区治理的新名片。社区综合服务设施以需求为导向制订服务清单，部分区因地制宜设置个性化服务。持续增加上海社区养老服务供给，着力推广养老服务综合体建设，将社区综合养老服务中心作为枢纽型平台，汇聚各类服务资源，为老年人提供综合性养老服务支持。同时配套各类功能性设施及服务，形成"15分钟"社区养老服务圈。

4．城市交通运行总体有序，绿色交通出行比重增加

受疫情影响，高峰时段浦西内环内、浦东内环内、浦西内中环间、浦西中外环间、浦东内外环间地面干道高峰车速同比均有所提升，但快速路和地面道路早晚高峰时段的道路交通指数略有下降。轨道交通网络不断完善，地面公交服务层次逐渐丰富，公共交通站点覆盖率、换乘效率提升，公共交通服务效率提高。新能源交通工具的使用率提高，绿色交通理念逐步深入。

5．市民住房水平持续得到改善，住房保障能力逐步提高

旧改工作方面，上海市已形成一套完整的加快推进旧改工作的"1+15"政策体系。截至2020年底，完成成片二级旧里以下房屋改造75.3万m²、居民约3.6万户，分别达到原定年度目标的137%与129%。城市更新方面，成立"上海市城市更新中心"，具体推进旧区改造、旧住房改造、城中村改造及其他城市更新项目的实施，同步协同市有关职能部门为城市更新中心赋权赋能。

6．围绕城市软实力提升，城市特色风貌治理能力持续增强

城市特色风貌治理方面，将风貌保护与旧改工作相互结合。技术层面，编制完成《上海市旧区改造范围内历史建筑分类保留保护技术导则（试行）》，为旧改推进中正确把握"风貌保护、民生改善、开发利用"三者管理提供科学标准和决策依据。管理措施层面，印发《关于进一步加强旧改范围内历史建筑分类保留保护相关工作的通知》，明确拆房、施工审批、过程监管及竣工验收等管理环节的相关流程，强化分类保留技术管控，确保历史文化和城市风貌保护落实到位。

12.1.6　上海市城市体检计划与组织工作

2021年，《住房和城乡建设部关于开展2021年城市体检工作的通知》发布，上海市政府高度重视，由市住房和城乡建设管理委员会牵头，市区两级全面启动，稳步有序推进城市体检工作，形成以下7种上海城市体检工作推进模式（图12-5）。

图12-5　上海市城市体检计划与组织

1．组建专家团队，夯实技术多维度支撑

针对城市体检工作涉及面广的特点，为进一步提升体检指标体系架构的整体逻辑、指标参考值的可信度、体检结论的精准度，体检邀请了包括节能减排、道路交通、信息化大数据建设、防灾减灾、风貌保护等方面的专家与研究团队，全过程参与城市体检工作。

2．建立工作机制，夯实体检推进组织保障

一是高位协调，由分管副市长牵头统筹协调城市体检工作中的重大事项，市住房和城乡建设管理委员会牵头推进。

二是市层面优化完善。根据新一轮城市体检工作优化调整要求，市住房和城乡建设管理委员会组织多轮部门意见征询会议，经过讨论，建立起由住房和城乡建设管理委员会牵头，多部门协同推进工作机制。由住房和城乡建设管理委员会与市发展改革委员会等20多个市有关部门共同研究编制《上海市住房和城乡建设管理委员会关于印发〈2021年上海市城市体检工作方案〉的函》（沪建综规〔2021〕445号），经市政府同意后，由市住房和城乡建设管理委员会印发各区人民政府，市政府有关委、办、局。

三是区层面结合各自特色，形成各个区的工作机制。如长宁区充分发挥数字长宁的工作基础，建立长宁区城市体检工作领导小组，分管副区长担任组长，区建设和管理委员会与区城市运行综合管理指挥中心共同牵头统筹协调城市体检工作中的重大事项。

3．充分前期论证，夯实指标科学性

通过前期研究，建立了包含约200个指标的城市体检指标库，同时也掌握了最新

最前沿城市发展需要关注的领域，如伦敦、纽约在健康舒适领域特别关心市民生活习惯，由此形成吃推荐水果和蔬菜的人比例、一天内两个十分钟锻炼习惯人群的比例等特色指标。

4．征询部门意见，夯实素材收集可靠性

由于城市体检涉及面广，为利用好上海市市级各部门业务能力强的特点，城市体检前期组织多轮部门意见征询会，同时对道路交通、规划管理等重点领域召开专项磋商会，明确每一个指标对应的部门，同时在200个指标数据库内遴选出关键指标，使之与部门正在推进的工作紧密匹配，反馈部门正在推进的重点工作与难点，将部级指标解释与上海市情相互结合，进一步优化解释表述。

5．广泛动员群众，夯实体检工作深度

上海市城市体检继续充分发挥上海"一网统管"平台的作用，共计发放8147份问卷，回收有效问卷8122份，基本与上个年度体检持平，覆盖全市所有区。通过城市满意度调查，从市民的角度反馈城市与社区发展的长板和短板，与行业管理者角度的城市体检相辅相成，充分夯实城市体检工作深度。

6．统筹信息平台，夯实体检

上海"一网统管"与"一网通办"具有全国领先性，"一网统管"专注城市运行管理端，"一网通办"关注政务端。此外，上海还有较为翔实的专项数据中台以及区级城市运行平台。城市体检信息平台并非凭空再建立平台，而是统筹好既有资源，一是指标层面充分衔接既有的大屏数据，将大屏数据特别是专业数据中台的特色指数，经过技术衔接转化为体检指标；二是将体检指标体系与体征指标体系相互融合，即把长、短周期指标与高、低频指标相互结合，共同形成城市病诊断的常态长效机制。

7．形成行动方案，夯实体检成果应用

对接政府工作报告和城市建设领域相关的专项规划，监测规划实施成效并提出反馈建议。衔接城市人居环境品质提升要求，对接城市精细化管理、城市更新、老旧小区改造等城市建设重点工作，将体检提出的行动计划和项目库纳入城市建设的工作计划。

12.1.7 对策建议

上海市2021年城市体检提出的对策建议见图12-6。

做示范
绿色低碳领域持续发力，推动旧改上海模式，提供超大城市绿色出行示范

拉长板
环境治理针对难点问题攻坚突破，民生保障领域围绕特色工作做优做强

补短板
区域协同治理，全生命周期风险管理，基层安全治理，探索保险制度应用

图12-6　上海市2021年城市体检提出的对策建议

1. 拉长板

一是环境治理方面，针对难点问题攻坚突破。大气污染防治工作以空气质量分阶段改善目标为约束，进一步强化源头减排—末端控制—区域调控等全过程精细化管理，积极推进绿色发展、循环发展和低碳发展，形成有利于节约资源和保护环境的空间格局、产业结构、制度体系，推进环境治理体系和治理能力现代化，为建成全球卓越城市提供良好持续的大气环境质量保障。

二是民生保障领域，围绕特色工作做优做强。养老领域以规划为引领，继续大力发展养老综合服务体，将社区养老综合体建设纳入"十四五"专项规划，以市政府实际项目和市委市政府民心工程为抓手，进一步织密社区养老服务网，重点发展500m^{2}以下的"家门口服务站"功能型养老服务设施，均衡助餐服务场所布局，推动助餐服务场所建设，大力发展"助餐+"综合服务模式。

2. 补短板

一是区域协同治理方面，探索深化长三角安全生产监管协作机制，加强跨区域安全生产分工合作和全方位协同联动。

二是全生命周期治理方面，在"五个新城"率先探索全生命周期风险管理，探索运用市场机制强化安全风险管控和事故预防功能，强化安全生产领域信用监管机制。强化科技支撑方面，加快安全产业发展，在重点行业领域实现示范应用。依托城市运行"一网统管"平台，推进安全生产综合监管平台、建筑幕墙管理平台建设，加大平台建设的资金保障。

三是夯实基层安全治理方面，开展基层安全生产治理能力标准化建设，统筹基层安全生产执法队伍、执法辅助力量和网格化相关人员，将安全监管工单完成情况纳入各区网格化评价体系。

四是探索新机制方面，继续深入探索保险制度应用，如开展玻璃幕墙应急避险专项保险的课题研究，通过鼓励保险来替代原先的收缴新建建筑玻璃幕墙应急避险基金制度，提升应急避险措施的覆盖率和可操作性。

3．做示范

一是绿色低碳领域持续发力，积极先行先试。深入推进区域低碳发展。深入推动碳达峰相关工作开展。在既有工作基础上，全面推进碳达峰、碳中和时间表、路线图、施工图研究。

二是加大政策支持，形成旧改上海模式。包括实施"预供地"制度、财税支持政策、完善直管公房残值补偿减免政策、优化保障性住房和租赁住房配建政策、夯实资金和房源保障等措施以及进一步完善房屋征收补偿机制。进一步做实做强城市更新中心。多渠道改善群众居住条件，不断提升市民群众满意度和获得感。

三是对标"双碳"目标，提供超大城市绿色出行示范。积极贯彻生态文明建设和碳达峰、碳中和要求，坚持绿色出行、高质量发展，进一步加快交通体系的低碳转型，促进交通与生态环境的友好发展。

四是强化公交优先发展策略。推动轨道交通快线建设进程，完善轨道交通网络；强化轨道交通与地面公交两网融合；提高常规公交服务覆盖范围，尤其是提高郊区和农村公交线路的线网密度和站点覆盖率；发展班车、定制公交、响应式公交等辅助公交模式；完善智能化公交平台建设，提高公共交通管理运营水平。

五是改善慢行交通环境。依托"15分钟生活圈"建设，开展人性化、精细化道路空间设计，提升慢行通道的连续性和功能性，优化慢行交通环境，保障慢行交通路权；打造舒适多样的公共开敞空间，充分依托绿地资源构建品质宜人的绿道系统，优化无障碍设施建设，打造全龄友好、充满活力、品质宜人的慢行空间。

六是提升交通智能化服务水平。大力推进数字化与交通行业深度融合，推动交通设施、出行服务、交通治理等方面的智能化、数字化；加快推进物联网、5G等技术与交通融合，推动新建设施感知系统与基础设施同步规划、同步建设。

12.2　重庆城市体检与城市更新工作结合

重庆市中心城区位于中国内陆西南部，长江上游、三峡库尾、川东盆地平行岭谷区，行政面积5467km²，辖渝中、江北、渝北等9个行政区域与两江新区、高新区，2020年常住人口约1000万人，建成区面积约1100km²（图12-7）。重庆是一座独具特色的"山城""江城"，长江、嘉陵江横贯东西，明月山、铜锣山、中梁山、缙云山纵

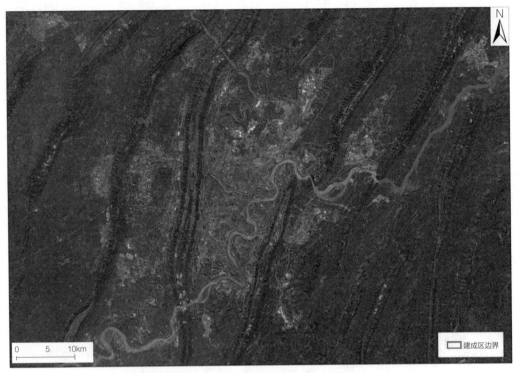

图12-7 重庆市2020年城市体检范围（建成区）

贯南北，将城市分为东、中、西三大平行槽谷。城市建设主要集中在三大槽谷，槽谷内部次级山体、水系众多，山水景观资源优越，是世界罕见的超大型滨江山地城市。

2020年，重庆入选第二批36个样本城市，开展城市体检工作。工作坚持问题导向、民生导向，从完善工作机制、优化满意度调查、提升体检靶向性、加强信息平台建设、强化结果应用等方面开展一系列实践探索，取得了阶段性工作成效，得到了住房和城乡建设部的认可。

12.2.1 特点介绍

1．工作组织特色

为了充分调动市级部门和辖区政府的能动性，激发社会各界广泛参与城市体检的积极性，重庆市从以下5方面着手，高效组织开展体检工作。

一是紧密联系部门，对接29个市级部门、50多项专项工作，在开展指标设计以及后续提出治疗方案过程中，与部门工作充分衔接，有效促进城市更新与城市品质提升。

二是创新开展调查，建立"市级统筹、区级安排、街道分配、社区执行"的调查机制，实现建成区社区全覆盖。组织调查进商圈、进学校、进轨道站，通过媒体广泛发动社会各界参与，关注典型人群需求，上门慰问困难家庭、残障人士以及在渝外籍人士。

三是强化多元参与，广泛邀请重庆社科院、重庆生产力促进中心等智库和研究机构，以及部分人大代表、政协委员、行业专家、企业家、社区工作者、高校志愿者、热心市民等对城市体检全程"建言献策"。

四是促进共享共用，建立"体检资源共享、体检成果共用"的合作开放机制，将体检数据和分析成果向体检参与单位开放，为各单位推进专项工作提供决策辅助，取得良好效果。

五是建立闭环机制，实现以信息平台为基础，"体检查出问题、更新解决问题、再体检再更新"的城市全生命周期闭环管理。

2．特色指标

在住房和城乡建设部确定的8个维度全国通用的基本指标基础上，从3方面着手，构建符合重庆特色、针对重庆问题的体检指标体系。

一是广泛借鉴国内外经验，参考中国人居环境奖、全球韧性城市等62项国内外的评价体系，构建含700余项参考指标的指标库。

二是坚持民生导向、广泛开展居民调查，走进商圈、交通枢纽、社区，发放居民调查问卷，围绕居民关心的交通出行、公共服务、城市卫生等问题，增加"轨道公交100米接驳""菜市场15分钟覆盖""环卫设施异味消除量"等贴近民心的补充指标。

三是突出城市特色，根据中央对成渝"两中心、两地"的目标定位，结合重庆"山城""江城"的城市格局，提炼三方面的城市特色。其中，"创新智能"重点反映人才引进、科研平台等创新要素，设置高端人才数量、一级学科数量等指标；"内陆开放"重点反映城市对外交通联系以及国际化水平，设置枢纽机场国际航线条数、铁路4h覆盖域外城市个数等指标；"山水城市"重点反映"立体山城、山清水秀"的空间特色，设置"亲水岸线占比""人均山城步道长度"等指标。

最终形成"基本+特色+补充"的重庆城市体检指标体系构建模式。

3．评价方法

构建从"单指标评价""多指标评价"到"城市综合诊断"3类评价模型。

单指标评价模型。综合"客观+主观+专家"三大评价体系。以公园绿地覆盖率指标为例：（1）综合部门用地图斑、公园名录，考虑山城步道、滨江亲水岸线等特色开敞系统，按照公园服务半径标准，结合高德山地城市路网，划定步行时圈等，叠加居住用地与人口分布，计算公园绿地综合服务效益；（2）结合居民公园绿地满意度及相关提案建议；（3）引入专家会诊，把脉公园绿地可达性、均好性、舒适性等空间品质问题。最终形成对城市绿地系统"从空间数据，到居民感知，到专家评测"的系统评价，丰富了传统单一空间分析维度。以此类推，形成对全部指标的综合评价表。

多指标评价模型。打通8个维度，按城市专项工作关联度，构建关联集，形成开发强度、公共服务、公共安全等专项工作的系统评价。例如关联区域开发强度、城市人口密度、新增居住用地容积率等指标，组合形成对城市开发强度的综合评价。

城市综合诊断模型。引入城市竞争力、吸引力、可持续发展力的战略分析模型，形成城市"优势清单""短板清单""城市病清单"的"一表三单"体检成果。

4. 成果应用

重庆的城市体检结果应用主要体现在以下3个方面：

一是回应民生关切。指导相关区政府依据城市体检查找的民生短板，结合党史学习教育"我为群众办实事"活动，生成民生实事项目，以实际举措增强人民群众的获得感、幸福感、安全感。

二是支撑专项规划。将体检发现的问题和相关建议融入城市提升、人居环境、基础设施建设等"十四五"专项规划。

三是助推政策制定。体检成果已经充分融入老旧小区改造、养老托育设施保障、完整社区建设、城市环境品质提升、城市安全保障设施体系等方面的政策文件中。

5. 信息技术应用

在开展指标监测的同时，搭建体检信息平台，初步实现"数据采集、指标分析、成果生成"3大功能。

汇聚多源体检元数据，建立城市体检数据库。围绕城市体检8大维度，200多项元数据，构建结构化数据库，实现城市建设用地、综合医院、社区养老服务设施等部门数据，POI、OSM路网、手机信令等时空大数据，以及社区问卷、社会满意度调查、居民提案等调查数据的汇聚、治理以及入库，形成城市体检统一数据底板，为城市体检工作提供系统化、精细化、智能化的技术支撑。

建立指标算法模型，实现从单指标评价、关联集评价到城市"一表三单"综合诊断。通过分类筛选各类城市问题，建立路径分析、复杂网络分析等模型，提高数据分析的科学性。

搭建城市体检可视化平台，直观展示城市体检工作成果。基于可视化大屏终端，集成中心城区、主城新区体检成果数据，打造"体检总览、体检指标、满意度、综合诊断"四大展示模块，实现体检总体概况、指标分析成果、满意度分析成果、综合诊断成果的综合展示，为城市体检工作成果汇报、宣传、展示提供统一的可视化窗口。

12.2.2　城市体检的技术框架

围绕"检验—诊断—治疗"3个环节构建技术框架。

指标检验环节，以住房和城乡建设部发布的基本指标为基础，结合重庆发展目标与本底特征设立特色指标，通过广泛了解居民诉求设立补充指标，形成重庆自体检指标体系。

问题诊断环节，在指标计算分析基础上，构建涵盖客观评价、主观评价、专家评价的多维度系统性评价体系，生成综合诊断表，围绕首轮体检诊断的城市发展优势清单、城市发展短板清单及城市病清单开展年度监测。

治疗建议环节，围绕"发挥优势、补齐短板、治理城市病"，提出针对性的改善建议及行动计划（图12-8）。

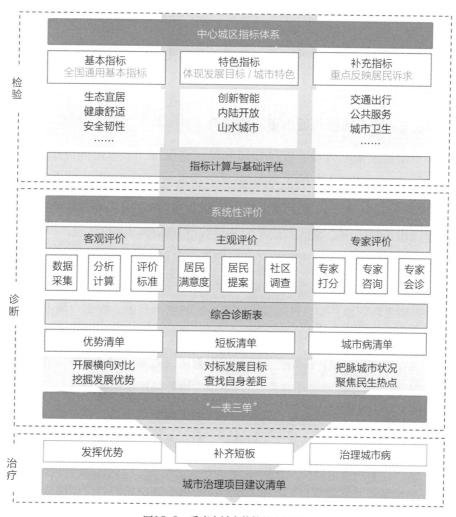

图12-8　重庆市城市体检技术框架

12.2.3 城市体检结果介绍

城市体检包括"一表三单"综合成果。

"一表"为城市体检综合诊断表，基于指标计算的客观评价、居民满意度调查的主观评价以及专家诊断意见，对城市近百项指标、8个维度发展情况进行综合评测。

"三单"包括城市发展优势清单、城市发展短板清单、城市病清单。其中，"城市发展优势清单"重点把握城市本底特征，分析既有工作取得的成绩，对比其他城市，发掘重庆的比较优势；"城市发展短板清单"针对创新能力、对外交往、风貌品质、历史人文等城市软实力，以目标为导向，分析发展差距与短板；"城市病清单"针对城市物质环境建设，聚焦居民意见与指标客观评价，发现城市问题。

按照住房和城乡建设部"一年一体检、五年一评估"的总体要求，评估年加强综合系统评价，监测年围绕"一表三单"开展年度监测，实时跟踪问题整改与城市更新提升。

12.2.4 城市体检与城市更新的结合

开展城市更新专项体检。按照住房和城乡建设部"把城市体检作为推进实施城市更新行动的重要抓手"的工作部署，《重庆市城市更新管理办法》中明确要求"结合城市体检评估成果，建立健全城市更新数据库"，努力以城市体检助推城市更新。重庆市选择了中心城区的江北区开展城市更新专项体检试点，探索建立"摸清更新资源、收集更新民意、查找区域问题、生成更新项目"的城市体检成果运用模式。

一是摸清更新资源，即以区域城市体检指标数据为基础，收集包括土地、建筑、文化资源在内的十二大类200多项源数据，建立城市更新数据库，摸清城市更新资源家底；二是收集更新民意，即结合满意度问卷与居民提案形成居民更新意见库，包括183条停车治理、89条公园绿化完善、117条设施增补的居民更新意见；三是查找区域问题，即结合既有体检指标体系，增补10个区域更新专项指标，包括建成区占比、城镇化率、更新片区占比、更新片区人口密度、更新片区开发强度、老旧小区占比、老旧商业区占比、老旧街区占比、老旧厂区占比、工业遗产占比，把握城市更新阶段、资源特征，找到需要实施更新的"城市病"；四是生成更新项目，即将居民意见库和指标诊断发现的问题全部空间化标图定点，作为重要更新要素，纳入辖区3个更新片区策划底线管控，辅助生成19个更新项目。

城市更新是对城市存量空间的改造提升，通过开展城市体检评估工作，确定城市更新的工作目标、主要任务和实施时序，统筹推进经济社会发展、生态保护修复、历史文化保护等工作；细化制定城市更新年度实施计划，明确年度项目清单、实施主体、资金来源、建设时序等，把人民生命安全和身体健康作为城市更新的基础目标，推动城市更新行动走深走实。

12.2.5　组织实施保障

一是依托市政府主要领导任组长的城市提升领导小组，成立专项工作班子；建立市级部门联席会议制度，由市政府领导定期召开推进会；建立联络员制度，加强"部门—区县—街道—社区"工作联动，高效统筹推进城市体检工作。

二是纳入目标考核，将城市体检工作推进情况纳入市级部门和区政府年度目标绩效考核，同时将体检发现的问题整改落实情况作为考核得分的重要组成部分，以考核"指挥棒"来倒逼城市体检全生命周期的工作推进。

三是加强部门联动，坚持"请进来、走出去"，由住房和城乡建设部门作为牵头单位，定期组织召开部门对接会，主动上门与规资、城管、公安、交通等重点部门座谈调研，形成良性互动；市委研究室、市政府研究室全程参与，为城市体检提供政策指导，并及时将体检成果融入相关政策文件中，为市领导科学决策提供参考。

12.3　武汉城市体检

武汉市连续三年入选城市体检样本城市，见证并参与城市体检工作的不断完善走向成熟的过程。2020年以来，武汉市以城市体检为契机和抓手，全面贯彻落实党中央、国务院关于高质量发展的工作要求，尊重城市作为"生命有机体"的客观规律，坚持以人民为中心，纵深推进城市体检，通过把脉、开方、治病、调理，加快推进健康宜居、人民幸福城市建设。

武汉市纳入体检范围的市辖区包括江岸区、江汉区、硚口区、汉阳区、武昌区、青山区、洪山区、东西湖区、蔡甸区、江夏区、黄陂区，市辖区建成区边界如图12-9所示。武汉市域面积为8575.1km²，纳入体检范围的市辖区面积为1300.9km²、市辖区建成区面积为511.7km²。

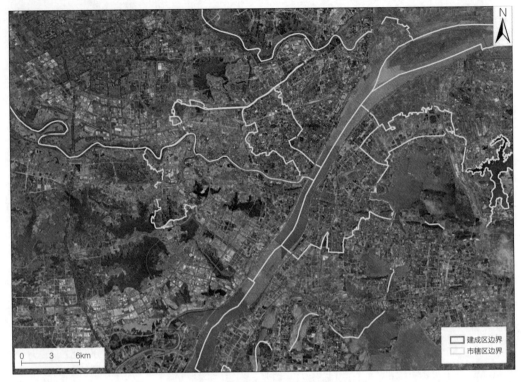

图12-9　武汉市城市体检的范围

12.3.1　特点介绍

武汉市城市体检工作经过三年的摸索，形成一套武汉市自己特色的工作组织、特色指标、评价方法。

1．完善组织机构

武汉市领导对城市体检高度重视，2020年和2021年均成立了城市体检工作领导小组，由市政府主要领导担任组长，分管领导担任副组长，市政府办公厅、市发展改革委员会、财政、资规、住房和城乡建设、人居等市直相关部门为成员单位，形成定期调度、统筹协调、强力推进的城市体检工作机制。在市政府的统筹领导下，确定了"条块结合，协同联动；民生为本，精准施策；建设平台，动态管理"的工作原则，各区、各部门同步推进市区两级城市满意度调查、城市自体检及协助住房和城乡建设部第三方体检工作，全面查找群众感受到的突出问题和短板，找准"城市病"根源，精准提出相关对策建议，并将有关结论作为编制城市建设相关规划、城市建设年度计划和建设项目清单的重要依据，进一步强化城市体检成果在武汉市规划建设管理中的应用，为武汉"五个中心"建设提供支撑（图12-10）。

图12-10 武汉市城市体检工作开展情况

2. 特色指标库的构建

为充分体现武汉市城市建设特点和反映武汉市自然禀赋、城镇空间、人文特色，城市体检工作专班在2020年专题研究基础上编制了《武汉市城市自体检特色指标专项研究报告》，建立特色指标库，为武汉市城市体检工作选取特色指标提供参考。2020年，基于武汉市防疫情、补短板的要求，选取了"河湖水面率、中心城区抽排能力、万人传染病床位数、轨道交通800m覆盖率" 4个特色指标。2021年，围绕武汉市"五个中心"的发展建设目标，选取了"高新技术产业比重、人均道路面积、国际客流比例"3个特色指标（图12-11）。2022年，提升城市韧性和安全表现，选取了"城市住宅建筑安全风险排查比例、大雨后积水消失时间、新建/改建平战结合建筑数量"3个特色指标。

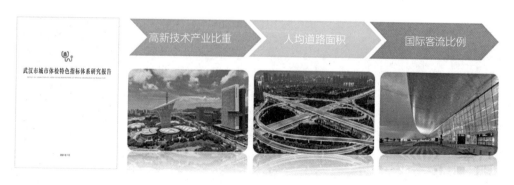

图12-11 武汉市城市体检特色指标体系研究报告

3．城市体检信息平台应用

根据住房和城乡建设部城市体检工作要求，结合武汉市本地需求进行设计，将城市体检信息平台的建设工作统筹纳入武汉市"城市大脑"，是武汉市"城市大脑"一网统管体系的重要组成部分，构建城市体检信息平台，完善城市体检的智慧应用体系，形成"指标管理、数据采集、综合展示、健康评估"全过程城市体检工作模式，系统主要运行在政务外网，根据工作的对接要求，可与部级城市体检平台、省级城市体检平台通过政务网进行交互。

平台可根据每年国家、省、市体检工作的动态变化，实现城市体检指标体系的动态维护和管理，为城市体检工作的长期运行提供信息化支撑，节约重复资金投入；在实际采集过程中，按照部级体检评估数据上报标准，各部门可通过系统对自体检数据进行填报、查看、上传和管理，并按照要求上传各项数据的底层台账支撑数据；通过综合展示窗口，从"生态宜居、健康舒适、安全韧性、交通便捷、风貌特色、整洁有序、多元包容、创新活力"8个方面，对城市体检信息进行常态化的展示，城市管理者可以直观地掌握城市的各项指标情况；同时利用平台的数据分析功能对所采集的数据进行统计分析和健康评估，量化城市运行状态，解读城市体征，判断各项指标的正常水平，并实现自动预警，向城市决策者提供预警跟踪服务能力。目前武汉市城市体检信息平台已经用于2022年城市体检工作中，是数据收集、数据分析、问题诊断的重要工具（图12-12、图12-13）。

4．强化城市体检成果服务应用于城市治理

探索推进新时期城市精细化治理。基于2020年城市体检发现的问题，制定了《武

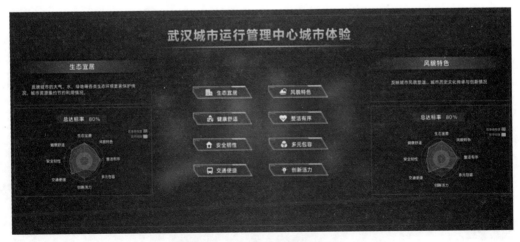

图12-12　武汉市城市体检信息平台

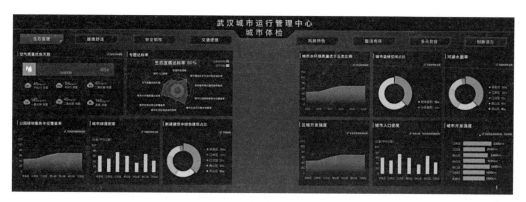

图12-13　武汉市城市体检信息平台分析界面

汉市优化城市人居环境三年行动计划（2021—2023）》，以五大工程共60个实施性项目（总投资约770亿元）为实施抓手，形成了"无体检，不项目"的工作机制，以精准补短板为导向延伸体检行动能力建设，推动城市健康发展。

以2021年城市体检发现的新问题和多年持续存在的顽固问题为重点，全面征求各市直部门意见，总结形成包含10—15个项目补充项目库，纳入《武汉市优化城市人居环境三年行动计划（2021—2023）》统筹实施，实现人居环境品质的持续精准提升。

发挥城市体检可精准查找城市短板并提出解决方案的特色优势，积极对接落实《武汉市基础设施建设补短板强功能提品质三年行动方案（2022—2024年）》，为下一步基础设施建设计划提供助力。

12.3.2　城市体检的技术路线

通过近三年的城市体检工作探索与积累，武汉市探索提出城市体检成果应用的"四步法"，即开展体检、提出计划、实施行动、评估效果，形成"诊断""寻因""治病""固本"的工作闭环，即：将城市体检作为城市建设的重要指引和依据，按照"一年一个小循环、三年一个大循环"的模式，首先每年城市体检成果完成后由市政府审定下发，明晰病灶、指准方向；随后各部门针对重点问题草拟年度实施计划，经整合提炼，形成年度城市建设管理及整治指导纲要，为各部门的"补、强、优"及协调配合提出指引和安排，各部门据此形成年度工作计划并加以落实。在第二年城市体检工作开展之前，以各部门上交本年度细化项目实施情况报告的形式进行成效验收，期间不定期组织调度和督办。同时，依托"城市大脑"和城市体检信息平台，逐步实现此工作流程的全数字化（图12-14）。

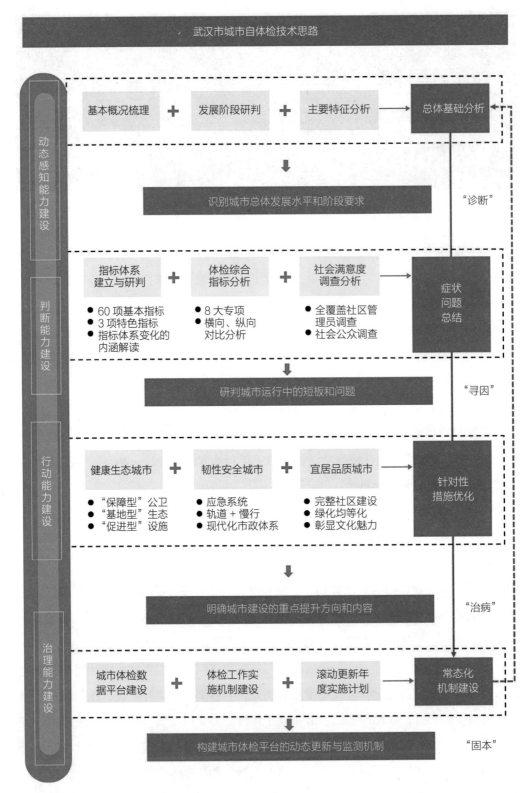

图12-14 武汉城市体检技术路线图

12.3.3　城市体检结果介绍

1. 整体发展态势

一是城市生态宜居性较好。武汉市凭借"江城""百湖之城"独特的自然地理优势，生态环境本底好，公园绿地服务半径覆盖率位于样本城市前列，城市绿道服务半径覆盖率位于样本城市上游，绿化建设方面取得较好效果。

二是城市交通系统完善，轨道交通建设发展速度快，绿色出行比例高。近年来武汉轨道交通发展迅速，轨道站点周边覆盖通勤比例均位于样本城市上游，绿色交通出行分担率位于样本城市前列，公共交通出行体系较完善，但城市道路网密度、专用自行车道密度未达标，仍有可提升空间。

三是高新技术产业发展良好，城市创新活力水平较高。万人高新技术企业、万人上市公司数量均位于样本城市上游。其中，高新技术企业数量较去年相比增加1个/万人，高新技术企业发展较好。

2. 存在主要问题

一是城市开发强度高，建筑密度与人口密度双高。城市区域开发强度在20%—30%较为适宜，武汉区域开发强度为39.3%；人口密度超过每平方公里1.5万人的城市建设用地规模（243km²）；1.5万人用地占建成区比例（31%）也明显超过大城市标准值（25%），呈现出城市人口密度与建筑密度"双高"现象。同时，2020年新建住宅建筑高度超过80m的数量为360栋，位于样本城市下游，表明城市规划建设管理中对新建高层住宅建筑的管控力度有待加强。

二是生态环境治理方面存在短板。基于生态环境部发布的全国城市空气质量数据，武汉市全年空气质量优良天数为310天，优良天数占比84.7%，位于样本城市中游。城市环境噪声达标地段覆盖率（48.2%）离标准值（100%）有较大差距，位于样本城市下游，尤其夜间声环境较差。

三是完整居住社区建设不足，居住品质有待提升。完整居住社区覆盖率位于样本城市下游，社区便民商业服务设施与社区卫生服务中心门诊分担率指标表现较好，社区体育场地建设也有待完善。新建住宅建筑密度超过30%的比例较高，影响居住空间环境品质。老旧小区改造达标率、实施专业化物业管理的住宅小区占比均未达标。

四是城市安全韧性建设仍有不足。城市可渗透地面面积比例（27.7%）未达标准值（35%），城市建设区积水内涝点未完全排除，仍存在内涝安全隐患。城市二级及以上医院覆盖率为62.1%，位于样本城市下游。

五是道路交通基础设施建设仍存在短板。主要表现在城市道路网、专用自行车道密度偏低，武汉道路网密度仅为6.07km/km²，与目标值8km/km²存在差距。停车难也是居民反映最多也是迫切需要解决的问题。

六是居民住房保障满意度不高。房价收入比偏高，住房支出超过家庭收入50%的城市家庭占比为8.8%，居民对房租和房价可接受程度较低。

12.3.4 城市体检结果的应用

武汉市通过一系列"补短板"项目实施工作，在以下几方面取得了显著成效：

1．重大公共卫生事件应对能力跨越式提升

2020年7月武汉市启动建设"江夏云景山医院、黄陂区人民医院、蔡甸区武汉常福医院、新洲区武汉航天城同济医院"4家新城区平战结合三甲医院和"华中科技大学附属同济医院国家重大公共卫生事件医学中心、华中科技大学附属协和医院质子医学中心"两家公共卫生中心。目前，4家新城区医院已按计划陆续通过验收并投入使用。同时，市城建局组织编制完成了《武汉市大型公共建筑应对公共卫生事件平战两用改造实施规划》，并陆续完成了以"武汉体育中心平战两用改造项目、江夏大花山户外运动中心平战两用改造项目"为代表的一批大型公共建筑的平战结合改造试点工作。另外，武汉市千子山循环经济产业园医疗废物处理厂项目也于2020年6月全线投入使用，新增医疗废物处理能力60t/日。自投入运营以来，涉及接收转运的医疗机构累计近270家、隔离点229家。截至2021年9月底，共计处理医疗废物4380余吨，实现了医废处置的"日产日清"和"绝对安全"（图12-15）。

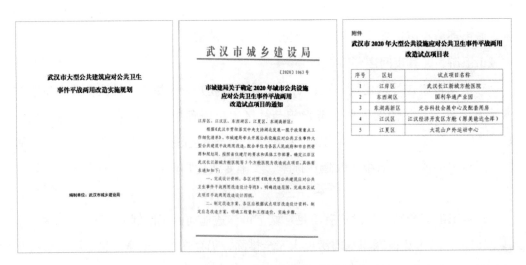

图12-15　武汉市应对重大公共卫生事件政策

2. 居民停车难问题持续缓解

市委市政府决策部署，组建工作专班，负责全市停车场、充电桩、加氢站建设的统筹协调、指导督促等相关工作。其中，近三年全市累计新增停车泊位约57万个，有效缓解了居民停车难的问题，减少了占道停车等交通违法行为，改善了交通状况。

3. 居民居住环境不断改善

着力改善居住条件、生活环境和功能品质，推动建设安全健康、设施完善、管理有序的完整居住社区，让人民群众生活更方便、更舒心、更美好。武汉市相继成立市老旧小区改造工作指挥部、领导小组，2019年以来，累计开工改造老旧小区1026个，完工610个。改造小区水电路气等基础配套设施逐步完善，建筑本体得到基本修缮，小区环境提升初见成效，群众满意度不断提升。在老旧小区改造过程中，一直在探索共建共享共治的长效治理机制。比如：出台政策明确改造后物业管理模式，分类提升老旧小区物业服务水平；开展"物业牵手"行动，对老旧小区物业进行指导帮扶；对弃管老旧小区，探索委托公益性物业企业托管等方式，实现"红色物业"覆盖（图12-16）。

4. 市民出行条件持续优化

通过市区多部门通力合作，2021年全市共建设微循环道路128条（新增里程58km），含断头路29条（合计15km），超额完成为民办实事目标任务（图12-17）。

图12-16　武汉市居民居住环境改善

图12-17　武汉市交通环境不断完善

12.3.5　组织实施保障

1．提高政治站位、高度重视

武汉市各区、各部门将城市体检工作作为落实习近平总书记工作要求，全面贯彻新发展理念、构建新发展格局，牢固树立以人民为中心的发展思想，推动高质量发展的重要举措，加强工作统筹，组建体检专责小组，做好工作组织及技术把关。

2．广泛宣传、全民动员

牢固树立"人民城市人民建"的城市建设理念，实现城市体检服务人民群众，通过电视、报刊、网站的广泛宣传，让广大市民知晓城市体检工作，积极推动公众参与城市满意度调查，客观真实反映市民对城市建设发展的主观感受，尤其是了解群众感受到的突出问题和短板。与政府形成合力，推进城市体检工作进一步深入实施。

3．定期通报、实时督办

武汉市建立信息半月报送制度，各部门、各区每半个月向市级领导小组办公室反馈工作进展情况；领导小组办公室对工作进展较慢的，要进行通报督促。

12.4　鄂尔多斯——城市体检与城市更新

鄂尔多斯市位于内蒙古自治区西南部，总面积为8.7万km²，辖东胜和康巴什2个市辖区和7个旗。截至2022年末，全市常住人口为220.1万人，城镇人口171.9万，城镇化率达到78.1%，康巴什区获评全国第一个"环境艺术示范试点城市"。为发挥鄂尔多斯市区位、资源和经济上的优势，促进呼包鄂乌城市群发展，《内蒙古自治区国土空间规划（2020—2035年）》中规划到2035年将鄂尔多斯市由中等城市建成Ⅱ型大城市。鄂尔多斯城市发展正由精心规划、精致建设向精细管理、内外兼修转变。

鄂尔多斯市2022年城市体检范围为东胜区、康巴什区和伊旗阿镇的建成区，面积总共172.0km²，常住人口94.2万人，体检所使用的统计数据截止日期为2021年12月31日。按照住房和城乡建设部、内蒙古自治区住房和城乡建设厅关于城市体检工作的相关要求，结合鄂尔多斯市城市发展现状和城市特点，构建"69+15+7+38"的城市体检评估指标体系。鄂尔多斯市已建立了"一年一体检，五年一评估"的工作机制，通过体检不断增强城市工作的整体性、系统性、宜居性、包容性和生长性（图12-18）。

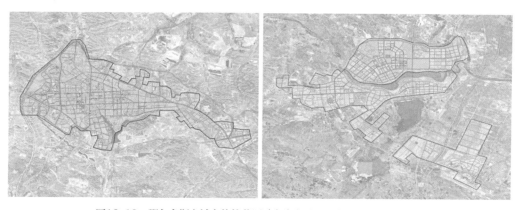

图12-18　鄂尔多斯市城市体检范围（左为东胜区，右为康巴什和伊旗）

12.4.1　城市体检工作组织

1．强化组织机制保障，坚持高位推动高效协同

成立城市体检工作领导小组，由市长任组长，分管副市长任副组长，市住房和城乡建设局等市直相关单位、相关区主要领导任成员。采用"专家领衔指导、专业团队服务、多方参与配合"的工作模式，在体检过程中强化部门协作，开展城市体检培训会，明确各指标牵头委办局和体检指标采集填报规则（图12-19）。

2．构建实用指标体系，创新计算城市健康指数

结合鄂尔多斯市人口、经济、社会、文化、环境等实际情况，构建了涵盖住房和城乡建设部基础指标、自治区指标、鄂尔多斯特色指标的"69+15+7"共91项指标，

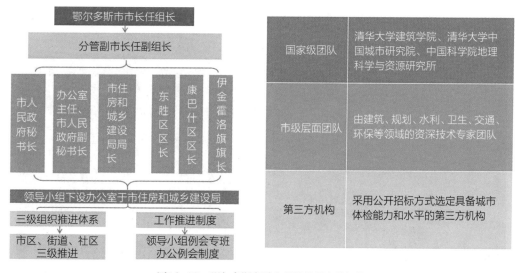

图12-19　鄂尔多斯市城市体检组织实施架构

结合鄂尔多斯节水型城市、国家园林城市、中国人居环境奖评选等工作，考虑各部门统计口径和资料获取的可操作性，提出了38项补充指标。采用"2—3—6—4"的评价方法，纵向分析趋势变化，横向进行区域比较，指标向市、区、街道、社区延展。利用层次分析法及加权求和的计算方法确定鄂尔多斯的城市健康指数。

3. 加强多源数据校验，建立指标数据采集框架

加强各委办局统计数据、满意度调查数据、住房和城乡建设部第三方体检数据、手机信令数据、百度POI数据、互联网大数据、专业报告数据等多源数据的应用。强化材料补充验证，形成历史数据、规划、政策、数据图纸四大补充材料。形成"技术导则+填报细则+大数据补充"多层面技术规范，确保城市体检高效准确开展。通过城市体检建立指标统计口径，共同搭建指标数据源收集框架。

4. 充分发挥数字化引领作用，以城市体检促进城市更新

建设城市体检信息平台，支撑24个市直部门的指标数据采集，满意度调查覆盖110个社区、建成区范围内的所有小区，共收集社区问卷104份、居民问卷12863份。依托平台对居民问卷结果进行空间可视化，与城市体检指标客观计算结果进行可视化对比分析。建设了CIM+城市体检信息平台，形成了"指标管理—数据采集—诊断分析—评估—治理—反馈"的城市体检过程数字化应用场景，通过对体检识别出的主要问题进行成因分析，经多专业人员研讨制定了包含29项城市更新项目的治理清单。以城市体检结果为依据，以问题和目标为导向实施新城建，不断提升城市精细化、智能化管理水平。

图12-20　鄂尔多斯市城市体检信息平台（公园绿地服务半径覆盖率，%）

12.4.2　评估方法

1．单一指标评价

按照住房和城乡建设部要求，在计算出城市体检各项指标的具体数值后，根据自身实际情况确定评价标准体系，对指标结果进行标准化处理，进一步得到各指标评价分数，以达到横向比较的目的。

鄂尔多斯市自体检的指标值评价按照"2—3—6—4"的思路进行展开。"2"是指底线指标和导向指标2类；"3"是根据指标值的评价导向，分为正向、逆向和区间3类；"6"指6类指标评价标准，即城市体检导向指标、城市体检底线指标、中国人居环境、国家园林城市、国家节水型城市顺序；"4"是"优、良、中、一般"4种指标评价结果（图12-21）。

"正向型"指标值越大越优，例如城市生活垃圾资源化利用率、环境噪声达标地段覆盖率；"逆向型"指标值越小越优，例如破坏历史风貌负面事件数量；"区间型"评价标准即设定指标合理取值范围，范围内即为优，偏高偏低均不合理，例如城市开发强度。

（1）导向型指标：参照"优、良、中、一般"四个层次评定。"优"为100分，"良"为80分，"中"为60分，"一般"为40分。若为正向指标，则评定等级与指标数值成正比；若为负向指标，则评定等级与指标数值成反比。

（2）底线型指标：按照相关规范要求划定预警线，给出"达标、不达标"的判定结果。达标则为100分，不达标为0分。

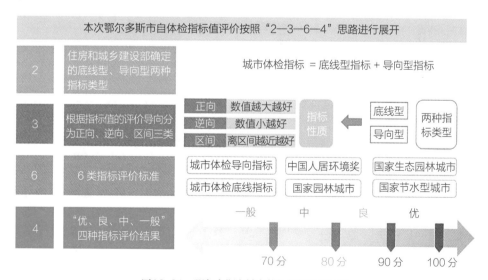

图12-21　鄂尔多斯市城市体检指标判定流程

（3）健康指数计算方法：分为三个层次，每个层次都要进行量化。目标层为鄂尔多斯城市体检，准则层为八大维度（综合类为其他城市评选指标，不包含在内），方案层为91项指标（69项住房和城乡建设部体检指标、15项自治区指标、7项鄂尔多斯特色指标）。赋予每一项指标权重，与得分相乘，得出准则层得分；再对准则层赋予权重，与得分相乘，计算得出的最终数值为反映鄂尔多斯城市体检总体情况的"健康指数"。

2. 专项评价

在指标评价分数确定的基础上，采用层次分析法，根据给定的专项维度重要性，通过指标之间的两两比较，对重要性赋予一定的数值构建判断矩阵，确定指标权重，并进行加权求和，形成生态宜居、健康舒适、安全韧性、交通便捷、风貌特色、整洁有序、多元包容、创新活力8大专项的评价分数（图12-22）。

3. 综合评价

在8个专项评价的基础上，采用层次分析法，通过8大专项之间的两两比较确定各个专项的权重，并进行加权计算得到体检指标综合评价分数，以便横向比较排名和纵向对比。经综合计算，8个专项中，风貌特色专项接近优秀，健康舒适、安全韧性、整洁有序3个专项表现良好。2022年鄂尔多斯城市体检综合评价得分为90.82分，表明鄂尔多斯市作为西部人居环境典范城市在城市规划建设管理中成效显著，继续保持稳中向好的趋势。

4. 评价结果校核

为保证指标评价的科学性和准确性，鄂尔多斯城市体检采用第三方调查数据和居

用 yaahp 软件和相互对比的原理获取每一个维度的权重

目标层	生态宜居	健康舒适	安全韧性	交通便捷	风貌特色	整洁有序	多元包容	创新活力
生态宜居	1	2	4	5	6	6	7	7
健康舒适	1/2	1	3	4	5	5	6	6
安全韧性	1/4	1/3	1	2	5	5	6	6
交通便捷	1/5	1/4	1/2	1	4	3	5	5
风貌特色	1/6	1/5	1/5	1/4	1	2	5	5
整洁有序	1/6	1/5	1/5	1/3	1/2	1	2	2
多元包容	1/7	1/6	1/6	1/5	1/5	1/2	1	2
创新活力	1/7	1/6	1/6	1/5	1/5	1/2	1/2	1
权重	0.3284	0.2334	0.1554	0.1101	0.0732	0.0432	0.0309	0.0254

城市体检总分数 = 生态宜居 × 0.3284 + 健康舒适 × 0.2334 + 安全韧性 × 0.1554 + 交通便捷 × 0.1101 + 风貌特色 × 0.0732 + 整洁有序 × 0.0432 + 多元包容 × 0.0309 + 创新活力 × 0.0254

计算方法适用范围为：69项+15项+7项=91项（城市体检指标）

图12-22 鄂尔多斯市城市体检指标计算方法

民问卷调查数据对指标评价结果进行校核，重点校核发现问题或短板的指标，对偏差情况较大的指标进行专篇分析说明。

12.4.3　鄂尔多斯市2022年城市体检结果

2022年城市体检结果显示，鄂尔多斯市在安全韧性、风貌特色、整洁有序、创新活力维度评价为优，在健康舒适、生态宜居、交通便捷、多元包容维度评价为良，城市体检综合评分90.8分，位居全国同类地区前列。城市空间尺度适宜，宜居品质较高，空气质量优良天数，生态、生活岸线占总岸线比例、城市绿道服务半径、水资源利用等表现良好。托育、文化、体育等公共服务设施相关指标表现突出，人均拥有公共体育设施用地排名靠前，城镇基础配套设施日益完善。安全事故相关指标均达标，市政管网设施建设逐步完善，供热管网改造率，雨污水管网覆盖率均排在自治区前列。城市街道干净整洁，门前责任区制定履约率逐年提升。城市包容度逐渐提高，城市创新活力不断增强，城市转型发展效果显著（图12-23）。

鄂尔多斯市2022年城市体检结果总体较好，多个指标在同级别城市中位居前列。但是，部分指标不足主要是设施或服务分布不均衡。东胜区老城局部地区公园绿地服务半径覆盖率不达标，存在绿化活动场地分布不均衡现象。部分老城区存在停车难、停车有序性不高的问题。资源循环利用尚需加强，固体废弃物循环利用及内涝积水问题与居民要求尚有一定距离。实施物业管理的住宅小区占比仍有提升空间。

根据城市体检识别出的上述不足，结合鄂尔多斯打造"公园城市""海绵城市""智

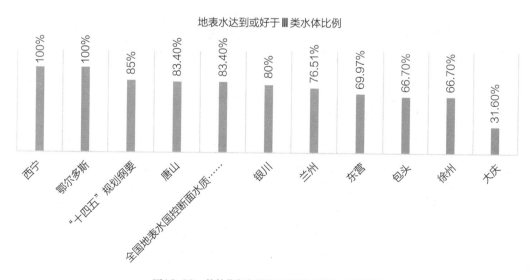

图12-23　体检指标与其他同类城市横向对比情况

慧城市"的目标，在研究报告中给出了对策建议及治理项目清单。主要建议包括以城市绿道和公园绿地"连点成线、连线成片"为总体思路，加快绿廊绿道和口袋公园建设，推进综合公园改造提升项目，着重提升东胜区生态用地占比。制定地面停车规划，明确停车区、临停区、禁停区，做好总量控制。促进城市信息模型（CIM）基础平台应用，高质量推进新城建。全力推动改造后老旧小区实行专业化物业管理。

12.4.4 城市体检结果应用

城市体检是城市高质量发展的重要抓手，是统筹规划建设管理的有效手段。鄂尔多斯结合公园城市建设、城市精细化管理、创建生态园林城市等工作，在推动新城建时，优先实施市民关注、与体检发现的短板相关的新城建项目。推行"无体检、不更新"的工作机制，以城市体检结果为依据编制城市更新专项规划，科学制定城市更新实施方案，提升城市更新决策科学化水平和资源投放的精准度，促进城市人居环境高质量发展。

1. 以城市体检促进城市精细化管理

针对体检中市民反映的积水内涝点问题，建设了鄂尔多斯城市内涝监测预警平台。将积水、降水实况，物资储备、险情点实时监测、现场视频连线指挥调度等功能集于一体，大幅提升城市内涝防御应对能力，保障了群众生命财产安全。通过平台可以总览全市各旗区的监测点位实况，点位颜色根据预警等级变化，汛期可实现跨旗区物资调度。通过小程序，市民可查看当前的积水点和未来可能出现的积水点，为市民规划出行路线以规避积水点，保障市民出行安全（图12-24）。

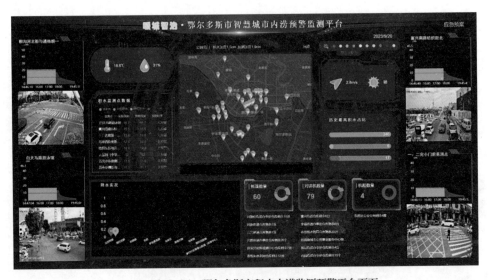

图12-24 鄂尔多斯市积水内涝监测预警平台页面

针对部分老旧小区居民反映冬季室内温度不达标等供热问题，鄂尔多斯搭建了智慧供热管理服务平台。平台实时感知全市供热行业生产运行态势，通过供热"一张图"指导热源热网调节工作，形成可视化管理模式。平台摸清了全市供热行业底数，已监测换热站449个，监测入户温度10426户，楼栋档案13463栋，绘制一次网管线907km。平台对接了全市24家供热企业，通过安装的热计量传感器获取楼栋的实时温度数据，实现用户端供热信息实时感知，帮助监管部门迅速发现供热质量问题，同时为水力平衡调节提供数据支撑（图12-25）。

为了提高信息平台中城市三维模型的覆盖率，更好发挥信息化对城市管理方式转变的驱动引领作用，在城市信息模型（CIM）基础平台建设中增加了康巴什区、东胜区的倾斜摄影三维模型，代表性建筑的BIM模型、地下管廊的三维模型等。通过建立鄂尔多斯市《城市信息模型数据共享与交换标准》《城市信息模型（CIM）平台服务接口规范》等标准规范体系，规范CIM+应用的建设，更好地促进城市信息模型（CIM）平台为新型城市基础设施建设、数字住建、数字孪生城市提供数据和平台支撑（图12-26、图12-27）。

鄂尔多斯将以城市信息模型（CIM）基础平台为依托，以城市体检结果为依据，以解决市民"急难愁盼"问题为要务，以打造数字住建为目标，持续推动新城建，不断提高城市精细化管理水平。

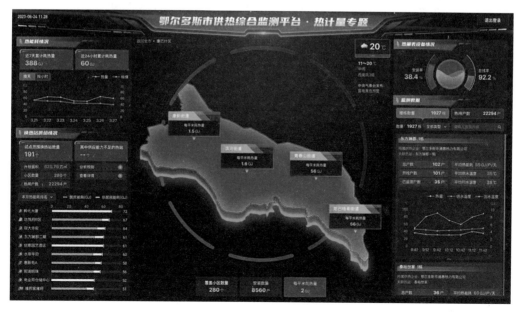

图12-25　鄂尔多斯市供热综合监测管理平台页面

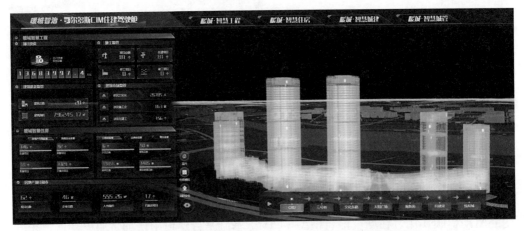

图12-26 鄂尔多斯市城市信息模型（CIM）平台页面（精细BIM模型）

图12-27 鄂尔多斯市城市信息模型（CIM）基础平台（生命线智能监测）

2. 以城市体检助推实施城市更新行动

针对部分地区公园绿地服务半径覆盖不均衡等问题，鄂尔多斯在城市更新行动中进一步推动既有公园提档升级，补充休闲、健身、商业服务、应急避难等功能配套优化提升城市绿色空间。推动绿地均衡布局，充分利用边角地和其他闲置土地，打造出门可达的社区公园、口袋公园、小微公共空间。高标准打造生态绿道，有机串联城市公园和特色滨水空间，推动绿道向社区、居住小区延伸，满足市民绿色出行、休闲健身需求。

鄂尔多斯在城市更新中着力打造功能完整的居住社区。在城市体检全面摸清各类设施和公共活动空间建设短板基础上，充分利用待改造小区及周边地区可盘活利用的闲置房屋、空闲用地等存量资源，优化提升教育、医疗卫生、文化体育、社区服务、休闲娱乐、商业配套、市政公用等各类设施，补齐社区管理和服务短板，全面构建"15分钟便民生活圈"，满足居民多样化需求（图12-28）。

打通断头路　　　　城中村改建、老旧小区加装电梯　　　　公园改造建设

图12-28　城市体检转化场景：支撑城市更新行动

　　鄂尔多斯将继续细化城市体检工作颗粒度，市、区两级城市体检联动，分批次对每一栋建筑、每一项设施、每一条道路进行体检评估，根据体检结果进一步优化城市更新项目清单。在城市体检中坚持"纵向到底、横向到边、共建共治共享"，形成"城市—城区—社区—更新单元"的城市体检传导层次，分尺度、分类别、分区域进行体检评估，为城市更新和城市精细化管理提供科学决策依据，不断增强市民的获得感、幸福感和安全感。

第 **13** 章

唐山
——从住房、小区（社区）、街区到城区

为充分发挥城市体检的作用，聚焦建设"好房子、好小区（社区）、好街区、好城区"，住房和城乡建设部建筑节能与科技司在唐山等10个城市开展试点工作，进一步完善城市体检指标体系，创新城市体检方式方法，强化城市体检成果应用。

从房子开始到小区（社区）、到街区、到城区四个维度的体检，指标设置、数据采集方法、评价结果应用等均需实践探索。本章以唐山试点为例，介绍各层级城市体检中数字化、智能化技术的应用，如何通过体检找出人民群众身边的"急难愁盼"问题，查找影响城市竞争力、承载力和可持续发展的短板弱项，进而有针对性地提出整治举措并实施更新改造，建立城市体检指导更新的工作机制。

13.1 唐山市城市体检工作简介

唐山市是住房和城乡建设部深化城市体检工作制度机制试点城市，也是河北省唯一一个国家级城市体检、城市更新"双试点"城市。唐山市委、市政府对城市体检、城市更新工作高度重视，市领导亲自谋划研究、部署推动，定目标、定方向；领导小组专题调度、专项部署，督导落实；市县两级专班搭平台、定政策，全力推动。唐山市积极落实住房和城乡建设部倪虹部长要求，深化改革城市体检工作制度机制，从好房子到好小区，从好小区到好社区，从好社区到好城区，把城市体检发现的问题，作为城市更新的重点，把城市体检评价的结果，作为城市规划、设计、建设、管理的依据，进而把城市规划好、建设好、管理好，打造宜居、韧性、智慧城市。

13.1.1 全力组织推动

（1）高位推动，全力实施。建立"市、区、街道、社区"四级城市体检工作专

班，各级均由主要负责同志任组长，统筹协调体检工作；建立统筹调度群、技术交流群、5区协调群、2个居民问卷调查群共9个工作群、237人联络员，形成了"市级统筹、属地负责、部门协作、多元主体参与"的工作模式（图13-1）。

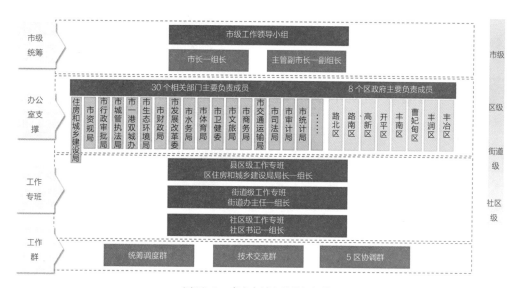

图13-1 唐山市城市体检组织体系

（2）六方联动，分工协作。市级主管副市长主持召开城市体检试点工作部署会，将试点工作纳入全面深化改革任务台账，作为全市考核事项，每月盯办进展；市领导小组办公室统筹数据采集、问卷调查、平台搭建等工作，市住房和城乡建设部主要领导多次召开专题会议，研究把关体检数据采集、问题整改等事项；区级、街道主要领导主动协调，社区组织实施数据采集、设施台账填报、组织居民问卷填报；市直部门配合城区级指标体检，并指导行业数据采集、整改建议制定，技术专家团队多轮采集数据质量、问题确定、整改方案把关。六方密切联动，确保城市体检试点工作高效推进（图13-2）。

（3）专人盯办，保障质量。一是盯进场。市、区住房和城乡建设主管局长、科室负责人，街道、社区主要负责人一同现场协调、现场盯办，组织技术人员、网格员、大学生现场采集数据。二是盯进度。建立日报制度，发现漏采问题，

图13-2 唐山市六方联动、分工协作

隔日现场重采,补充完善。三是盯质量。建立隔日复盘、定期审查机制,专家、部门共同审查台账清单,识别照片准确性、问题采集精准性(图13-3)。

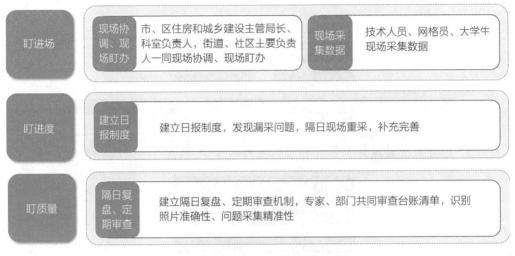

图13-3 唐山市城市体检工作质量盯办示意图

(4)多维宣传,舆论引导。采用"线上+线下"方式宣传城市体检工作,线下设计印制张贴海报3000份,下发社区、街道,到人群密集商圈现场宣传;线上在11家媒体发布文章21篇,在部署问卷调查工作的同时,提升群众知晓度,营造居民参与体检、诉说民意的浓厚氛围(图13-4)。

试点地区:每个小区问卷数量100份,其他地区:每个社区居民问卷数量100份

图13-4 唐山市多渠道征集民意

13.1.2　全力铺开实施

（1）自下而上，遴选样本。本着"样本有特点、各区有意愿、改造出亮点"的原则，优先选取更新改造意愿积极、问题短板突出的街道社区，由社区（街道）自愿申请，区级初选上报，市级遴选确定。经过多轮征求意见、完善调整，选定22个样本社区、3个样本街区，分规模、分年代、分结构探索试点经验（图13-5）。

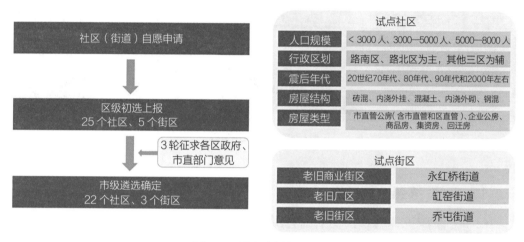

图13-5　选定试点社区、街区

（2）优化指标，精准体检。构建"基础指标细化+特色指标构建+关联指标补充"多维指标体系。结合唐山实际，对指标进行拆解细化，新增11项细化指标、增加了8项特色指标；为强化关联问题识别，补充了5项指标，便于制定整改措施、建议（图13-6）。

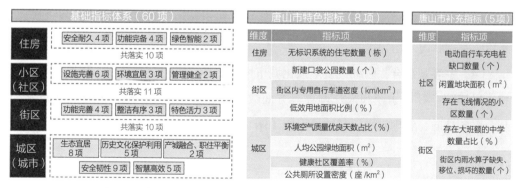

图13-6　唐山市"基础指标+特色指标+补充指标"的城市体检指标体系

（3）创新模式，高效采集。智能采集系统是加快体检工作的重要手段，创新性地提出以"现场人工采集+数据填报"为主、"大数据+无人机+小程序"为辅、"现场访谈"作为补充的多维数据采集方式（图13-7）。

图13-7　多维数据采集

13.1.3　多维分析评价

（1）专家鉴定，研判结论。针对住房维度房屋安全问题，选聘经验丰富的涵盖房屋检测、建筑结构、规划、消防等专业的总工程师、高级工程师，在数据采集中加以技术指导，实时给出判定结论；在数据分析中逐问题、逐照片研判问题类型、严重程度，提出一揽子解决方案建议。

（2）标准比较，综合评价。采用城市体检指南综合归档法，对城区维度生态宜居、历史文化保护利用、产城融合–职住平衡、安全韧性、智慧高效五大维度进行综合评价。根据平均值法，确定城区综合发展质量。

（3）纵横比较，多维分析。横向：通过GDP、建成区面积等因素，选取对标城市，反映城市共性问题，查找差距；纵向：回溯历史数据，明晰各指标变化趋势，预测后续发展状况（图13-8）。

（4）主客观结合，多维校核。强化城市体检指标、市民公共热线、居民抽样问卷和居民建议、社区访谈和入户调查等方面数据汇总校核分析，从空间布局、设施配套、服务品质、管理水平研判差异原因（图13-9）。

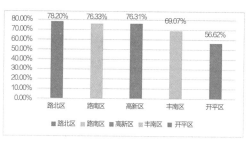

2022 年市辖区各区建成区绿道服务半径覆盖率

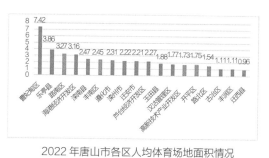

2022 年唐山市各区人均体育场地面积情况

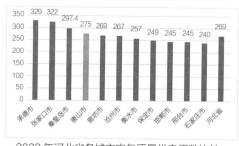

2022 年河北省各城市空气质量优良天数比较

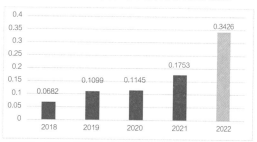

2018—2022 年唐山人均公共文化设施面积（m²）

图13-8　唐山市城市体检指标纵横向比较

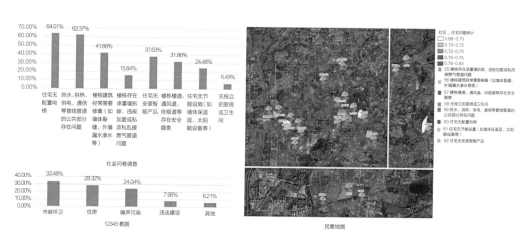

图13-9　唐山市"12345"数据校核问题领域

13.2　唐山市城市体检工作技术路线

13.2.1　指标体系设定

坚持问题、结果、目标导向，科学构建城市体检指标体系，全面查找唐山市民关切的急难愁盼问题和影响城市竞争力、承载力和可持续发展的短板弱项。以住房和城乡建设部基础体系为框架，按照"基础指标细化+特色指标构建+补充指标强化"的思路，细化病症查找、关注城市目标与重点工作完成情况和特色问题严重程度，创新

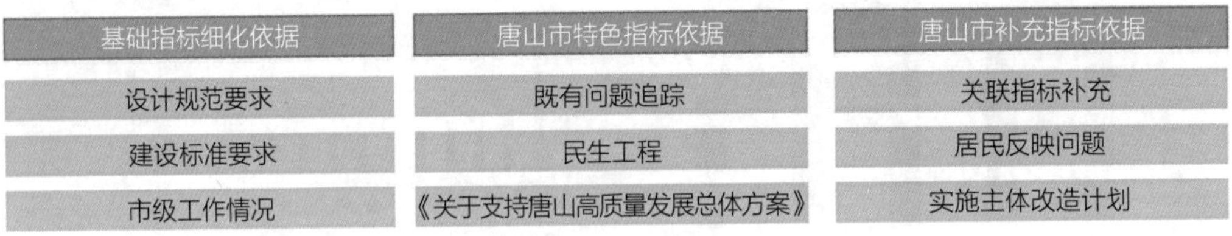

基础指标细化依据	唐山市特色指标依据	唐山市补充指标依据
设计规范要求	既有问题追踪	关联指标补充
建设标准要求	民生工程	居民反映问题
市级工作情况	《关于支持唐山高质量发展总体方案》	实施主体改造计划

图13-10　唐山市城市体检指标体系构建

构建"60+8+5"的唐山城市体检特色指标体系（图13-10）。

（1）基础指标细化

严格落实住房和城乡建设部基础指标体系，结合唐山实际，删除1项唐山现状不具备的基础指标，即"轨道站点周边覆盖通勤比例"，共落实住房和城乡建设部60项基础指标。结合唐山实际，对"存在燃气安全隐患的住宅数量、存在楼道安全隐患的住宅数量、需要进行适老化改造的住宅数量、未达标配建的婴幼儿照护服务设施数量"四项指标进行细化，共新增11项细化指标，全面查找燃气安全、楼道安全、一老一小等方面的问题（表13-1）。

唐山城市体检基础指标细化　　　　　　　　　　　　表13-1

维度		指标项	新增细化指标	细化理由
住房	安全耐久	存在燃气安全隐患的住宅数量（栋）	☐ 户内使用橡胶软管	唐山市已经大规模完成加装自闭阀，需检查遗漏情况和存在隐患情况
			☐ 未加装自闭阀等泄漏切断装置	
			☐ 燃气管道严重锈蚀	
			☐ 户内违规使用燃气罐	

（2）特色指标构建

创新选择唐山特色指标。结合《关于支持唐山高质量发展总体方案》、民生工程、唐山实际、以前年度短板问题，增加8项特色指标。其中，住房维度增加了"无标识系统住宅数量"，便于后续问题整改。街区维度增加了"口袋公园数量、街区内专用自行车道密度、低效用地面积比例"3项指标，便于民生工程建设和既有问题追踪。城区维度增加了"环境空气质量优良天数占比、人均公园绿地面积、公共厕所设置密度、健康社区覆盖率"4项指标，助力支持唐山高质量发展相关领域监测（表13-2）。

唐山城市体检特色指标构建　　　　表13-2

维度		序号	指标项	来源
住房	功能完备	T1	无标识系统的住宅数量（栋）	既有问题追踪
街区	功能完善	T2	口袋公园数量（个）	河北省民生工程
		T3	街区内专用自行车道密度（km/km²）	既有问题追踪
	特色活力	T4	低效用地面积比例（%）	
城区	生态宜居	T5	环境空气质量优良天数占比（%）	国家发展改革委《关于支持唐山高质量发展总体方案》
		T6	人均公园绿地面积（m²）	
		T7	健康社区覆盖率（%）	
		T8	公共厕所设置密度（座/km²）	

（3）补充指标强化

根据现状调研居民反映和实施主体改造计划，社区维度补充"电动自行车充电桩缺口数、闲置地块面积、存在飞线情况的小区数量"3项指标，强化关联问题识别，为改造寻找空间。街区维度补充"存在大班额的中学数量占比，街区内雨水箅子缺失、移位、损坏的数量"2项相关指标，扩展分析角度，为问题整改提供支撑（表13-3）。

唐山城市体检补充指标强化　　　　表13-3

维度		序号	指标项	补充理由
社区	设施完善	1	电动自行车充电桩缺口数量（个）	充电桩问题补充
	潜力空间	2	闲置地块面积（m²）	为改造寻找空间
	环境宜居	3	存在飞线情况的小区数量（个）	管线问题补充，调查发现问题
街区	功能完善	4	存在大班额的中学数量占比（%）	中学指标补充。保障入学需求
	整洁有序	5	街区内雨水箅子缺失、移位、损坏的数量（个）	窨井盖问题补充

13.2.2　体检对象选取

（1）住房、社区维度体检范围

本次体检范围为22个试点社区行政边界范围，总面积为4.55km²，以路南区和路北区（共15个）为主，其他区为辅（7个），总人口为7.2万人（表13-4）。

唐山城市体检试点社区选择依据及意义　　　　　表13-4

选择依据	具体内容	选择意义
不同人口规模	选取覆盖3000人以下、3000—5000人、5000人以上3种类型社区	识别不同人口规模社区配套短板情况，为下一步完整社区打造和家园中心建设提供方向，助力便民生活圈打造
不同建设年代	选取震后涵盖20世纪70年代、80年代、90年代和2000年左右的老旧小区（社区）	明确不同年代社区、住房问题差异情况和老百姓需求，确定不同年代老旧小区改造重点和完整社区建设方向
不同结构形式	砖混、内浇外挂、混凝土、内浇外砌、钢混5种主要结构形式类型	重点查找不同结构形式房屋安全隐患和结构性能等方面问题，为后续既有建筑更新改造提供支撑
不同房屋类型	直管公房（含市直管和区直管）、企业公房、商品房、-集资房、回迁房5种类型	探索不同产权单位老旧小区改造模式，力争在直管公房改造方面贡献唐山经验
不同行政区划	根据老旧小区空间分布情况，重点选择老旧小区集中的路南区和路北区	探索集中式老旧小区改造经验。同时兼顾开平区、高新区、丰南区老旧小区改造和完整社区建设需求，以点带面

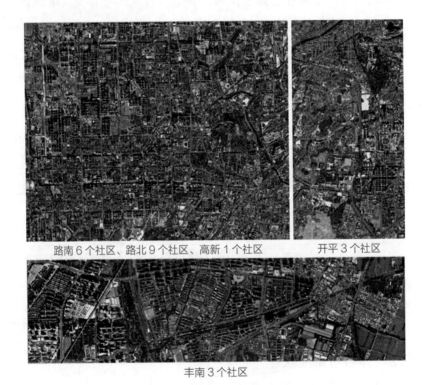

路南6个社区、路北9个社区、高新1个社区　　　　开平3个社区

丰南3个社区

图13-11　唐山市试点街道范围

（2）街道维度体检范围

本次体检范围为永红桥街道、缸窑街道、乔屯街道3个街道行政辖区范围，总面积15.0km²，总人口7.8万人（表13-5、图13-12）。

唐山城市体检试点街道选择依据及意义　　　　表13-5

类型	选择结果	选择意义
老旧商业街区	永红桥街道	结合建国路市场，联动小山片区，查找老旧商业街区在多功能业态集聚、公共空间塑造、步行环境整治、特色化品牌化服务等方面的问题短板，探索老旧商业街区＋生态修复类型城市更新经验
老旧厂区	缸窑街道	结合弯道山片区，查找老旧厂区的闲置资源盘活利用、新业态功能植入、产业转型升级以及专业化运营管理等方面的问题和短板。探索老旧厂区＋公园生态修复型城市更新经验
老旧街区	乔屯街道	查找街道内既有建筑保留利用、城市客厅等服务设施配置、基础设施更新改造以及功能转换、活力提升等方面的问题和短板，联动培仁历史文化街区、启新水泥厂历史文化街区，探索老旧街区＋历史文化街区＋完整社区＋生态修复型城市更新经验

老旧商业街区型：永红桥街道　　　老旧厂区型：缸窑街道　　　老旧街区型：乔屯街道

图13-12　唐山市街道体检范围

（3）城区范围

本次体检城区范围为唐山中心城区建成区范围，包括路南区、路北区、高新区、丰南区、开平区建成区范围，总面积为195.1km²，总人口为136.2万人（图13-13）。

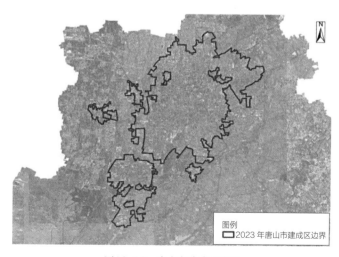

图13-13　唐山市建成区边界

13.2.3 体检数据采集

依托信息平台开发微信小程序,规范采集流程,将信息录入便捷化、数据采集规范化,进一步提高工作质效。

(1)探索了智能化数据采集模式。建立"微信小程序+体检更新平台"联动机制。按照"所见即录入"思路,创新"单元口—楼道—外立面"住房采集顺序,社区、街区"点、线、面"结合的数据采集模式,确保数据采集快速便捷。累计采集住房单元数据3134条、外立面4747条,住房维度照片31703张,社区维度数据10619条,街区维度数据4618条(图13-14)。

(2)探索了规范化采集操作方式。先试点后推开,选定5个试点社区,通过2次调研实验、2次网格员联合实验、1次闭环实验,以点带面,全面梳理总结便捷高效采集模式,在空间下沉延展的同时,不断规范体检内容,深化面向更新的体检探索。在试点经验基础上,进一步明确调研工作组织、工作流程、调研指标问题鉴定标准、填报要点,编制城市体检工作导则和调研操作手册,统一规范体检动作,提高数据质量和调研效率。建立定期复盘机制,每采集1个社区,组织一次复盘会,针对住房台账、问题清单逐项研判,及时查缺补漏、完善数据;制作社区标签,记录社区特征和现状问题,便于后期比较分析(图13-15)。

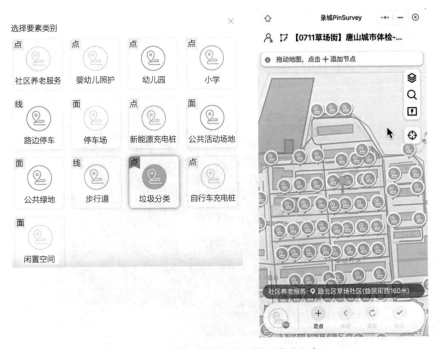

图13-14 唐山市自体检数据采集微信小程序

图13-15 唐山市定期复盘机制示意图

3.2.4 开展社会调查

（1）提高调查问卷数量，按照"样本街道和社区每个小区100份、其他区域每个社区100份问卷""每个社区20份以上居民改善建议"的标准，完成居民问卷调查54170条，收集城市改善建议7189条，既再现居民诉求又检验更新改造成效。

（2）常态化引入市民公开热线数据，共引入2022年6月8日—2023年8月6日期间的市民公开热线数据292183条，同时增加每条问题的办结情况，根据问题处理完结率明晰问题治理难度，校核城市体检结果。

（3）"面对面"入户访谈，以每个社区20份问卷的标准，按照不同楼层、不同年龄随机入户调查，完成居民访谈问卷450份，面对面了解居民具体诉求（图13-16）。

图13-16 唐山市社区调查与入户调查

13.2.5 体检成果转化

（1）制定分类整改措施。对于不能当下整改的体检问题，梳理四大维度问题指标，利用管理办法、行动计划、规划、专项治理行动、建设项目综合施策，分类确定问题指标治理措施。根据地方实际，量力而行，避免"齐步走，一刀切"。制定住房维度风险隐患通知书，根据病症位置、风险影响和程度，分类明确治理措施、治理时限；确定四大维度细化问题指标，利用管理办法、行动计划、规划、专项治理行动、建设项目综合施策，分类确定问题指标治理措施。根据地方实际，量力而行，避免"齐步走，一刀切"（图13-17）。

【建筑风险提示1】：砖混结构拆除外窗窗下墙垛

新区社区、新华社区（开平）、西山楼社区、永乐园社区、滨河社区等社区在安全耐久维度方面存在使用安全隐患，其风险属于"砖混结构拆除外窗窗下墙垛"指标。

本次调研通过观察外立面获得数据，有些改动较大的住户，从外立面就可判断已拆除窗下墙。若要判断属于"1－1：拆除非承重墙"需要结合原始图纸，无法通过观察建筑外立面来判断。细分危险等级需要进行详细踏勘。

序号	风险影响	治理措施	风险严重程度	备注
1-1	有些改动较大的住户，从外立面就可判断已拆除窗下墙。拆除的墙垛是非承重墙时，对结构安全影响小	不影响结构安全，可保持现状，并加强物业管理和维护	低	根据实际改建实施方案、资金成本情况和民意调研情况进行可行性研判后，结合使用情况，结构专业现场详细踏勘后进行综合研判提出解决方案

序号	社区名称	问题楼栋数量	问题指标	楼栋号
1	永乐园社区	0		-
2	友谊里社区	2		友谊里有2栋，25、31号
3	友谊南里社区	6		友谊里联合社区有4栋，为五金、冶金1、冶金2、春发号铁二栈有2栋，为206、208号
4	燕京东里社区	0		
5	燕京西里社区	12		燕京小区有12栋，为311、314、203、312、309、308、215、219、221、218、217、204号
6	马家电社社区	4		新花苑南有5栋，为103、302、307、203、204号
7	祥和里二区社区	9		祥和里小区有4栋，为401、402、403、404、504、601、603、605、613
8	光明西里甲区社区	0		
9	光明西里内区社区	16		风北有7栋，为11、14、18、3、4、5、6号\]风南有9栋，为1、14、26、29、3、4、5、8、9号
10	风凰道社区	3		西山南有3栋，为23、31、4号\]金星楼小区有1栋，为康旺道8号楼
11	西山楼社区	1		
12	西北街社区	0		
13	西北井二社区	2		康佳楼有1栋，为202号\]高策花园有1栋，为4号
14	草场街社区	1		
15	培仁里社区	1		龙悦新居有1栋，为104号
16	龙悦新居社区	0		
17	新华社区 fn	1		明珠都市花园小区有1栋，为29号
18	滨河社区	0		
19	网为社区	6		康佳楼有6栋，为503、西新苑207、西新苑203、朝阳310、西新苑205、西新苑404号
20	西新苑社区 kp	16		新华社区有8栋，为自编8栋
21	新区社区	5		砖混结构拆除外窗窗下墙垛，新区社区16栋、新区4栋、新区29栋、新区5栋、新区3栋号
22	总计			86

图13-17　唐山市风险隐患通知书

（2）快速传导立行立改。能当下整改的体检问题，及时推送至属地政府，通过专项行动、正在建设的改造项目等，一并整改解决。对于停车位不足、机动车违停等问题，结合创城工作，增加路内停车位7000余个，对于10多个小区楼道破损、社区照明设施缺失等问题，直接纳入老旧小区改造项目。

（3）多场景生成更新项目。分类确定旧小区改造、完整社区试点建设、活力街区打造等主要城市更新领域项目确定的影响因素，通过影响因素权重变化，生成不同场景更新项目。2022年以来共谋划实施1066个城市更新项目，已竣工532个，实现由"突出数量"向"突出质量"转变，实现由贷款融资向多元筹集资金转变，实现由房地产开发向"城市更新+"可持续发展方式转变。

（4）拓展智能平台应用场景。依托城市体检更新信息平台，围绕城市体检工作全流程和管理新需求，完善集数据采集、指标分析、可视化展示、表单制作、成果自动生成、领导驾驶舱、规建管地图等功能于一体的程序模块，提高智能化体检水平，为后续唐山市大规模城市体检、常态化体检工作打下坚实基础，并与行业管理工作相结合，有利于后续问题整改和城市更新行动跟踪评价（图13-18、图13-19）。

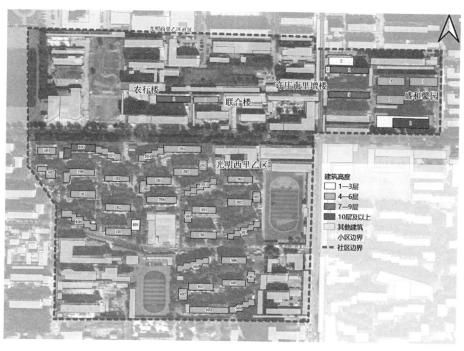

图13-18　唐山市光明西里乙区社区房屋专题图

光明西里乙区　小区住房楼栋台账			
第一部分：基本信息			
1.1　住宅楼号	101 号楼	1.2　单元数量	5 个
1.3　建造时间	1993 年	1.4　建筑层数	5 单元：4 层 4 单元、3 单元、2 单元、1 单元：6 层
1.5　常住人口	81 人	1.6　六十岁以上常住人口	13 人
第二部分：现状情况			
问题	细化问题	具体问题描述	具体位置	照片
2.1　使用安全隐患问题	2.1.4　户内违规承重墙体拆墙或开洞，底商或地库违规拆除柱子，砖混结构拆除外窗窗下墙垛等	砖混结构拆除外窗窗下墙垛		
	2.1.5　违规加建悬挑飘窗	违规加建悬挑飘窗	1 单元 5 层，6 层；2 单元 5 层，6 层；3 单元所有层；4 单元 4 层；5 单元所有层	
2.3　楼道安全隐患问题	2.3.1　楼道间内楼梯踏步缺损、楼梯扶手松动损坏、照明损坏缺失、安全护栏松动损坏或缺失	楼梯扶手、安全护栏松动损坏或缺失	4 单元 2 层，3 层，4 层，5 层；3 单元 2 层，4 层；2 单元 2 层；1 单元所有层	
		楼梯踏步缺损	3 单元 4 层	
		照明损坏缺失	5 单元所有层；4 单元 5 层，6 层；3 单元 1 层，3 层，6 层；2 单元 3 层，4 层；1 单元 1 层，2 层，4 层	

图13-19　唐山市城市体检信息平台生成的房屋体检报告

13.3 唐山市城市体检结果及应用

13.3.1 主要成效

（1）住房维度方面。2018—2022年，唐山市已累计改造老旧小区1032个，全市2000年前建成的老旧小区已完成第一轮改造。体检发现唐山房屋质量提升改造、安全性能提升改造成效显著，房屋安全稳固，使用安全、燃气安全、消防安全隐患基本消除，墙体保温、采光通风等住宅性能较好。楼道照明、给水排水管线更新改造、水压水质、屋面防水等基础设施改造表现较好。

（2）小区（社区）维度方面。随着唐山老旧小区提升改造开展，小区的宜居环境改善显著，道路改造、场地硬化、生活垃圾分类、物业管理、公共活动场地等软硬件宜居要素基本达标，局部设施配套水平显著提升，自行车充电桩加装、小学学位供给表现良好、便民商业覆盖水平较高。

（3）街区维度方面。近年来，唐山实施了义务教育学校扩容增位工程和文化体育惠民工程，教育、体育设施服务配套保持较高水平，中学服务半径覆盖率、多功能运动场地表现较好。随着唐山提升城市颜值12项行动和创城工作实施，街道美化亮化表现较好，街道整洁有序水平显著提升。公园绿化活动场地建设、空中线路治理、窨井盖维护等指标表现较好。

（4）城区维度方面。整体来说，历史文化保护利用、公园城市建设、市政运维和城市内涝治理继续保持优势，资源节约利用、道路建设有显著提升，文体卫健基本达标，但距居民期望仍有较大提升空间。

13.3.2 主要问题

（1）住房维度。共设置11项基础指标，60项细化指标，检出问题指标48项，试点社区普遍存在老龄化严重、儿童人口较少的现象，社区人口结构"一高一低"特征显著。问题集中在"需要进行数字化改造""存在管道管线破损""存在围护安全隐患""存在楼道安全隐患"4项指标。

（2）小区（社区）维度。共设置14项基础指标，28项细化指标，检出问题指标26项，22个社区71个小区中，44个小区已完成或正在实施改造，以道路改造、加装自行车充电桩、场地硬化等方面改造内容为主。问题集中在婴幼儿照护服务设施不充足、停车泊位不足、电动自行车充电桩不足、步行道破损、社区存在飞线、智慧社区建设不完善、低效闲置用地等方面。

（3）街区维度。共设置10项基础指标、1项补充指标、3项特色指标、34项细化指标，检测出问题指标9项，3个试点街道均处于城区东部，建成年代较早，是存量地区更新的代表。问题集中在专用自行车道等设施建设不足，存在乱拉空中线路、乱停乱放车辆、窨井盖不完好，以及老旧商业区业态与风貌品质不佳、老旧厂区空间利用与经济效益不高、老旧街区公共服务与基础设施不足、街道空间利用尚不充分等方面。

（4）城区层面。共设置33项指标，评价结果为"很好""较好"指标16项，"达标"指标9项，"一般"指标2项，"不足"或"不达标"指标6项，优良率69.7%，较2022年63.96%相比，略有提升。"不足"或"不达标"主要分布在安全韧性、智慧高效等方面。问题主要为医疗等公共服务设施配置存在差距，消防、城市内涝等防灾减灾方面仍需加强，智慧城市建设和场景应用较为滞后（图13-20）。

住房维度	小区（社区）维度	街区维度	城区维度
数字化改造缓慢	一老一小存在短板	教育、文化设施存在局部短板	医疗等公共服务设施配置存在差距
存在外墙悬挂设施、装饰材料、悬挑飘窗等安全隐患	停车位和充电设施不足问题较为普遍	街区增绿提质仍需加强	防灾减灾方面仍需加强
楼道亟须治理	公共环境建设存在短板	街面环境秩序管控不足	住房保障方面存在短板
管道管线破损问题和适老化改造不足	小区管理存在不足	"三旧"街区转型升级缓慢	智慧城市建设尚处起步阶段
		街区空间利用尚不充分	水体和空气质量等与居民期待值仍有差距

图13-20　唐山市各维度存在问题

13.3.3　对策建议

围绕城市安全、宜居、活力、特色、智慧的发展目标，基于体检发现的问题，通过加强管理、整治行动、行动计划、建设项目、纳入更新等方式着力进行治理。

（1）坚守安全底线，确保人民生命财产安全。一是实施"楼道革命"、燃气安全保护装置加装回头看行动、住宅外墙安全整治行动、制发风险隐患通知书，消除住房安全隐患。二是实施供水保障、加强监管优化排水、城市燃气管线安全监管三大工程和市政基础设施维修养护监管计划，确保城市生命线安全。三是推动城市防洪排涝工程、海绵城市示范建设计划、消防提升保障计划，强化城市防灾避险能力。

（2）提升宜居水平，增强居民的幸福感获得感。一是开展管线管道专项整治行动、小区雨污管道改造、住宅节能改造与安防设备建设、推广适老化、适幼化、无障碍设计，完善住房使用功能。二是加快实施"管理革命"、小区智慧化改造试点行动、市容环境整改提升行动，提高综合管理服务水平。三是实施提速城市路网建设工程，全力推进打通断头路、拓宽瓶颈路工程，有序打通交通断头瓶颈卡口（图13-21）。

（3）完善功能设施，打造完整社区和活力街区。一是推进社区补短板行动，加快充电基础设施建设，推进城市文体卫健养老补短板工程，补齐公共设施短板。二是推进老旧商圈、街区、厂区、低效用地改造提升行动，谋划实施一批更新项目，带动周边活力提升，改善群众生活品质。三是实施保障性租赁住房和人才家园建设工程，促进产城融合，职住平衡（图13-22）。

（4）彰显城市特色，提高城市竞争力吸引力。一是推进公园城市建设计划，统筹推进全市公园绿地建设、道路绿化建设、绿地开放共享等工作，提升公共空间环境品质。二是推进城市工业遗产保护利用计划，加强历史文化保护传承，彰显城市文化魅

图13-21　唐山站东"京津青年城"（罐头厂地块）及周边居住社区改造提升单元

图13-22　缸窑路工业遗存更新利用单元

图13-23　河头老街文化街区项目

力（图13-23）。

（5）聚焦数字赋能，打造创新高效智慧城市。包括两个平台建设和智慧场景应用，聚焦城市信息模型基础平台、城市运行管理服务平台建设，加快智慧应用场景建设，数字赋能，提高城市运营管理水平。

13.3.4　城市体检结果应用

（1）推进城市体检成果转化，助力城市更新行动。作为全国城市体检、城市更新"双试点"城市，唐山市积极推动从城市体检到城市更新的转化行动。通过从"住房、社区、街区到城区"全面系统的城市体检工作，唐山市全盘谋划，拟通过三年的时间，对大地震震后重建的一批老旧小区进行整治修缮，结合工业遗存更新改造及生态环境修复整治，在全国具有标志性意义。唐山市坚持"应改尽改、宜改即改、能改则改"，除基础类改造，积极推进老旧小区完善类、提升类改造。分批次将涉及1277万 m^2 的88个社区，围绕住房和城乡建设部提出的"完整社区"要求，补齐公共活动空间和社区服务设施，为唐山市民提供全年龄周期的高品质生活（图13-24、图13-25）。

（2）改善提升人居环境，实现普惠化基础民生保障。唐山市住房和城乡建设局牵头，以国有平台为主体，与社会投资辅助相结合的方式，对住房和城乡建设系统和市

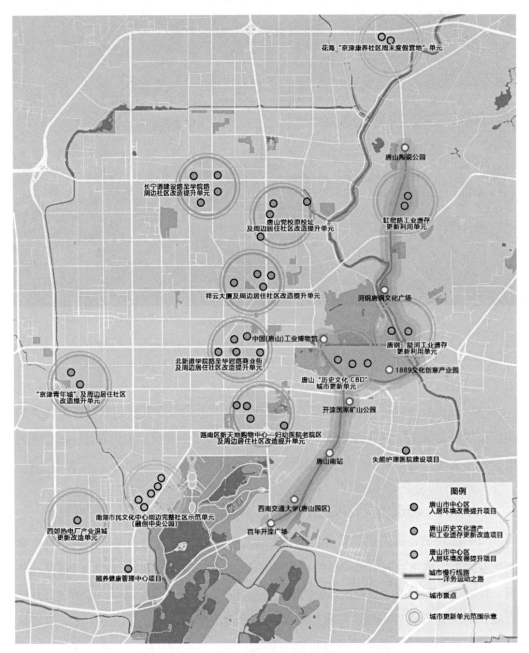

图13-24 以城市体检结果为依据确定的城市更新项目分布

属国有企业管理的100余个市管社区全覆盖改造提升，提供基础性完整社区配套设施
建设和服务，打造10分钟便民生活圈。充分利用科技赋能城市体检，以体检更新信息
平台及小程序的方式采集小区社区信息，识别完整社区公共服务设施问题，整合居民
满意度调查问卷，进一步聚焦老百姓"急难愁盼"问题，分类型、分领域、分时序提

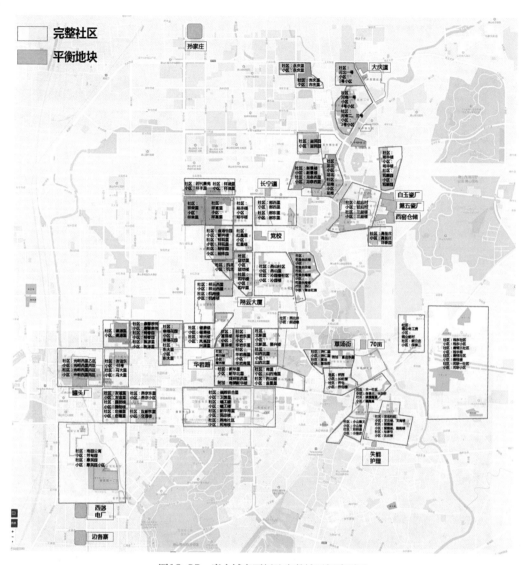

图13-25　唐山城市更新及完整社区打造项目

出老旧小区补短板策略（图13-26）。

（3）创新社区更新模式，构建完整社区。通过老旧小区和平衡地块进行组合，实行"肥瘦搭配、打捆运作"模式，打造人本、特色化完整社区。通过城市体检识别完整社区更新潜力区域，探索社区长期运营、发展特色化商业的有针对性的社区更新模式，避免"千城一面、万楼一貌"的社区改造，以建设完整社区为契机，重构社区生活圈与社区商业，创造社区运营收益，整体提升社区人居品质及商业环境，并进一步完善城市布局、提升城市活力、繁荣城市经济（图13-27、图13-28）。

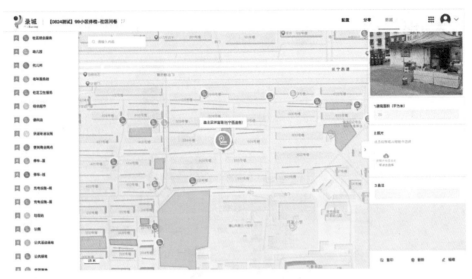

图13-26　智慧化城市体检信息采集手段

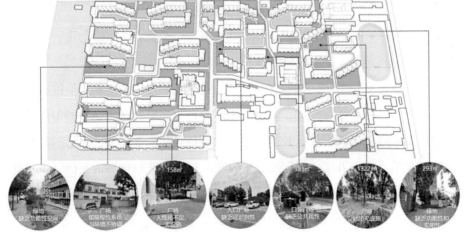

图13-27　社区更新潜力空间识别

图13-28 完整社区功能及空间体系构建示意

13.4 特色做法和经验

13.4.1 坚持"先试点后推开"的工作方式

唐山市本着"横向到边、纵向到底"的原则，按照"先试点后推广，全流程谋划实施"的工作思路，将城市体检与更新工作从6个区推广到19个县（市、区）建成区，实现市域全覆盖；从2022年着手开展1个街道级（更新单元级）体检、5个社区级（完整社区）体检，扩展到今年3个街道、22个社区开展街区、社区、小区维度城市体检，实施闭环实验，先试点后推广，在空间下沉延展的同时，不断规范体检内容，深化面向更新的体检探索。

13.4.2　创新"城市体检+信息平台+城市更新"的同步推进模式

全国创新"自体检+平台+更新"同步招标、同步实施、统筹推进的模式，形成"动态监测、定期评估、问题反馈、决策调整、持续改进"的人居环境数字化、精细化治理的闭环（图13-29）。

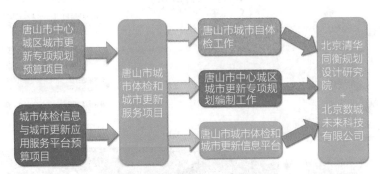

图13-29　"自体检+平台+更新规划"同步招标、同步实施、统筹推进模式

13.4.3　建立规范化采集操作方式

一是采集规范化、标准化，编制城市体检调研操作手册，规范调研工作；建立指标问题库，拆解细化指标，界定疑难问题；形成体检指标标准库，明确标准规范内容。二是定期复盘机制。隔天组织复盘会，查缺补漏，及时完善。三是技术专家研判机制。技术单位专家与市住房和城乡建设局危房鉴定中心、质监站专业技术人员和房屋检测公司技术人员，共同判断房屋问题事项（图13-30）。

采集规范、标准	复盘机制	技术专家研判
调研操作手册	组织复盘会	技术单位专家
指标问题库	补录完善	危房鉴定中心专业技术人员
指标标准库	现场核实	房屋检测公司技术人员

图13-30　唐山市建立多层面的技术规范

13.4.4　强化信息系统，搭建智能平台

建立住房和城乡建设管理部门、专业规划机构、数据科技公司联合研发机制，结合不同空间维度体检需求，实施信息平台系统升级，建立"微信小程序+体检更新平台"联动机制，重点支持新三维数据采集、体检报告智能生成、更新项目策划监管等关键业务场景（图13-31）。

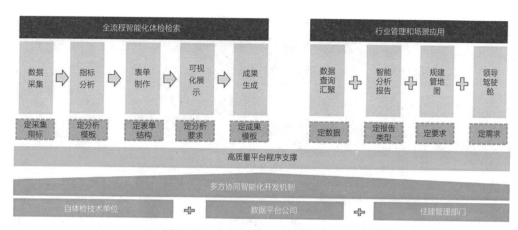

图13-31　唐山市多方协同智能化开发机制

　　搭建城市体检与城市更新全面融合的信息平台。一是进一步拓展完善城市体检相关功能，围绕数据自动化采集、体检指标体系更新与管理、指标评价与问题诊断、自动化生成分析报告、体检指标可视化展示、台账表单制定、任务发布等重点内容，优化调整平台功能。二是强化城市体检与城市更新项目的联动转化。实现问题清单底图与城市更新项目地图全面对接，对城市更新实施前后情况进行直观监测评估，关注城市更新实施成效，逐步形成"动态监测、定期评估、问题反馈、决策调整、持续改进"的人居环境数字化、精细化治理的闭环（图13-32、图13-33）。

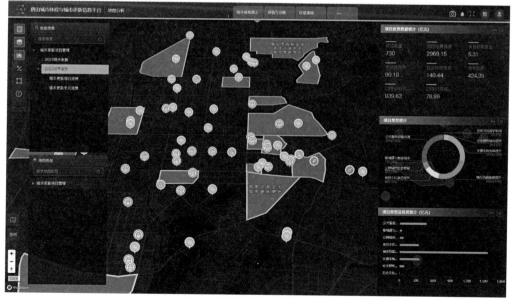

图13-32　唐山市城市体检信息平台"问题清单地图"

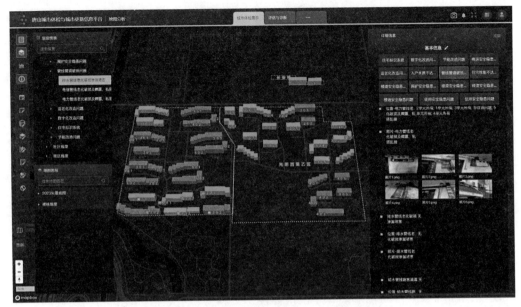

图13-33　唐山市以城市体检结果为依据的"城市更新项目地图"

13.4.5　探索研究"人居环境提升九步工作法"

"人居环境提升九步工作法"即同步开展城市自体检、社会满意度调查、第三方体检，全力查找"城市病"；同步推动配套政策制定、信息平台搭建、更新规划编制，精准施策"开药方"；同步实施更新单元包装、实施主体确定、融资方案确定，靶向治疗"城市病"，建立"城市体检—城市更新—城市治理—城市体检"的联动闭环工作机制（图13-34）。

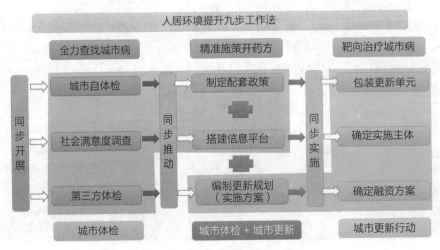

图13-34　人居环境提升九步工作法

第14章

城市更新单元体检实践

14.1　城市更新政策要求

1. 中共中央：积极稳妥实施城市更新行动

城市更新行动是党中央准确研判我国城市发展面临的新国际国内形势，应对全球化的新挑战，构建内、外双循环新发展格局，对进一步提升城市发展质量作出的重大决策部署。开展城市体检是实施城市更新行动的路径。通过城市体检，统筹城市规划建设管理，进行城市更新，推动城市结构优化、功能完善、品质提升，转变城市开发建设方式。

2015年12月，习近平总书记在中央城市工作会议上提出，要着力解决"城市病"等突出问题，健全社会工作满意度评价和第三方考评机制，强调推动城市发展由外延扩张式向内涵提升式转变，提高城市治理能力。

2017年2月，习近平总书记在视察北京工作时指出，要健全规划实时监测、定期评估、动态维护机制，建立"城市体检"评估机制，建设没有"城市病"的城市。

2019年12月，中央经济工作会议首次强调"城市更新"概念，会议提出加大城市困难群众住房保障工作，加强城市更新和存量住房改造提升，做好城镇老旧小区改造，大力发展租赁租房。

2020年10月，党的十九届五中全会通过的《中共中央关于制定国民经济和社会发展第十四个五年规划和二〇三五年远景目标的建议》明确将实施城市更新行动上升至国家战略，提出城市更新以高质量发展为目标，以人民宜业宜居的需要为出发点和落脚点，以功能性改造为重点，需要加强前瞻性思考，全局性谋划，战略性布局，整体性推进。指导各地区分城分类分阶段推进，避免成为新一轮大拆大建的房地产项目，坚持在试点示范基础上有序推进。

2021年3月，党的十三届全国人大四次会议表决通过了《中华人民共和国关于国民经济和社会发展第十四个五年规划和2035年远景目标纲要》，将实施城市更新行动首次列入了五年规划。提出要加快转变城市发展方式，统筹城市规划建设管理，实施城市更新行动，推动城市空间结构优化和品质提升。加快推进城市更新，改造提升老旧小区、老旧厂区、老旧街区和城中村等存量片区功能，推进老旧楼宇改造，积极扩建新建停车场、充电桩。

2021年7月，中共中央办公厅、国务院办公厅印发《关于推动城乡建设绿色发展的意见》指出，城市政府作为城市体检评估工作主体，开展年度体检评估，制定年度建设和整治行动计划，依法依规向社会公开体检评估结果。

2022年10月，党的二十大报告强调"实施城市更新行动，加强城市基础设施建设，打造宜居、韧性、智慧城市"，并对推进城乡人居环境整治作出了重要部署。这是新时代推进人民城市建设的重要指南。

2．住房和城乡建设部：将城市体检更新作为重要工作持续推动

2019年，全国住房和城乡建设工作会议将城市体检作为当年重点工作任务。建立没有"城市病"的城市建设管理人居环境质量评价体系；扩大城市体检评估试点范围，建立"一年一体检、五年一评估"的制度。

2021年8月，住房和城乡建设部正式发布《关于在实施城市更新行动中防止大拆大建问题的通知》，坚持划定底线，防止城市更新变形走样，稳妥推进改造提升。

2021年11月，住房和城乡建设部发布《关于开展第一批城市更新试点工作的通知》，针对我国城市发展所面临的突出问题和短板，因地制宜地探索城市更新的方法路径，推动城市结构优化、功能完善和品质提升，形成可复制可推广的经验做法，引导各地互学互鉴。

14.2 城市更新单元体检的必要性

实施城市更新行动是适应城市发展新形势、推动城市高质量发展的必然要求。城市更新由大规模增量建设转为存量提质改造和增量结构调整并重，从"有没有"转向"好不好"。

实施城市更新单元体检，是将重点聚焦在社区和街道尺度的典型特色与存在的突出问题，重点关注、梳理现状配套设施，完善服务设施体系，作为后续规划指引的重点。根据体检指标的评估结果，精准评估更新单元问题，提出精细落位的具体更新实

施方案。

实施城市更新单元体检，有利于具体问题具体分析，对区域功能布局进行科学细致谋划，优化人居环境，挖掘区域特色，完善城市功能，保留、重塑片区风貌特色。城市更新单元体检可通过对具体目标单元的体检更新行动，缝合潜力单元，激发城市内生动力、重建片区活力，培育城市高质量发展新动能，推动城市风貌更新、功能完善和品质提升。

实施城市更新单元体检应充分利用多种技术手段，结合实地调研和居民问卷调查进行精细化分析，定量与定性相结合，及时回应群众关切，着力解决"城市病"等突出问题，有利于补齐基础设施和公共服务设施短板，推动城市结构调整优化，提升城市品质，提高城市管理服务水平，让人民群众在城市生活得更方便、更舒心、更美好。

14.3　城市更新单元体检实施路径

14.3.1　城市更新单元体检的总体框架

社区级城市体检为针对范围在20—50公顷、规模为0.5万—2万人、人口密度为100—300人/公顷、步行时间在5—10min的空间所进行的城市体检评估。研究关注的重点一方面是在社区级城市体检评估中对城市级体检评估暴露出的"城市病"进行精准诊断；另一方面是聚焦具体社区的短板，侧重城市居民的现实生活需求，围绕社区共享联动的公共服务设施、市政设施、公共空间环境、居民生活安全、社区治理等进行综合评估。社区级城市体检评估应与完整社区建设、老旧小区改造等工作紧密结合，在社区更新及社区治理中精细落实具体实施方案。

社区级城市体检评估以"体系构建—指标数据—体检评估"三部分为核心技术框架。该框架以住房和城乡建设部指导的城市级体检指标为基础，明确以建设完整社区、推动社区更新为目标导向，聚焦社区尺度的典型特色与存在的突出问题；重点关注、梳理社区现状配套设施，将社区现状设施数量、规模、服务范围等与完整社区的设施体系标准进行比对，检验社区现状设施是否存在数量缺口、规模不足、服务范围覆盖不到位等问题，在建议中有针对性地引导设施补齐短板、配足规模、改善服务半径，完善社区服务设施体系，作为后续规划指引的重点；同时，对社区公共空间、社区风貌、创新活力等方面存在的问题进行梳理，对文化特色、场所品质进行评估，发现存在的不足。

最终根据体检指标的评估结果，提出指标评估值、指标建议值，对标相关政策及标准，提出相应的改进措施与治理对策以提升社区的宜居性和完整社区的建设水平（图14-1）。

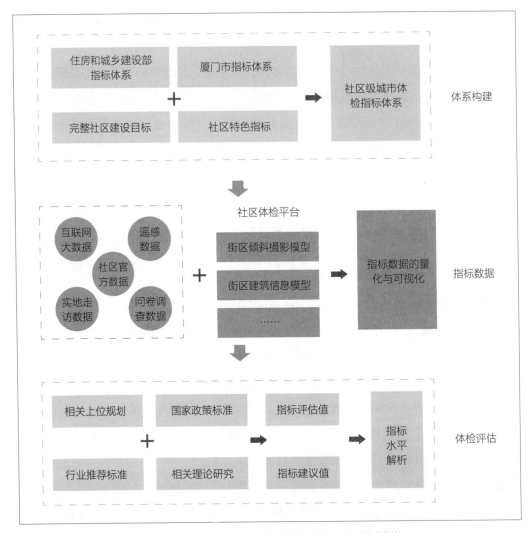

图14-1 城市更新单元/社区级城市体检评估核心技术框架

14.3.2 指标体系的特点

社区级城市体检指标体系聚焦社区尺度，针对具体社区的特点和典型问题，对标完整社区的建设目标及建设内容与要求，基于住房和城乡建设部提出的8大评价板块构建而成，共包括17项一级评价指标、54项二级评价指标（表14-1）。

社区级城市体检指标体系　　　　　　　　　　表14-1

评价板块	一级评价指标	二级评价指标	评价板块	一级评价指标	二级评价指标
一、生态宜居	生态环境	街区公园绿地服务覆盖率	五、风貌特色	文化特色	文化特色万人文化建筑面积
		采光较差的巷道长度比例		历史建筑保护	历史建筑街区历史建筑挂牌率
		地面潮湿的巷道比例			街区历史建筑空置率
		环境噪声达标的巷道比例		街区风貌	街区历史建筑保护修缮率
	人居环境	垃圾收集点的数量与覆盖率			街区风貌街区内具有特色风貌的街道长度比例
		环卫设施的数量与覆盖率			特色风貌立面质量较差的立面面积
二、健康舒适	老年保障	社区便民商业服务设施的数量与覆盖率			历史风貌保存完好的街区面积
		社区老年服务站的数量与覆盖率			历史风貌保存完好的单一成片的最大街区面积
		社区老年服务站的床位数与老年人口数量比例	六、整洁有序	街面整洁	街道立杆与空中线路规整率
	健康医疗	社区医疗服务站的数量与覆盖率			建筑立面整洁率
		社区医疗服务站的床位数			街道车辆停放有序率
	教育配套	人均社区体育场地面积	七、多元包容	群体包容	道路无障碍设施设置率
		普惠性幼儿园覆盖率			街区低保人数比例
		幼儿园每千人学位数			街区流动租住人数比例
		小学覆盖率			街区老龄化比例
		小学每千人学位数		住房保障	街区公房中人均住房面积低于国家标准的比例
三、安全韧性	设施安全	重要城市管网完好率			街区成套住房占总住房数量比例
		街区内涝点密度	八、创新活力	原有产业状况	原有产业街区主要的店铺类型
		人均避难场所面积		新兴产业发展	重点街道的特色店铺数量比例
		消防服务点覆盖率			重点街道的创新店铺数量比例
	居住安全	街区年安全事故数量			重点街道的流动性店铺数量比例
		街区内的危房数量			片区重点购物场所客流量
		街区内的危房面积占街区总建筑面积的比例			品牌档次比例
四、交通便捷	交通出行便捷	公共交通站点覆盖率			业态数量
		连续步行道路设施占整体道路数量比例			购物环境体验
		断头路占整体道路数量比例			
	停车设施配置	人均停车面积			
		住宅停车位数量与街区总户数比例			
		商办及公共停车位配比			

211

14.3.3 城市更新单元的特征

城市更新单元是指为推动多类型城市更新活动而划定的相对成片区域，是确定规划要求、协调各方利益、落实更新目标和责任的基本单位，也是公共设施配建、建设总量控制的基本单位。

更新单元分为重点更新单元和一般更新单元。重点更新单元指对城市发展有结构性影响的功能区，如城市重要的中心区、产业集聚区、TOD重点开发区域、城市重要的门户节点区域等。一般更新单元分为以老旧居住区为主的一般更新单元、以低效工业与仓储物流区为主的一般更新单元、以低效商业区为主的一般更新单元三类。

重点更新单元规模宜为1—5km²，宜以道路、水系或街道辖区边界为界，更新单元内全部更新对象的面积占本单元总面积比例不得少于50%，尽量不跨15分钟公共文化服务圈。

一般更新单元中，以老旧居住区为主的一般更新单元规模以0.5—2km²为宜，更新对象面积占比达50%以上的社区划为更新单元，更新单元空间规模与社区规模一致。以低效工业与仓储物流区为主的一般更新单元规模以3—5km²为宜，以连片低效工业与仓储物流区规模为基础，以河流、道路等为界，考虑园区型产业社区规模、产权、边界规整等。以低效商业区为主的一般更新单元规模以0.3—1.5km²为宜，以连片低效商业区为基础，以河流、道路等为界，考虑楼宇型产业社区规模、产权、边界规整等。

14.4 广州环市东片区

14.4.1 环市东片区简介

环市东商圈于20世纪70—80年代陆续建成，形成广州首个中央商务区（CBD）。2000年以后，随着广州城市发展，天河新CBD崛起，而环市东CBD由于建筑老化、设施标准低、无建设用地等问题，导致产业发展受限、优质企业外流、人口老龄化等趋势愈发显著。2020年环市东商圈改造正式启动，2021年7—10月，在广州市及越秀区政府的大力支持下，环市东商圈改造东启动区范围5316户居民开展了改造意愿征询，同意比率约93%，其中超过80%居民希望原址回迁（图14-2）。

2020年，广州城市更新集团有限公司作为实施主体，综合考虑现状容积率、上位规划、资金平衡等因素，初步制定了拆建比为1∶3的更新改造方案。因住房和城乡建设部《关于在实施城市更新行动中防止大拆大建问题的通知》和广州市更新政策的出

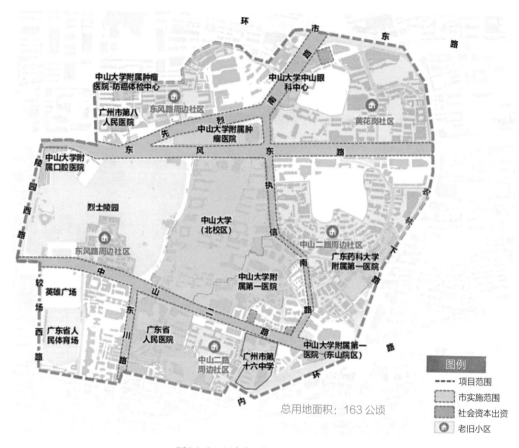

总用地面积：163 公顷

图14-2　环市东更新片区的空间范围

台，严控老城大规模拆除，城市更新需遵循"2255"等要求。环市东商圈片区既有的改造实施方案突破拆建比红线，遇到政策瓶颈，项目放缓甚至停滞，需要重新审视更新模式和内容。

14.4.2　更新体检指标体系

在住房和城乡建设部全国城市体检指标体系框架基础上，坚持问题导向、目标导向、特色导向，本着数据可获取、指标可计算、结果可考核的原则，依据广州市相关规划与政策要求，设计建立环市东片区体检指标体系。通过完善指标的评价标准，建立指标的评价方法，提高更新片区体检的科学性与指导性。指标体系包括更新单元体征指标和更新单元体检评价指标两部分。其中更新单元体检评价指标基于住房和城乡建设部提出的8大评价板块构建，共包括18项二级评价指标、53项三级评价指标（图14-3）。

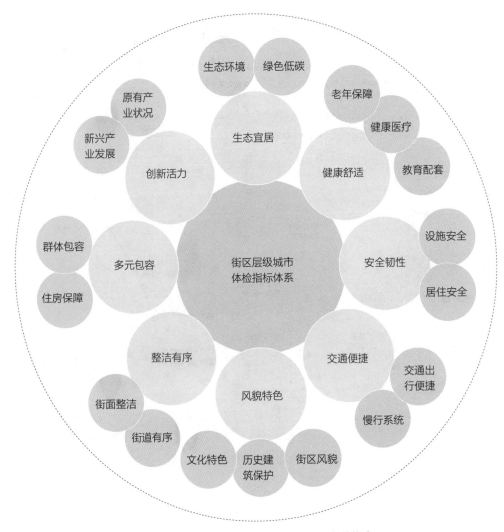

图14-3　更新单元/街区层级城市体检指标的构成

1. 更新单元体征指标

体征指标是指更新单元的基本特征指标，反映更新单元的基本建设现状与人口居住情况。包括居住人口数量、容积率、建筑密度、人均建筑面积、居住人口密度、社区流动租住人数比例和老龄化比例7项指标（表14-2）。

更新单元体征指标　　　　　　　　　　表14-2

目标	编号	具体指标	单位	指标解释	数据来源	评价范围
社区体征指标	1	居住人口数量	万人	社区范围内居住人口总数	大数据	社区
	2	容积率	—	社区内总建筑面积／社区内净用地面积	大数据	社区

续表

目标	编号	具体指标	单位	指标解释	数据来源	评价范围
社区体征指标	3	建筑密度	%	（社区内建筑物的基底面积总和 / 社区内建设用地面积）×100%	大数据	社区
	4	人均建筑面积	m²	社区内总建筑面积 / 社区常住人口	大数据	社区
	5	居住人口密度	人 / 公顷	社区内单位土地面积上的人口数量，以社区为最小统计单元。社区居住人口数量 / 社区面积	大数据	社区
	6	社区流动租住人数比例	%	（社区内流动租住人口数量 / 社区常住人口总数）×100%	现场调研	社区
	7	老龄化比例	%	（社区内 65 岁以上的常住人口 / 总常住人口数量）×100%	大数据	社区

2．更新单元体检评价指标

基于城市体检的8大目标，针对城市老旧街区的更新需求，设计了54项更新单元体检评价指标，主要涉及社区层面、街道和建筑三个层面，为确定具体更新内容和改造项目做出科学判断提供基础，为编制更新单元实施方案做好技术支撑（表14-3）。

更新单元体检指标体系　　　　　　　　表14-3

目标	子项	编号	具体指标	数据来源	评价范围
一、生态宜居	生态环境	1	社区绿化覆盖率	遥感数据	社区
		2	公园绿地广场服务覆盖率	大数据	社区
		3	绿道服务半径覆盖率	大数据	社区
		4	背街小巷占比	大数据	街道
		5	社区可渗透地面面积比例	遥感数据	社区
		6	环境噪声达标巷道占比	现场调研	街道
		7	社区公共供水管网漏损率	现场调研	社区
		8	社区生活垃圾资源化利用率	现场调研	社区
		9	公共厕所覆盖率	大数据	社区
	绿色低碳	10	社区单位建筑面积能耗	现场调研	社区
		11	社区低碳能源设施覆盖率	大数据	社区

续表

目标	子项	编号	具体指标	数据来源	评价范围
二、健康舒适	老年保障	12	社区便民商业服务设施数量与覆盖率	大数据	社区
		13	社区老年服务站覆盖率	大数据	社区
		14	社区老年服务站助老服务覆盖老年人口比例	现场调研	社区
	健康医疗	15	社区医疗服务站数量与覆盖率	大数据	社区
		16	每千人社区医疗门诊服务量	现场调研	社区
		17	每千人社区体育运动设施数量/社区体育运动设施覆盖率	大数据	社区
		18	人均社区体育场地面积	大数据	社区
	教育配套	19	托儿所覆盖率	大数据	社区
		20	幼儿园每千人学位数	现场调研	社区
		21	小学覆盖率	大数据	社区
		22	小学每千人学位数	现场调研	社区
三、安全韧性	设施安全	23	社区重要管网安全监测覆盖率	现场调研/问卷调研	社区
		24	社区内涝点密度	现场调研/问卷调研	社区
		25	人均避难场所面积	大数据	社区
		26	消防救援覆盖率	大数据	社区
		27	社区市政消火栓完好率	现场调研	社区
	居住安全	28	每千人社区安全事故率	政府数据	社区
		29	住房危房面积占比	现场调研	建筑
四、交通便捷	交通出行便捷	30	公共交通站点覆盖率	大数据	社区
		31	道路铺装率	现场调研	街道
		32	断头路占比	大数据	街道
		33	机动车停车位配比	现场调研	社区/建筑
		34	职住平衡比例	大数据	社区
	慢行系统	35	专用自行车道密度	大数据	社区
		36	绿色交通出行比例	大数据	社区
五、风貌特色（文化、民俗、历史文化）	文化特色	37	社区文化站、图书馆、书店覆盖率	大数据	社区
	历史建筑保护	38	历史建筑保护修缮率	现场调研	社区
		39	历史建筑活化利用率	现场调研	社区

目标	子项	编号	具体指标	数据来源	评价范围
六、整洁有序	街面整洁	40	街道立杆、空中线路规整性	大数据	街道
		41	建筑立面整洁比例	大数据	街道
		42	社区门前责任区制度履约率	现场调研	街道
		43	实施专业化物业管理的住宅小区占比	现场调研	居住小区
		44	社区窨井盖完好率	现场调研	街道
	街道有序	45	街道车辆停放有序性	大数据	街道
		46	街道便捷性（指数）	大数据	街道
		47	街道安全性（指数）	大数据	街道
七、多元包容	群体包容	48	道路无障碍设施设置率	现场调研	街道
	住房保障	49	社区内提供公共租赁住房套数与社区流动人口数量	现场调研	社区
		50	社区成套住房占总住房数量比例	现场调研	居住小区
八、创新活力	商业活力	51	商业店铺空置率	现场调研	社区
		52	商业楼宇租金浮动率	大数据	建筑
		53	每千人个体工商户、小微企业数量	大数据	社区
		54	网络关注度高的店铺比例	大数据	社区

14.4.3　基于大数据的指标评价方法与初步结论

环市东片区更新体检充分利用大数据和人工智能多种技术手段，采集更新单元指标的数据，结合专家实地调研、居民问卷调查与政府数据，将定量与定性相结合，进行精细化分析。

环东片区更新体检通过采集高精度遥感影像、互联网地图信息点、街景自采集和人工智能识别等方式，结合政府数据和居民问卷调查等方面数据进行指标测算，得到单个指标结果。专家对各项指标进行不同权重的赋权，最终形成评价结果。

1. 老龄化比例

计算方法：根据互联网大数据的人口画像，（61岁及以上的常住人口/总常住人口）×100%

分析结论：根据互联网大数据的人口画像，本片区老龄化率达到17.88%。不同社区老龄化比例有一定差异，基本介于17%—21%；老龄化超过20%的建筑有438栋，东部片区较多（图14-4）。

2. 老年服务设施可达性

计算方法：老年服务站10min步行范围内，（61岁及以上的人口居住建筑面积/61岁及以上人口数量总居住面积）×100%

分析结论：根据人口出行大数据和老年服务设施POI数据计算，片区内步行15min的老年服务设施覆盖率达到58%，10min覆盖率为31%。东北部片区养老设施的可达性较低，可达时间为22min，老年服务设施相对短缺；南部片区可达性较高，老龄人口最快3min可达老年服务设施（图14-5）。

3. 商业便民设施可及性

计算方法：基于片区各商业便民设施随距离衰减效用以及设施数量叠加所得的综合得分。筛选餐饮、超市、理发、家政、快递、维修、洗衣、药店8类商业便民服务设施，以建筑为出发点基于拓扑网络计算设施可达距离，依据距离衰减函数计算各个设施的效用，按照设施数量将设施效用叠加从而获得各类设施的可及性指数，最终按照0.125的权重将8类设施的可及性指数进行汇总，获得便民商业服务设施的可及性总评分。

分析结论：商业便民设施可及性是评估居民生活便利度的重要维度，通过精细化的便民商业服务可及性的评估为城市更新提供精确引导。基于人口出行大数据和8类商业便民服务设施POI数据计算，片区内各建筑的商业便民设施步行500m范围内，可及便民设施数量平均为150个。在空间分布上，环市东片区中部的商业便民设施可及

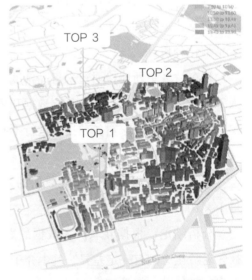

图14-4　片区内老龄化水平分布图　　　　图14-5　片区内老年服务设施可达性分布图

性较高，其中黄花岗社区便民服务设施最高，周边的商业便民设施可及性较低，位于西南部的中山二路社区最低（图14-6）。

4. 消防救援覆盖率

计算方法：

（1）区域层面：以消防站点为出发点，计算消防车行3min、5min、10min、15min范围内覆盖的建筑容量占区域总建筑容量的百分比。

（2）建筑层面：基于拓扑网络地图，以建筑为出发点，计算消防设施车行可达时间。

（3）楼层层面：基于每栋建筑消防设施的最短车行可达时间，按照0.2min/层计算每一楼层的最短消防救援可达时间。

以消防站点为出发点，计算消防车行3min、5min、10min、15min范围内覆盖的建筑容量占总建筑容量的比重，加上步行时间，可衡量每一楼层的消防救援可达性。

分析结论：片区内所有建筑在3min消防救援覆盖率达5%，5min消防救援覆盖率15%，北部片区建筑最长救援时间为25min，可达性不足；南部的消防救援的时间较短，为2min，可达性较高。

社区层面，环市东片区黄花岗社区的消防救援覆盖率最低。

建筑层面，各建筑的消防救援车行可达时间总体介于7—9min，其中车行10min消防不可达的建筑有16栋，5min消防不可达建筑达到1242栋，3min消防不可达建筑达到1424栋（图14-7）。

图14-6　片区内商业便民设施可及性分布图

图14-7　片区内消防救援覆盖率分布图

5. 职住平衡比例

计算方法：依据每栋建筑物聚类的人流单程通勤所花费的平均时间进行评价。平均时间在15min以内判断为职住平衡，超出15min判断为职住不平衡，通勤时间越长，职住不平衡度越高。评价每栋建筑物的职住平衡度/自足性 [$y=(4/3-x/45) \times 100\%$，$15<x\leqslant60$；$y=100\%$，$0\leqslant x\leqslant15$；$y=0$，$x>60$。$x$代表出行时间，$y$代表衡量平衡度的百分比，取$y$的平均值作为平衡度的评分]。

分析结论：基于片区内居住人口出行规律和出行距离的大数据计算，片区内以通勤5min为标准的职住平衡比例为74%，10min为标准的比例为88%，整体职住平衡比例良好。空间分布上片区北侧的老旧住区职住平衡比例良好，本地就业率高，东部高层住区的职住平衡比例较低（图14-8）。

6. 绿色出行比例

计算方法：计算每栋建筑物/地块人流采用轨道、公交、步行、骑行等方式的出行量（出行次数×出行距离），占每栋建筑/地块人流总出行量（出行次数×出行距离）的百分比。

分析结论：基于片区内居住人口出行次数和出行方式的大数据计算，片区内绿色出行比例达到87%，其中骑行30%、公交25%、步行32%。空间分布上，片区北侧和西北侧的绿色出行比例较低，为75%；东北部片区的绿色出行比例较高，最高可达95%（图14-9）。

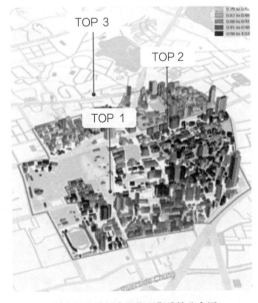

图14-8 片区内职住平衡建筑分布图

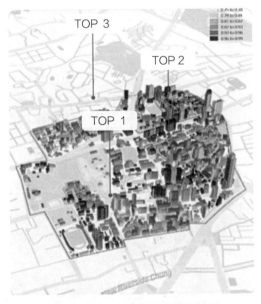

图14-9 片区内绿色出行比例分布图

14.5　天津杭州道

14.5.1　杭州道片区简介

杭州道片区位于天津市滨海新区。天津市是环渤海地区的经济中心，我国北方最大的港口城市，也是全国先进制造研发基地、北方国际航运核心区、首批沿海开放城市。滨海新区位于天津东部沿海地区，环渤海经济圈的中心地带，是我国北方对外开放的门户、高水平的现代制造业和研发转化基地、宜居生态型新城区。

本次体检目标范围为天津市滨海新区杭州道街道，总面积7.92km²，下辖30个社区。截至2021年末，杭州道街道总人口有23万人。除各社区及杭州道整体外，本次体检指标还将单独列出城市更新重点研究对象的洋货市场区域，洋货市场位于滨海新区杭州道街道范围内，属于塘沽老城区中部且为重要商圈之一，已纳入滨海新区城市体检重点项目库（图14-10）。

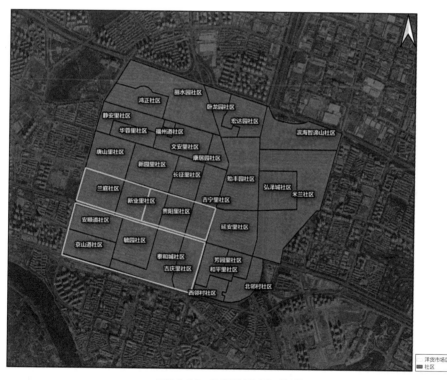

图14-10　杭州道片区的更新范围

14.5.2　杭州道片区更新的目标

杭州道街道位于城市核心地段，土地经济价值比较高，但土地利用率和产出率低下。其经济目标在于吸引链主商业运营企业进行商业开发，新型工业及物流企业进行集中投资生产，形成产业聚集，进一步促进地区经济发展和优化产业布局，走出一条内涵集约式高质量发展的新路。

杭州道街道实施城市更新行动，谋划推进一系列城市建设领域民生工程和发展工程，有利于充分释放区域发展的巨大潜力，形成新的经济增长点，培育发展新动能，促进杭州道街道区域经济长期持续健康发展；有利于推动杭州道街道开发建设方式从粗放型外延式发展转向集约型内涵式发展，促进资本、土地等要素根据市场规律和国家发展需求进行优化再配置，从源头上促进经济发展方式转变。

14.5.3 更新体检指标体系

本次体检重点围绕功能业态、建筑更新、基础设施、道路交通、环境景观、文化特色6个方面，共设置40项指标。其中30项为社区层级指标，10项为道路层级指标。

本次体检主要使用两类来源数据：

（1）人行视角街景数据自采集：调研员以20m为间隔，连续拍摄人视角街景照片；通过GPS追踪，系统自动记录照片拍摄位置坐标；结合GIS空间算法和计算机视觉算法，生成系列指标。

（2）获取多源网络大数据：包括城市道路网、建筑基底、POI、AOI、租金、道路拥堵状态、公交线路站点、街景影像等数据，结合GIS、空间分析算法、图像语义分割算法，对各项指标开展精细评价（表14-4）。

杭州道街道体检指标体系　　　　　　　　　　　　　表14-4

要素	分类	指标	颗粒度
功能业态	产业提级	重点街道的特色店铺数量比例	社区层级
		重点街道的创新店铺数量比例	社区层级
		文化产业比例	社区层级
		高技术产业比例	社区层级
	职住关系	功能混合度	社区层级
		街道活跃度	道路层级
	商业活力	街道底商密度	道路层级
		商铺平均租金与中心区平均租金比	社区层级
建筑更新	建筑风貌	建筑密度	社区层级
		开发强度	社区层级

续表

要素	分类	指标	颗粒度
基础设施	社区配套	城市公厕设置密度	社区层级
		社区便民设施服务设施覆盖率	社区层级
		社区生鲜超市、菜店服务设施覆盖率	社区层级
		社区养老服务设施覆盖率	社区层级
		幼儿园可达性	社区层级
		小学可达性	社区层级
		中学可达性	社区层级
		社区医疗服务可达性	社区层级
		社区低碳能源设施覆盖率	社区层级
		实施物业管理的住宅小区占比	社区层级
	市政设施	垃圾处理设施覆盖率	社区层级
	应急安全	人均避难场所面积	社区层级
		消防站服务覆盖率	社区层级
		城市可渗透地面面积比例	社区层级
		警务设施覆盖率	社区层级
道路交通	路网运行	道路拥堵指数	社区层级
		断头路数量	社区层级
	停车设施	公共充电桩可达性	社区层级
	慢行交通	人行道宽度达标率	道路层级
		专用自行车道密度	道路层级
		人行道绿视率	道路层级
		无障碍设施覆盖率	道路层级
	公共交通	公交站点可达性	社区层级
		公交线路密度	社区层级
环境景观	开敞空间	公园绿化活动场地服务半径覆盖率	社区层级
	街道环境	建筑立面整洁率	道路层级
		街道车辆停放有序性	道路层级
		街道高宽比	道路层级
		街道界面连续度	道路层级
文化特色	活化利用	社区文化设施步行 15min 覆盖率	社区层级

14.5.4 体检结论

1. 功能业态

更新单元范围内街道底商密度适中，底商密度大多数在3以上，大部分街道每100m有三家以上商铺，社区居民的生活较为便利。大部分社区商铺平均租金与中心区平均租金比在29.90%—59.72%，与地理位置直接相关，处于合理范围。重点街道特色店铺与创新店铺数量较少，街道特色缺失。文化产业占比较少，产业类型单一；高技术产业不足，缺乏创新活力（图14-11）。

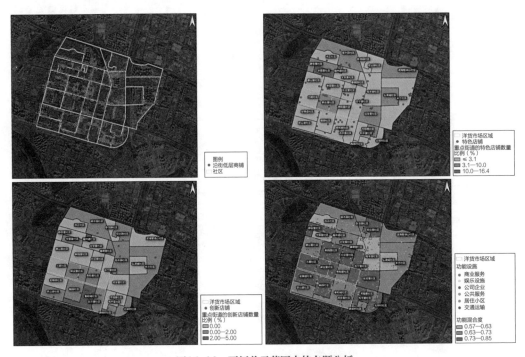

图14-11 更新单元范围内的专题分析

2. 建筑更新

杭州道街道建筑密度为23.24%，居民舒适度较高，开发强度为26.4%，城市开发与生态保护相对平衡。民生领域社区基层设施存在短板，幼儿园、小学覆盖率不高，教育设施供给数量仍需增加，设施布局需合理覆盖社区范围。垃圾处理设施覆盖率低，物业服务小区覆盖率不高，亟须尽快增设；低碳能源设施加装工作需加强，城市可渗透地面面积比例较低，与40%的标准仍有一定差距（图14-12）。

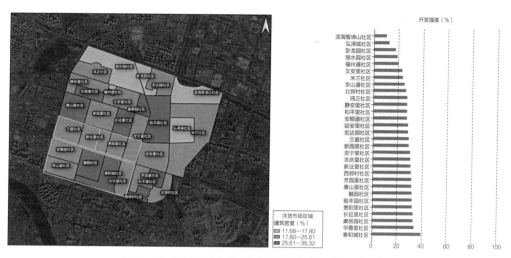

图14-12 更新单元内不同地块的建筑密度与开发强度分析

3．基础设施

杭州道街道社区便民服务设施更新改造步伐不断推进，各项配套设施持续完善。社区便民商业服务设施达到了100%、养老设施覆盖率达到73.62%，社区医疗服务覆盖率达到96.65%，消防站、警务设施覆盖率均较高，在社区生活舒适方面的硬件基础较好，各类服务设施相对齐全，推进健康舒适的举措较为有力（图14-13）。

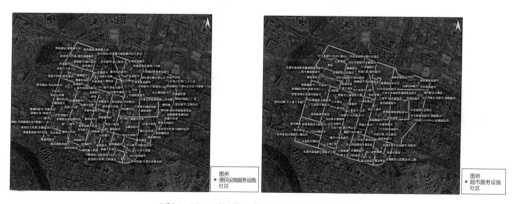

图14-13 更新单元范围便民服务设施分析

4．道路交通

杭州道街道道路拥堵指数较小，居民出行畅通。人行道宽度达标率高，步行体验优秀，公交站点可达性高，公交线路密度高，居民在公共交通出行方面比较便捷。但人行道绿视率较低，城市街道专用自行车道、无障碍设施的建设仍需继续加强。公共充电桩可达性还有一定提升空间，并需尽快打通断头路（图14-14）。

图14-14　更新单元范围内交通情况分析

5．环境景观

杭州道街道建筑立面整洁率高，街道整体形象较好，大部分街道高宽比多数在2以下，街道空间宽度与高度比例均衡。公园绿化活动场地服务半径覆盖率处于较低水平，仍有较大的提升空间；车辆停放有序性需持续推动和加强，街道界面连续度仍需提升优化，使得街道更具识别性（图14-15）。

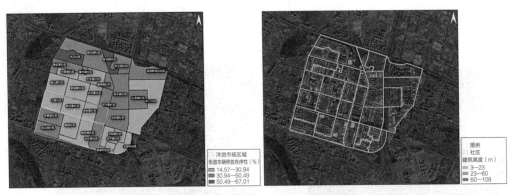

图14-15　更新单元范围内街道停车有序性及建筑高度分析

6．文化特色

杭州道街道文化设施日益丰富，公共文化服务体系不断健全，社区文化设施覆盖率达到100%，文化服务供给水平持续提高。洋货市场是根生于天津、与国际交融、体现新精神的商贸区域，片区内应保留其在历史上的商业贸易中心的功能，并从城市记忆出发，继续支持社区文化设施建设的发展，进一步提升公共文化服务水平，积极探索推动公共文化服务社会化，推进城市文化活动场所建设，丰富城市居民文化活动。

14.5.5　满意度调查分析

为全面了解居民对杭州道街道建设的满意度状况，本次调查设计了生态宜居、风貌特色、安全韧性、多元包容、健康舒适、交通便捷、创新活力、整洁有序共8大维度、67项二级指标；此外还设置了8个特色问题（图14-16、图14-17）。

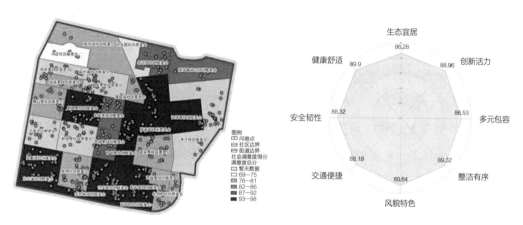

图14-16　杭州道街道建设问卷与满意度总分分布

图14-17　以年龄为分析维度的主客观指标校核

14.5.6　片区城市更新建议

1. 发展高新产业，提升创新活力

鼓励增加特色店铺、创新店铺数量，体现街道特色。通过寻求洋货文化内涵可延

伸的产业类型，实现从单一到多样、从一般消费到场景体验的业态扩展，构建具有"造血"功能的商贸文化业态群。同时创建良好的营商环境，为市场发展破除障碍，充分发挥市场配置资源的基础性作用，培育文化产业主体。持续推进高新技术企业引进，强化与高新技术企业的互动交流，增加高新技术企业数量，提升城市创新能力。

2．推进公共空间宜人化改造，改善人居环境

在人口持续增长、密度继续提高的城市发展背景之下，寻求杭州道街道公共空间的宜人化设计，减轻密度持续增加带给居民的不适感。微观层面的公共空间设计上，应注重空间的吸引力和友好性。综合考虑公共空间近人尺度空间中的微气候、可达性、环境质量、街道家具、公共设施建设、建筑界面和功能等提出设计引导，提升空间安全性、视觉美感和空间使用舒适度。建设配套绿地公园、办公、酒店、文化创意、购物娱乐等多元丰富的业态内容，营造满足居民需求的生活环境。

3．倡导绿色出行，优化职住平衡

努力提高区域的交通治理水平、优化停车管理制度，解决停车难、停车乱现象，充分挖掘道路边角、畸零地及闲置空间整合，根据居民需求合理地增供泊位数量；且在建设停车设施过程中，充分考虑本区域新能源汽车保有量，对社区充电桩进行合理配套设置。同时建设物理隔离的自行车道，分离机动车和自行车行驶车道，保障交通安全。合理增加人行道的绿化，美化道路形象，继续推进道路无障碍设施建设，进一步完善城市道路无障碍设施服务网络。

4．解决内涝问题，提升街道安全韧性

提升街道居民对安全韧性的认可，重点是优化医疗机构及医疗服务布局和解决内涝积水问题。推动构建分级诊疗秩序，提升基层医疗机构服务能力，减轻小病治疗对综合医疗的依赖，以减轻综合医院就医患者过多的现状。街道地下排水系统不完善、土地透水面积小是内涝积水的主要原因，解决这一问题需要大力推进海绵城市建设，完善下水管道建设，铺设可渗透型道路，并利用生态用地做到自然蓄水、排水，缓解降水排水带来的城市问题。同时，提升街道的防洪防涝应急预案能力，提高暴雨洪涝抗灾救灾水平。此外，也应加大消防管理力度，排除消防安全隐患，同时开展居民安全教育，做到全民安全教育。

5．提高社区服务能力与物业管理水平

杭州道街道在社区建设中还存在众多改进余地：一方面在社区建设上，应加大基础设施建设力度、提升改造水平；另一方面在社区管理中，也应建立更加完善的社区管理制度，并且应该进一步考虑到不同人群的需求。

居民对于身体健康以及精神生活的追求伴随物质生活水平提升而不断上升，因此要求社区在增强硬件基础设施配备的同时，积极组织各类社区活动，提升居民生活丰富度。同时，要关注离退休及老年群体，社区应更加关注养老资源的分配，对于老年人居住较为集中的区域，着重增设社区养老服务设施（图14-18）。

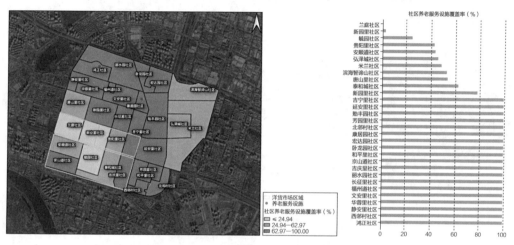

图14-18　更新单元社区养老服务设施分析结果

此外，应重点解决街道社区内垃圾分类、车辆停放管理问题，为居民营造更加优质的社区生活环境。同时应加强建立监督反馈机制，促进物业管理服务水平升级。

杭州道街道根据城市更新体检结论，因地制宜实施城市更新行动，及时回应群众关切，着力解决居民"急难愁盼"等突出问题，补齐基础设施和公共服务设施短板，推动城市结构调整优化，提升城市品质，提高城市管理服务水平，切实增强人民群众的获得感、幸福感、安全感。

4

展望篇

第 **15** 章

城市体检应用
——城市运行管理服务平台

城市体检的一个发展趋势是常态化监测，而城市运行管理服务平台（以下简称城市运管服平台）在城市地上地下全面感知的基础上，对城市的运行管理进行模拟、预警、调控，使城市处于安全可控的运行状态，为市民提供精准、便捷的服务。城市体检信息平台与城市运管服平台的集成，将推动城市规划的立体化、建设的智能化、运行的安全化、管理的精细化、服务的精准化、体检的常态化，形成发现问题、解决问题、建立机制的闭环。

15.1 城市体检的发展展望

自2019年至今，住房和城乡建设部主导的城市体检工作已经走过四个年头，城市体检的样本城市从2019年的11个、2020年的36个，到2021年稳定在59个。城市体检作为城市高质量发展的重要抓手、统筹城市规划建设管理的重要手段已经被广为接受。四年来，国家层面的城市体检、省级层面的城市体检、市级层面的城市体检纷纷开展，通过各层级城市体检的全面分析，城市体检工作需要在以下四个方面进一步加强：一是如何通过指标设计与评价标准的确定，实现对城市更全面更精准的评估监测；二是如何强化公众参与和部门协同，建立多元主体参与的工作机制；三是如何通过智慧、数字化方式，提升体检空间精细度，提高智能化诊断水平；四是打通城市体检向城市更新行动转化的体制机制。

15.1.1 动态优化体检评估指标体系

城市体检不应止于年度体检，而应贯穿于城市发展的全生命周期，即规划、建设、管理、治理的每一个环节，通过构建"监测、评价、诊断、治理"的闭环式城市体检工作流程，着力构建常态化体检评价机制、日常化的监测预警机制，借助城市体检信息平台，实现长效治理、快速纠偏，为城市发展建设提供日常化反馈机制。

动态调整和优化城市体检评估指标体系设计，与时俱进。依据城市发展外部环境变迁、城市特色风貌、上位规划新要求等，动态更新各地的体检评估指标体系，客观全面地反映城市发展阶段性特征，为研判规划实施的薄弱环节提供数据支撑。对于发展水平较高的大城市而言，在远景规划中突出强调增量变化。可探索在其体检评估指标体系中加入"新建项目""新增设施"等微观指标，与原有的宏观经济社会监测指标互为补充。

持续完善多维指标数据获取和常态监测。在继续开展总体规划117项核心指标的采集监测工作基础上，对接自然资源部、住房和城乡建设部开展城市体检工作要求，将相关体检评估指标体系及时纳入市级体检评估数据统一报送平台，进一步丰富指标分析的维度和深度，对城市发展状态和总体规划实施情况进行更全面的常态监测。

15.1.2　多主体参与、多层级协调的工作机制

建立健全城市体检评估保障机制，形成更加完善的常态化法制与组织保障，推动各项体检评估工作得到落实。一要健全法制保障。加快制定和修订城市体检评估相关法律，及时完善配套性制度安排，以法制手段强化体检评估工作的有效性。二要加强组织保障。进一步完善跨政府部门、跨省市区的协调机制，拓宽信息沟通与对接渠道，切实提高体检评估效率。三要完善多元主体参与机制。除社会满意度调查、第三方体检以外，拓展更多的社会主体参与途径，更加广泛地吸纳专家、社会组织和民众意见，及时回应民生诉求与社会关切。

加强多层级评估的衔接与协调。除城市与区级评估以外，城市体检评估工作还应进一步下沉到街道和社区微观尺度，建立"市—区—街道—社区"多级评估模式，拓展基层单元参与城市治理的途径和方法。街道与社区等微观尺度评估能够反映广大民众的真实诉求，更加全面地揭示规划建设动态，提高体检评估工作的针对性。同时，多层级评估工作的衔接与协调愈加重要，应当加快建立省市甚至区级城市体检评估信息平台，并做好与国家级城市体检评估信息平台的对接和协调，增强体检评估工作的统一性。

提高各城市对满意度调查的重视程度，建立常态化的满意度调查工作制度。构建"城市负责人—区县负责人—街道负责人—社区居委会干部—居民"5级工作机制，落实填报工作，尤其加强对社区管理人员的调查培训，以提高满意度调查的规范性、科学性、可靠性。结合城市信息系统、网络平台、社交媒体等渠道推广社会满意度调

查，调动居民参与城市治理的积极性，增强居民参与度。

15.1.3　加强全过程的智慧化与数字化支撑

1．深入挖掘利用多源城市监测数据

深入拓展多源城市数据，比如企业大数据、手机信令数据、遥感数据、"12345"市民服务热线等，推动数据采集尺度进一步向微观延伸。推广智能化数字平台建设，有效整合多源信息渠道，实现政府部门间以及面向社会公众的数据共享。除经济社会宏观数据共享以外，探索在数字平台中加入新建项目、新建设施等信息模块，为体检评估相关指标的测算提供更加高效的数据支撑。进一步运用大数据、人工智能、数字化平台等新技术手段，提高城市体检评估工作的精准度与科学性，实现对城市发展的实时动态监测。

2．建立准确权威、稳定高效、多元开放的城市体检基础数据库

（1）基于城市体检评估指标体系，厘清基础数据需求、来源和更新频率，制定定制化的数据需求清单。

（2）按照统一的数据标准要求，及时汇集更新经济社会发展统计数据、城市建设数据、国土空间基础现状数据、规划成果数据、规划实施监督数据等统计数据，引入大数据、遥感影像等新数据。

3．建立个性化、多维度指标评估规则知识库

通过信息化手段，建立和逐步完善指标评估规则知识库，针对每项城市体检评估指标，建立个性化评估规则、构建多维度评估标准，通过对每个指标进行标准对标、区域分解、结构分析与趋势研判，多维度分析挖掘城市问题，提高体检评估的综合性和智能化水平。

4．搭建动态高效、科学先进的智能化数字支撑平台

建立智能化数字平台支撑，实现实时动态监测。通过信息化手段，管理地方特色的指标体系及指标项，并将每个评估指标自定义绑定相适应的计算模型和评价规则，根据相应规则进行自动评估，实现自动计算和智能分析，提高体检评估工作效率，并根据指标数据源的动态更新，实现指标的实时动态监测，动态把脉城市运行和规划实施存在的问题和风险，提升城市体检评估的智能化水平。

15.1.4　充分发挥城市体检结果的作用

充分发挥城市体检结果的综合效益，推动城市体检结果对城市治理、城市规划的支撑作用，搭建面向实施的城市体检治理应用和决策支持系统，促进城市体检与城市更新的无缝衔接。

采用信息化手段，从专项评估、空间单元画像等方面，综合分析城市运行体征和规划实施成效，并通过方案预演预测规划修编方案的实施影响，将体检评估工作落到实处，为规划的有效实施与调整完善、城市的高质量发展与高品质生活提供智能化的应用支撑和决策支持。

平台要面向城市体检评估涉及的战略定位、底线管控、规模结构、空间布局、支撑体系、实施保障等众多重点领域，并基于各专项分析模型库的结构化算法，实现动态数据更新、自动化运算、实时数据输出、标准图表生成，确保分析结果时效性。下一步应持续深化完善平台建设运用，推动平台与体检评估工作和决策需求的更精准响应。

15.2 城市信息模型（CIM）平台

城市体检颗粒度的精细化、城市体检结果的可视化、城市病治理的精准化是城市体检的主要发展趋势之一。城市体检结果的应用越来越广泛，除了应用于城市更新以外，城市体检结果逐渐成为城市治理、智慧城市建设、政策制定的决策依据。从城市级、区级、街道/更新单元级的城市体检，逐渐要求城市体检能够精细化到每栋建筑里面的人群刻画、公共服务设施对每栋楼的服务能力、地下基础设施的服务能力和安全韧性、地下空间的综合利用情况等，传统的二维地图数据难以满足上述要求。另外，为了让城市体检的诊断更加准确、降低诊断难度，城市体检结果的高逼真可视化至关重要，可以将宏观的城市病问题与城市三维空间进行匹配，直观反映城市病问题的空间分布，通过多指标的空间叠加分析，能够系统、全面地诊断城市病，精准提出治理的对策建议。

城市信息模型（CIM）平台包含地上建筑物的BIM数据、地下空间的BIM数据，能够真实、精细化地反映城市的物理空间，为城市体检精细化、可视化、精准化提供良好的数据和平台支撑。城市信息模型（CIM）平台对城市体检的支撑主要体现在以下4个方面：

第一，CIM可以在很大程度上减少城市体检数据采集与处理的工作量。城市体检需要大量的城市基础数据，城市市辖区、市辖区建成区、街道、社区等各类边界，城市地下基础设施数据，建筑物三维模型数据，道路桥梁，便民服务设施，公园绿地等，以及与城市空间数据相匹配的人口、经济、文化、交通、环境等数据。随着城市体检层级的下沉、城市体检尺度的缩小，城市体检对城市空间数据颗粒度的要求就越小。CIM刚好可以为城市体检提供不同空间尺度、地上地下、不同精度的多维空间数据，可以大大节省城市体检采集、处理、存储、分析的工作。

第二，CIM可以在一定程度上提高城市体检指标结果的准确性。数据源的可靠性和精确度在某种程度上决定着城市体检指标结果的科学性与可靠性。由于城市空间数据的采集与处理专业性较强，对数据处理人员的要求比较高，从CIM平台获取城市体检所需的基础空间数据，大为提高基础数据的可靠性和精确度，进而提高城市体检结果的准确性。

第三，CIM平台可以辅助进行"城市病"诊断，提高"城市病"诊断的效率，也为更精准地进行"城市病"治理提供可视化决策环境。如本书7.3节中所言，将城市体检指标结果匹配到城市空间，尤其是CIM中的三维空间，由于空间分布不均衡、服务范围不足、城市开发强度太高等引起的"城市病"问题，在CIM平台构建的高逼真三维场景中，可以很直观地发现"城市病"问题的分布，也可以较为便捷地发现引起"城市病"的原因，尤其是由于空间规划不合理、设施布局欠缺导致的"城市病"。在城市更新过程中，由于有了CIM平台的支撑，治理项目清单的梳理更加精确、治理效能会更高。

第四，基于城市信息模型的城市体检信息平台。从城市体检信息平台的架构可以看出，城市体检信息平台的构建需要大量基础空间数据，需要提供空间数据浏览、管理、查询、统计、分析、可视化等功能的基础平台，CIM平台可以完全提供上述数据和平台功能支撑。另外，城市体检信息平台的发展趋势是与城市更新信息平台的无缝集成，由于住房和城乡建设部发布的《关于在实施城市更新行动中防止大拆大建问题的通知》提出了"2255"的严格要求，城市更新单元的体检、城市更新方案的合规性等需要CIM平台提供包含BIM的精细三维空间，统筹考虑更新单元内的多种利益相关方，研究编制科学、合规、合理的城市更新方案。因此，从城市体检到城市更新的协同，需要CIM平台的支撑。

15.3 城市运管服平台——"城市病"动态监测与治理

一方面，城市运管服平台可以为城市体检指标提供数据源，提高城市体检数据获取的效率，提升城市体检指标数据源的可靠性与精确性；另一方面，城市体检发现的"城市病"问题，也可以反过来促进城市运管服平台不断完善，监测更多的城市要素，不断提高监测数据的时效性，使城市安全运行、精细管理、精准服务、智慧决策、智能调控，提高城市运行效能，增强市民的安全感、获得感和幸福感。由于城市体检指标与城市运管服平台内容部分重叠，因此，以城市运管服平台为基础，逐渐实现城市体检指标的常态化监测，以适应新时期城市复杂系统的实时优化，建设宜居、韧性、智慧的城市。

根据住房和城乡建设部发布的行业标准《城市运行管理服务平台技术标准》CJJ/T 312—2021和《城市运行管理服务平台数据标准》CJ/T 545—2021，城市运管服平台的行业应用系统包括市政公用、市容环卫、园林绿化和城市管理执法等。

（1）市政公用宜包括道路、桥梁、隧道、供水、排水、供热、燃气、照明和管廊等相应信息化应用系统；

（2）市容环卫宜包括生活垃圾、建筑垃圾、垃圾分类、清扫保洁、公共厕所、门前三包、环卫设施、城市容貌和户外广告（招牌）等相应信息化应用系统；

（3）园林绿化宜包括城市绿地管理、园林规划管理、园林绿化建设、园林绿化管护、城市公园、古树名木以及城市绿线管理等相应信息化应用系统；

（4）城市管理执法宜包括执法队伍及人员管理、执法办案、执法监督、执法公示、执法培训考试、社会主体信用管理等相应信息化应用系统；

（5）可包括其他相应信息化应用系统，如排水防涝、停车管理等。

城市运管服平台的预测预警子系统应包括燃气、供水、排水、供热、环卫、内涝、管廊、路面塌陷、建筑施工、危房、桥梁、隧道、人员密集场所等专项安全运行预测预警模块。

城市体检生态宜居中的新建住宅建筑高度超过80m的数量、公园绿化活动场地服务半径覆盖率、城市功能区声环境监测点次达标率、城市生活污水集中收集率、再生水利用率、社区低碳能源设施覆盖率、消除严重影响生产生活秩序的易涝积水点数量比例、城市可渗透地面面积比例、城市道路交通事故万车死亡率、城市标准消防站及小型普通消防站覆盖率、城市市政消火栓完好率、城市公共供水管网漏损率、CIM基础平台三维数据覆盖率、市政管网管线智能化监测管理率、门前责任区制度履约率、街道立杆空中线路规整性、街道车辆停车有序性、重要管网监测监控覆盖率、城市窨井盖完好率等大量城市体检指标也是城市运管服平台的监测、管理、服务内容。

附录A 住房和城乡建设部2023年城市体检基础指标体系

维度		序号	指标项	体检内容
住房	安全耐久	1	存在使用安全隐患的住宅数量（栋）	依托第一次全国自然灾害综合风险普查房屋建筑和市政设施调查数据，对城市住宅安全状况进行初步筛查，查找安全隐患。重点是1980年（含）以前建成且未进行加固的城市住宅，以及1981—1990年之间建成的城市预制板砌体住宅
		2	存在燃气安全隐患的住宅数量（栋）	查找既有住宅中燃气用户使用橡胶软管等安全隐患问题
		3	存在楼道安全隐患的住宅数量（栋）	查找既有住宅中楼梯踏步、扶手、照明、安全护栏等设施损坏，通风井道堵塞、排风烟道堵塞或倒风串味，消防门损坏或无法关闭、消火栓无水、灭火器缺失、安全出口或疏散出口指示灯损坏，以及占用消防楼梯、楼道、管道井堆放杂物等问题
		4	存在围护安全隐患的住宅数量（栋）	查找既有住宅中存在外墙保温材料、装饰材料、悬挂设施、门窗玻璃等破损、脱落等安全风险，以及存在屋顶、外墙、地下室渗漏积水等问题
	功能完备	5	住宅性能不达标的住宅数量（栋）	按照《住宅性能评定标准》GB/T 50362—2022，调查既有住宅中没有厨房、卫生间等基本功能空间的情况。具备条件的，查找既有住宅在采光、通风等性能方面的短板问题
		6	存在管线管道破损的住宅数量（栋）	查找既有住宅中给水、排水、供热、供电、通信等管线管道和设施设备老化破损、跑冒滴漏、供给不足、管道堵塞等问题
		7	入户水质水压不达标的住宅数量（栋）	查找既有住宅中入户水质不满足《生活饮用水卫生标准》GB 5749—2022要求、居民用水水压不足的问题
		8	需要进行适老化改造的住宅数量（栋）	查找建成时未安装电梯的多层住宅中具备加装电梯条件、但尚未加装改造的问题。具备条件的，可按照《无障碍设计规范》GB 50763—2012、既有住宅适老化改造相关标准要求，查找住宅出入口、门厅等公用区域以及住宅户内适老设施建设短板
	绿色智能	9	需要进行节能改造的住宅数量（栋）	按照《城乡建设领域碳达峰实施方案》要求，查找既有住宅中具备节能改造价值但尚未进行节能改造的问题
		10	需要进行数字化改造的住宅数量（栋）	按照住房和城乡建设部等部门《关于加快发展数字家庭提高居住品质的指导意见》要求，查找既有住宅中网络基础设施、安防监测设备、高层住宅烟雾报警器等智能产品设置存在的问题。针对有需要的老年人、残疾人家庭，查找在健康管理、紧急呼叫等智能产品设置方面存在的问题
小区（社区）	设施完善	11	未达标配建的养老服务设施数量（个）	按照《社区老年人日间照料中心建设标准》《完整居住社区建设标准（试行）》等标准，查找社区养老服务设施配建缺失，以及生活照料、康复护理、助餐助行、上门照护、文化娱乐等养老服务不健全的问题
		12	未达标配建的婴幼儿照护服务设施数量（个）	按照《托育机构设置标准（试行）》《完整居住社区建设标准（试行）》等标准，查找婴幼儿照护服务设施配建缺失，以及对婴幼儿早期发展指导等照护服务不到位的问题

续表

维度		序号	指标项	体检内容
小区（社区）	设施完善	13	未达标配建的幼儿园数量（个）	按照《幼儿园建设标准》（建标 175—2016）、《完整居住社区建设标准（试行）》等标准，查找幼儿园配建缺失，以及普惠性学前教育服务不到位的问题
		14	小学学位缺口数（个）	以小学 500m 服务半径覆盖范围为原则，查找小学学位供给与适龄儿童就近入学需求方面的差距和不足
		15	停车泊位缺口数（个）	按照《城市停车规划规范》GB/T 51149—2016、《完整居住社区建设标准（试行）》等标准，查找现有停车泊位与小区居民停车需求的差距，以及停车占用消防通道等方面的问题
		16	新能源汽车充电桩缺口数（个）	按照《电动汽车分散充电设施工程技术标准》GB/T 51313—2018《完整居住社区建设标准（试行）》等标准，查找现有充电桩供给能力与小区居民新能源汽车充电需求的差距，以及充电桩在安装、使用、运维过程中存在的问题
	环境宜居	17	未达标配建的公共活动场地数量（个）	按照《城市居住区规划设计标准》GB 50180—2018、《完整居住社区建设标准（试行）》等标准，查找社区公共活动场地、公共绿地面积不达标，配套的儿童娱乐、老年活动、体育健身等设施设备不充足或破损，不符合无障碍设计要求，以及存在私搭乱建等问题
		18	不达标的步行道长度（km）	按照《建筑与市政工程无障碍通用规范》GB 55019—2021、《完整居住社区建设标准（试行）》等标准，查找人行道路面破损、宽度不足、雨后积水、夜间照明不足、铺装不防滑，不能联贯住宅和各类服务设施，以及不符合无障碍设计要求等问题
		19	未实施生活垃圾分类的小区数量（个）	按照住房和城乡建设部等部门《关于进一步推进生活垃圾分类工作的若干意见》要求，查找没有实行垃圾分类制度，未建立分类投放、分类收集、分类运输、分类处理系统等方面的问题
	管理健全	20	未实施好物业管理的小区数量（个）	按照住房和城乡建设部等部门《关于加强和改进住宅物业管理工作的通知》要求，查找没有实施专业化物业管理，党建引领要求落实不到位，没有按照物业服务合同约定事项和标准提供服务等问题
		21	需要进行智慧化改造的小区数量（个）	按照民政部、住房和城乡建设部等部门《关于深入推进智慧社区建设的意见》要求，查找未安装智能信包箱、智能快递柜、智能安防设施及系统建设不完善等问题。有条件的，查找智慧社区综合信息平台建设、公共服务信息化建设等方面的差距和不足
街区	功能完善	22	中学服务半径覆盖率（%）	调查分析中学 1km 服务半径覆盖的居住用地面积，占所在街道总居住用地面积的百分比，查找中学学位供给与适龄青少年就近入学需求方面的差距和不足
		23	未达标配建的多功能运动场地数量（个）	按照《城市社区多功能公共运动场配置要求》GB/T 34419—2017、《城市居住区规划设计标准》GB 50180—2018 要求，查找多功能运动场地配建缺失，或场地面积不足、设施设备不完善、布局不均衡，以及没有向公众开放等问题

维度		序号	指标项	体检内容
街区	功能完善	24	未达标配建的文化活动中心数量（个）	按照《城市居住区规划设计标准》GB 50180—2018 要求，查找文化活动中心配建缺失，或文化活动中心面积不足，青少年和老年活动设施、儿童之家服务功能不完善，布局不均衡，以及没有向公众开放等问题
		25	公园绿化活动场地服务半径覆盖率（%）	按照"300m 见绿，500m 见园"以及公园绿地面积标准要求，调查分析公园绿化活动场地服务半径覆盖的居住用地面积，占所在街道居住用地总面积的百分比，查找公园绿化活动场地布局不均衡、面积不达标等问题
	整洁有序	26	存在乱拉空中线路问题的道路数量（条）	按照《城市市容市貌干净整洁有序安全标准（试行）》要求，查找街道上乱拉空中架设缆线、线杆，以及箱体损坏等问题
		27	存在乱停乱放车辆问题的道路数量（条）	按照《城市市容市貌干净整洁有序安全标准（试行）》要求，查找街道上机动车、非机动车无序停放、占用绿化带和人行道的问题
		28	窨井盖缺失、移位、损坏的数量（个）	按照住房和城乡建设部办公厅等《关于加强窨井盖安全管理的指导意见》，查找窨井盖缺失、移位、损坏等安全隐患问题
	特色活力	29	需要更新改造的老旧商业街区数量（个）	查找老旧商业街区在购物、娱乐、旅游、文化等多功能多业态集聚、公共空间塑造、步行环境整治、特色化品牌化服务等方面的问题与短板
		30	需要进行更新改造的老旧厂区数量（个）	查找老旧厂区在闲置资源盘活利用、新业态新功能植入、产业转型升级以及专业化运营管理等方面存在的问题和短板
		31	需要进行更新改造的老旧街区数量（个）	查找老旧街区在既有建筑保留利用、城市客厅等服务设施配置、基础设施更新改造以及功能转换、活力提升等方面存在的问题和短板
城区（城市）	生态宜居	32	城市生活污水集中收集率（%）	按照到 2025 年城市生活污水集中收集率达到 70% 的目标，调查分析市辖区建成区内通过集中式和分布式污水处理设施收集的生活污染物量，占生活污染物排放总量的百分比，查找城镇污水收集处理设施建设、运维等方面的差距和问题
		33	城市水体返黑返臭事件数（起）	按照深入打好城市黑臭水体治理攻坚战的要求，调查当年市辖区建成区内城市水体反弹造成的返黑返臭事件数量
		34	绿道服务半径覆盖（%）	按照到 2025 年绿道服务半径覆盖率达到 70% 的目标，调查分析市辖区建成区内绿道两侧 1km 服务半径覆盖的居住用地面积，占总居住用地面积的百分比，查找城市绿道长度、布局、贯通性、建设品质等方面的差距和问题
		35	人均体育场地面积（㎡）	按照到 2025 年人均体育场地面积达到 2.6㎡ 的目标，调查市辖区建成区内常住人口人均拥有的体育场地面积情况，查找城市体育场地、健身设施等方面的差距和问题
		36	人均公共文化设施面积（㎡）	按照人均公共文化设施面积达到 0.2㎡ 的目标，调查市辖区建成区内常住人口人均拥有的公共文化设施面积情况，查找城市公共文化设施、服务体系等方面的差距和问题

续表

维度	序号	指标项	体检内容
城区（城市） 生态宜居	37	未达标配建的妇幼保健机构数量（个）	按照《中国妇女发展纲要（2021—2030 年）》《中国儿童发展纲要（2021—2030 年）》要求，调查市辖区内没有配建妇幼保健机构或建设规模不达标的妇幼保健机构数量，查找城市妇幼保健机构建设规模不充足、服务体系不健全等方面的问题
	38	城市道路网密度（km/km²）	按照道路网密度达到 8km/km² 的目标，调查分析市辖区建成区内城市道路长度（包括快速路、主干路、次干路及支路）与建成区面积的比值，查找城市综合交通体系建设方面存在的差距和问题
	39	新建建筑中绿色建筑占比（%）	按照到 2025 年新建建筑中绿色建筑占比达到 100% 的目标，调查分析当年市辖区内竣工绿色建筑面积占竣工建筑总面积的百分比，查找城市绿色建筑发展方面存在的差距和问题
历史文化保护利用	40	历史文化街区、历史建筑挂牌建档率（%）	按照历史文化街区、历史建筑挂牌建档率达到 100% 的目标，调查分析市辖区内完成挂牌建档的历史文化街区、历史建筑数量，占已认定并公布的历史文化街区、历史建筑总数量的百分比，查找历史文化名城、名镇、名村（传统村落）、街区、历史建筑和历史地段等各类保护对象测绘、建档、挂牌等方面存在的问题
	41	历史建筑空置率（%）	调查市辖区内闲置半年以上的历史建筑数量，占公布的历史建筑总数的百分比，查找城市历史建筑活化利用、以用促保等方面存在的问题
	42	历史文化资源遭受破坏的负面事件数（起）	调查市辖区内文物建筑、历史建筑和各类具有保护价值的建筑，以及古树名木等历史环境要素遭受破坏的负面事件数量，查找城乡建设中历史文化遗产遭破坏、拆除，大规模搬迁原住居民等方面的问题
	43	擅自拆除历史文化街区内建筑物、构筑物的数量（栋）	调查市辖区历史文化街区核心保护范围内，未经有关部门批准，拆除历史建筑以外的建筑物、构筑物或者其他设施的数量，查找违规拆除或审批管理机制不健全等方面的问题
	44	当年各类保护对象增加数量（个）	调查市辖区内已认定公布的历史文化街区、不可移动文物、历史建筑、历史地段、工业遗产等保护对象数量比上年度增加数量，查找历史文化资源调查评估机制不健全，未做到应保尽保的问题
产城融合、职住平衡	45	新市民、青年人保障性租赁住房覆盖率（%）	按照到 2025 年新市民、青年人保障性租赁住房覆盖率达到 20% 的目标，调查分析市辖区内正在享受保障性租赁住房的新市民、青年人数量，占应当享受保障性租赁住房的新市民、青年人数量的百分比，查找解决新市民、青年人住房方面问题
	46	城市高峰期机动车平均速度（km/h）	按照城市快速路、主干路早晚高峰期平均车速分别不低于 30km/h、20km/h 的标准要求，调查工作日早晚高峰时段城市主干路及以上等级道路上各类机动车的平均行驶速度，查找城市交通拥堵情况
	47	轨道站点周边覆盖通勤比例（%）	参照轨道站点 800m 范围覆盖的轨道交通通勤量，占城市总通勤量的百分比超大城市 >30%、特大城市 ≥ 20%、大城市 ≥ 10% 的目标，调查分析市辖区内轨道站点周边覆盖通勤量比例，查找城市轨道交通站点与周边地区土地综合开发、长距离通勤效能等方面存在的短板和问题

维度		序号	指标项	体检内容
城区（城市）	安全韧性	48	房屋市政工程生产安全事故数（起）	调查市辖区内房屋市政工程生产安全较大及以上事故起数，查找城市房屋市政工程安全生产方面存在的问题
		49	消除严重易涝积水点数量（个）	按照到2025年全面消除严重易涝积水点的目标要求，调查市辖区建成区内消除历史上严重影响生产生活秩序的易涝积水点数量，查找城市排水防涝工程体系建设方面的差距和问题
		50	城市排水防涝应急抢险能力（m³/h）	按照国务院办公厅《关于加强城市内涝治理的实施意见》的要求，调查分析市辖区建成区内配备的排水防涝抽水泵、移动泵车及相应配套的自主发电等排水防涝设施每小时抽排的水量，查找城市排水防涝隐患排查和整治、专用防汛设备和抢险物资配备、应急响应和处置等方面存在的问题
		51	应急供水保障率（%）	按照住房和城乡建设部办公厅等《关于加强城市供水安全保障工作的通知》要求，调查市辖区应急供水量占总供水能力的百分比，分析城市应急水源或备用水源建设运行、应急净水和救援能力建设、供水应急响应机制建立情况，查找城市在水源突发污染、旱涝急转等不同风险状况下应急供水能力方面存在的问题
		52	老旧燃气管网改造完成率（%）	按照到2025年基本完成城市老旧燃气管网改造的目标要求，调查分析市辖区建成区内老旧燃气管网更新改造长度，占老旧燃气管网总长度的百分比，查找城市老旧燃气管道和设施建设改造、运维养护等方面存在的差距和问题
		53	城市地下管廊的道路占比（%）	按照新区城市地下管廊的道路占比≥30%，建成区≥2%的要求，调查分析市辖区建成区内地下管廊长度占道路长度的比例，查找城市地下管廊系统布局以及干、支线管廊发展等方面存在的差距和问题
		54	城市消防站服务半径覆盖率（%）	按照《城市消防站建设标准》（建标152—2017）要求，调查分析市辖区建成区内各类消防站服务半径覆盖的建设用地面积，占建设用地总面积的百分比，查找城市消防站建设规模不足、布局不均衡、人员配备及消防装备配置不完备等方面的问题
		55	安全距离不达标的加油加气加氢站数量（个）	按照《汽车加油加气加氢站技术标准》GB 50156—2021要求，查找安全距离不符合要求的汽车加油加气加氢站数量，以及布局不合理、安全监管不到位等方面的问题
		56	人均避难场所有效避难面积（m²）	按照人均避难场所的有效避难面积达到2m²的要求，调查分析市辖区建成区内避难场所有效避难面积，占常住人口总数的比例，查找城市应急避难场所规模、布局及配套设施等方面存在的差距和问题
	智慧高效	57	市政管网管线智能化监测管理率（%）	按照市政管网管线智能化监测管理率直辖市、省会城市和计划单列市>30%、地级市≥15%的目标要求，调查分析市辖区内城市供水、排水、燃气、供热等管线中，可由物联网等技术进行智能化监测管理的管线长度，占市政管网管线总长度的百分比，查找城市在管网漏损、运行安全等在线监测、及时预警和应急处置能力等方面存在的差距和问题

续表

维度		序号	指标项	体检内容
城区（城市）	智慧高效	58	建筑施工危险性较大的分部分项工程安全监测覆盖率（%）	按照安全生产法关于"推行网上安全信息采集、安全监管和监测预警"的要求，调查分析市辖区房屋市政工程建筑起重机械、深基坑、高支模、城市轨道交通及市政隧道等安全风险监测数据接入城市房屋市政工程安全监管信息系统的项目数，占房屋市政工程在建工地数量的百分比，查找城市运用信息化手段，防范化解房屋市政工程领域重大安全风险方面存在的差距和问题
		59	高层建筑智能化火灾监测预警覆盖率（%）	按照高层建筑智能化火灾监测预警覆盖率达到 100% 的目标要求，调查分析市辖区建成区内配置了智能化火灾监测预警系统的高层建筑楼栋数量，占建成区高层建筑楼栋总数的百分比，查找城市在运用消防远程监控、火灾报警等智能信息化管理方面存在的差距和问题
		60	城市信息模型（CIM）基础平台建设三维数据覆盖率（%）	按照 CIM 基础平台建设三维数据覆盖率直辖市、省会城市和计划单列市 ≥ 60%、地级市 ≥ 30% 的目标要求，调查分析城市 CIM 基础平台汇聚的三维数据投影面积，占建成区面积的百分比，查找城市全域三维模型覆盖、各领域应用等方面存在的差距和问题
		61	城市运行管理服务平台覆盖率（%）	按照到 2025 年城市运行管理"一网统管"体制机制基本完善的目标要求，调查分析市辖区建成区内城市运行管理服务平台覆盖的区域面积，占建成区总面积的百分比，查找城市运行管理服务平台建设、城市精细化管理方面存在的差距和问题

附录B　住房和城乡建设部2022年城市体检指标体系一览表

目标	序号	指标	解释
一、生态宜居（19）	1	区域开发强度（%）	市辖区建成区面积，占市辖区总面积的百分比
	2	组团率（%）	市辖区建成区内规模不超过 50km² 的组团数，占规划建设组团数的百分比。组团指边界清晰、功能和服务设施完整、职住关系相对稳定的城市集中建设组块，组团规模不超过 50km²
	3	人口密度超过每平方公里 1.5 万人的城市建设用地占比（%）	市辖区建成区内人口密度超过每平方公里 1.5 万人的地段总占地面积，占城市建设用地的百分比。人口密度是指城市组团内各地段单位土地面积上的人口数量。以社区为最小统计单元
	4	人口密度低于每平方公里 0.7 万人的城市建设用地占比（%）	市辖区建成区内人口密度低于每平方公里 0.7 万人的地段总占地面积，占城市建设用地的百分比。人口密度是指城市组团内各地段单位土地面积上的人口数量。以社区为最小统计单元
	5	新建住宅建筑高度超过 80m 的数量（栋）	当年市辖区建成区内新建住宅建筑中高度超过 80m 的住宅建筑栋数。建筑高度是指建筑物屋面面层到室外地坪的高度，新建住宅建筑高度控制在 80m 以下
	6	城市生态走廊、生态间隔带内生态用地占比（%）	市辖区内连续贯通的生态走廊、生态间隔带内生态用地面积，占生态走廊、生态间隔带面积的百分比
	7	生态、生活岸线占总岸线比例（%）	市辖区建成区生态、生活岸线占总岸线长度的比例。总岸线为市辖区内河流、湖泊、海洋等水面岸线总长度；生态、生活岸线为公共设施用地、居住用地、绿化用地和非建设用地等涉及的岸线
	8	当年城市新建建筑中绿色建筑比例（%）	当年市辖区内竣工绿色建筑面积，占竣工建筑总面积的百分比
	9	当年城市新建建筑中装配式建筑比例（%）	当年市辖区内开工装配式建筑面积，占新建建筑总面积的百分比
	10	城市绿道服务半径覆盖率（%）	市辖区建成区内绿道 1km 半径（步行 15min 或骑行 5min）覆盖的市辖区建成区居住用地面积，占市辖区建成区总居住用地面积的百分比
	11	公园绿化活动场地服务半径覆盖率（%）	市辖区建成区内公园绿化活动场地服务半径覆盖的居住用地面积，占市辖区建成区内总居住用地面积的百分比。5000m² 及以上公园绿地按照 500m 服务半径测算，其中，应建设一片不少于 800m² 的多功能活动场地；5000m² 以下的公园绿地按照 300m 服务半径测算，其中，应建设一片不少于 150m² 的多功能活动场地
	12	城市新建、改建绿地中乡土适生植物应用占比（%）	市辖区建成区内新建改建绿地中应用乡土适生植物的面积占新建改建绿地面积的百分比
	13	城市环境噪声达标地段覆盖率（%）	市辖区建成区内环境噪声达标地段面积，占建成区总面积的百分比
	14	空气质量优良天数比率（%）	全年环境空气质量优良天数占全年总天数的百分比
	15	地表水达到或好于 Ⅲ 类水体比例（%）	市辖区建成区内纳入国家、省、市地表水考核断面中，达到或好于 Ⅲ 类水环境质量的断面数量，占考核断面总量的百分比
	16	城市生活污水集中收集率（%）	市辖区建成区内通过集中式和分布式污水处理设施收集的生活污染物量占生活污染物排放总量的比例

续表

目标	序号	指标	解释
一、 生态 宜居 （19）	17	再生水利用率（%）	市辖区建成区内城市污水再生利用量，占污水处理厂污水处理总量的百分比
	18	城市生活垃圾资源化利用率（%）	市辖区建成区内城市生活垃圾中物质回收利用和能源转化利用的总量，占生活垃圾产生总量的百分比
	19	城市建筑垃圾资源化利用率（%）	当年市辖区建成区内建筑垃圾中工程垃圾、装修垃圾和拆除垃圾的资源化利用量，占这三类建筑垃圾产生总量的百分比
二、 健康 舒适 （12）	20	完整居住社区覆盖率(%)	市辖区建成区内达到《完整居住社区建设标准（试行）》的居住社区数量，占居住社区总数的百分比
	21	社区便民商业服务设施覆盖率（%）	市辖区建成区内有便民超市、便利店、快递点等公共服务设施的社区数，占社区总数的百分比
	22	社区养老服务设施覆盖率（%）	市辖区建成区内建有社区养老服务设施的社区数，占社区总数的百分比
	23	社区托育服务设施覆盖率（%）	市辖区建成区内建有符合标准的托育服务设施的社区，占社区总数的百分比
	24	社区卫生服务中心门诊分担率（%）	市辖区建成区内社区卫生服务机构门诊量，占总门诊量的百分比
	25	人均体育场地面积（m^2）	市辖区建成区内常住人口人均拥有的体育场地面积
	26	社区低碳能源设施覆盖率（%）	市辖区建成区内配备充电站（桩）、换电站、分布式能源站等低碳能源设施的社区数量，占社区总数的百分比
	27	新建住宅建筑密度超过30%的比例（%）	市辖区建成区内新建住宅建筑密度超过 30% 的居住用地面积，占全部新开发居住用地面积的百分比。住宅建筑密度是指住宅建筑基底面积与所在居住用地面积的比例
	28	当年城市既有居住建筑节能改造比例（%）	当年市辖区内既有居住建筑节能改造面积，占需要改造的既有居住建筑总面积的百分比
	29	城市既有公共建筑能耗强度同比降低（%）	当年市辖区内既有的政府投资公共建筑和 2 万 m^2 以上大型公共建筑能耗强度与上一年相比降低比例（能耗强度为建筑总能耗除以建筑总面积）
	30	城市既有住宅电梯加装率（%）	市辖区建成区内既有住宅楼在更新改造中，累计完成电梯加装的单元数量，占未安装电梯的住宅楼单元数量的百分比
	31	城镇常住人口家庭户住房成套率（%）	城镇常住人口家庭户独立居住在成套住房中的户数，占城镇常住人口家庭户数的百分比（成套住房是指同时拥有厨房和厕所的城镇住房）
三、 安全 韧性 （10）	32	消除严重影响生产生活秩序的易涝积水点数量比例（%）	当年市辖区建成区内消除严重影响生产生活秩序的易涝积水点数量，占全部严重影响生产生活秩序易涝积水点数量的百分比
	33	城市可渗透地面面积比例（%）	市辖区建成区内具有渗透能力的地表（含水域）面积，占建成区面积的百分比
	34	城市道路交通事故万车死亡率（人）	市辖区内每年因道路交通事故死亡的人数，与市辖区机动车保有量的比例
	35	城市年自然灾害和安全事故死亡率(人/万人)	市辖区内每年因自然灾害、道路塌陷、内涝、管线泄漏爆炸、楼房垮塌、安全生产等死亡人数，与市辖区常住人口的比值

目标	序号	指标	解释
三、安全韧性（10）	36	人均避难场所有效避难面积（m²）	市辖区建成区内有效避难场所面积与常住人口的比值（有效避难面积指除了服务于城镇或城镇分区的城市级应急指挥、医疗卫生救护、物资储备等应急功能占用的面积之外，用于人员安全避难的避难宿住区及其配套应急设施的面积）
	37	城市二级及以上医院覆盖率（%）	市辖区建成区内城市二级及以上医院4km服务半径（公交15min可达）覆盖的建设用地面积，占建成区面积的百分比
	38	城市标准消防站及小型普通消防站覆盖率（%）	市辖区建成区内标准消防站（7km²责任区/5min可达）及小型普通消防站（4km²责任区）覆盖的建设用地面积，占建成区面积的百分比
	39	城市市政消火栓完好率（%）	市辖区内实际存在的完好消火栓占实际存在的消火栓的百分比
	40	城市公共供水管网漏损率（%）	市辖区内公共供水总量与城市公共供水注册用户用水量之差，与城市公共供水总量的比值，减去修正值。城市公共供水注册用户用水量是指水厂将水供出厂外后，各类注册用户实际使用到的水量，包括计费用水量和免费用水量。计费用水量指收费供应的水量，免费用水量指无偿使用的水量
	41	CIM基础平台建设三维数据覆盖率（%）	市辖区建成区内CIM基础平台汇聚的三维数据投影面积，占建成区面积的百分比
四、交通便捷（6）	42	建成区高峰期平均机动车速度（km/h）	市辖区建成区内高峰期各类道路上各类机动车的平均行驶速度
	43	城市道路网密度（km/km²）	市辖区建成区内城市道路长度与建成区面积的比例
	44	城市常住人口平均单程通勤时间（min）	市辖区建成区内常住人口单程通勤所花费的平均时间
	45	通勤距离小于5km的人口比例（%）	市辖区建成区内常住人口中通勤距离小于5km的人口数量，占全部通勤人口数量的百分比
	46	轨道站点周边覆盖通勤比例（%）	市辖区建成区内轨道站点800m范围覆盖的轨道交通通勤量，占城市总通勤量的百分比
	47	专用自行车道密度（km/km²）	市辖区建成区内具有物理隔离的专用自行车道长度与建成区面积的比值
五、风貌特色（6）	48	当年获得国际国内各类建筑奖、文化奖的项目数量	当年市辖区内民用建筑（包括居住建筑和公共建筑）中获得国际国内各类建筑奖、文化奖的项目数量（含国内省级以上优秀建筑、工程设计奖项、国外知名建筑奖项及文化奖项）
	49	万人城市文化建筑面积（m²）	市辖区内文化建筑（包括剧院、图书馆、博物馆、少年宫、文化馆、科普馆等）总面积与市辖区常住人口的比例
	50	城市历史风貌破坏负面事件数量（个）	当年市域内存在拆除历史建筑、传统民居，砍老树，破坏地形地貌、传统风貌和街道格局等负面事件的个数
	51	城市历史文化街区、历史建筑挂牌率（%）	市辖区内完成保护标志牌设置的历史文化街区和历史建筑数量，占已认定并公布的历史文化街区和历史建筑总数的百分比
	52	城市历史建筑空置率（%）	市辖区内历史建筑空置数量占城市政府公布的历史建筑总数的百分比
	53	步行友好街区数量（个）	市辖区建成区内环境优美、设施完善、运营规范、效益良好的步行街区的数量

续表

目标	序号	指标	解释
六、整洁有序（6）	54	城市门前责任区制度履约率（%）	市辖区建成区内门前责任区制度履约数量，占门前责任区总量的百分比
	55	城市街道立杆、空中线路规整性（%）	市辖区建成区内立杆、空中线路（电线电缆等）规整的城市街道数量，占建成区主干道、次干道、支路总量的百分比
	56	城市街道车辆停放有序性（%）	市辖区建成区内车辆停放有序的城市街道数量，占建成区主干道、次干道、支路总量的百分比
	57	城市重要管网监测监控覆盖率（%）	市辖区建成区内对城市重要管网进行动态监测的城市街道数量，占建成区主干道、次干道、支路总量的百分比
	58	城市窨井盖完好率（%）	市辖区建成区内窨井盖完好的城市街道数量，占建成区主干道、次干道、支路总量的百分比
	59	实施物业管理的住宅小区占比（%）	市辖区建成区内实施物业管理的住宅小区数量，占建成区内住宅小区总量的百分比
七、多元包容（5）	60	城市道路无障碍设施建设率（%）	当年市辖区内完成无障碍设施建设（含改造）的城市道路数量，占年内建设（含改造）的城市道路总数的比例
	61	新增保障性租赁住房套数占新增住房供应套数的比例（%）	当年市辖区内新增保障性租赁住房套数，与当年新增住房供应套数的比例
	62	新市民、青年人保障性租赁住房覆盖率（%）	市辖区建成区内正在享受保障性租赁住房的新市民、青年人数量，占应当享受保障性租赁住房的新市民、青年人数量的百分比
	63	居住在棚户区和城中村等非正规住房的人口数量占比（%）	市辖区建成区内居住在棚户区、城中村等非正规住房的人口数量，占市辖区常住人口总数量的百分比
	64	租住适当、安全、可承受住房的人口数量占比（%）	市辖区内租房居住的人口数量占城镇常住人口的百分比，减去租住在城中村、棚户区等非正规住房的人口数量占城镇常住人口的比例
八、创新活力（4）	65	旧房改造中，企业和居民参与率（%）	市辖区内城镇老旧小区改造和旧房拆除重建中企业和居民出资额，占全部改造和拆除重建投资的百分比
	66	房地产服务类行业增加值占房地产业增加值的比重（%）	市辖区内房地产租赁经营、房地产中介服务、物业管理、其他房地产业和居民自有住房服务的增加值，占房地产业增加值的百分比
	67	城市更新改造投资与固定资产投资的比值（%）	当年市辖区内城市更新改造项目投资，与固定资产投资（不含农户）的比值
	68	社区志愿者数量比重（人/十万人）	市辖区建成区内每十万人拥有的社区专职和兼职志愿者的数量

附录C　住房和城乡建设部2021年城市体检指标体系一览表

目标	序号	指标	解释
一、生态宜居（15）	1	区域开发强度（%）	市辖区建成区面积占市辖区总面积的百分比
	2	组团规模（km²）	市辖区建成区内每一个组团的规模，有2个以上组团的应分别填报。组团指具有清晰边界、功能和服务设施完整、职住关系相对稳定的城市集中建设区块，组团规模不宜超过50km²
	3	人口密度超过每平方公里1.5万人的城市建设用地规模（km²）	市辖区建成区内人口密度超过每平方公里1.5万人的地段总占地面积。人口密度是指城市组团内各地段单位土地面积上的人口数量
	4	新建住宅建筑高度超过80m的数量（栋）	当年市辖区建成区内新建住宅建筑中高度超过80m的住宅建筑栋数。建筑高度是指建筑物屋面面层到室外地坪的高度，新建住宅建筑高度控制在80m以下
	5	城市生态廊道达标率（%）	市辖区建成区内组团之间净宽度不小于100m的生态廊道长度，占城市组团间应设置的净宽度不小于100m且连续贯通生态廊道长度的百分比。生态廊道是指在城市组团之间设置的，用以控制城市扩展的绿色开敞空间
	6	单位GDP二氧化碳排放降低（%）	当年城市单位国内生产总值二氧化碳排放量，比上一年度城市单位国内生产总值二氧化碳排放量的降低幅度
	7	新建建筑中绿色建筑占比（%）	市辖区建成区内按照绿色建筑相关标准新建的建筑面积，占全部新建建筑总面积的百分比，应达到100%
	8	城市绿道服务半径覆盖率（%）	城市绿道1km半径（步行15min或骑行5min）覆盖的市辖区建成区居住用地面积，占市辖区建成区总居住地面积的百分比
	9	公园绿地服务半径覆盖率（%）	市辖区建成区内公园绿地服务半径覆盖的居住用地面积，占市辖区建成区内总居住用地面积的百分比（5000m²及以上公园绿地按照500m服务半径测算；2000—5000m²的公园绿地按照300m服务半径测算）
	10	城市环境噪声达标地段覆盖率（%）	市辖区建成区内环境噪声达标地段面积，占建成区总面积的百分比
	11	空气质量优良天数比率（%）	全年环境空气质量优良天数占全年总天数的百分比，不宜小于87%
	12	地表水达到或好于Ⅲ类水体比例（%）	市辖区建成区内纳入国家、省、市地表水考核断面中，达到或好于Ⅲ类水环境质量的断面数量，占考核断面总数量的百分比
	13	城市生活污水集中收集率（%）	市辖区建成区内通过集中式和分散式污水处理设施收集的生活污染物量占生活污染物排放总量的比例，不宜小于70%
	14	再生水利用率（%）	市辖区建成区内城市污水再生利用量，占污水处理总量的百分比，不宜小于25%
	15	城市生活垃圾资源化利用率（%）	市辖区建成区内城市生活垃圾中物质回收利用和能源转化利用的总量占生活垃圾产生总量的百分比，不宜小于55%
二、健康舒适（9）	16	完整居住社区覆盖率（%）	市辖区建成区内达到《完整居住社区建设标准（试行）》的居住社区数量，占居住社区总数的百分比
	17	社区便民商业服务设施覆盖率（%）	市辖区建成区内有便民超市、便利店、快递点等公共服务设施的社区数，占社区总数的百分比

248

续表

目标	序号	指标	解释
二、健康舒适（9）	18	社区老年服务站覆盖率（%）	市辖区建成区内建有社区老年服务站的社区数，占社区总数的百分比
	19	普惠性幼儿园覆盖率（%）	市辖区建成区内公办幼儿园和普惠性民办幼儿园提供学位数，占在园幼儿数的百分比
	20	社区卫生服务中心门诊分担率（%）	市辖区建成区内社区卫生服务机构门诊量，占总门诊量的百分比
	21	人均社区体育场地面积（m²）	市辖区建成区内常住人口人均拥有的社区体育场地面积
	22	社区低碳能源设施覆盖率（%）	市辖区建成区内配备充电站（桩）、换电站、分布式能源站等低碳能源设施的社区数量，占社区总数的百分比
	23	老旧小区改造达标率（%）	市辖区建成区内已改造老旧小区达标数量，占市辖区建成区已改造老旧小区总数的百分比。达标的老旧小区是指由建设单位组织工程竣工验收，并符合当地老旧小区改造工程质量验收标准的改造小区
	24	新建住宅建筑密度超过30%的比例（%）	市辖区建成区内新建住宅建筑密度超过 30% 的居住用地面积，占全部新开发居住用地面积的百分比。住宅建筑密度是指住宅建筑基底面积与所在居住用地面积的比例
三、安全韧性（7）	25	城市内涝积水点密度（个 /km²）	市辖区建成区内每平方公里土地面积上常年出现内涝积水点的数量
	26	城市可渗透地面面积比例（%）	市辖区建成区内具有渗透能力的地表（含水域）面积，占建成区面积的百分比，不宜小于 45%
	27	城市道路交通事故万车死亡率（人）	市辖区每年因道路交通事故死亡的人数，与市辖区机动车保有量的比例
	28	城市年安全事故死亡率（人 / 万人）	市辖区内每年因道路塌陷、内涝、管线泄漏爆炸、楼房垮塌、安全生产等死亡人数，与市辖区常住人口的比例
	29	人均避难场所面积（m²）	市辖区建成区内应急避难场所面积与常住人口的比例，不宜小于 1.5m²
	30	城市二级及以上医院覆盖率（%）	市辖区建成区内城市二级及以上医院 4km（公交 15min 可达）服务半径覆盖的建设用地面积，占建成区面积的百分比
	31	城市标准消防站及小型普通消防站覆盖率（%）	市辖区建成区内标准消防站（7km² 责任区 /5min 可达）及小型普通消防站（4km² 责任区）覆盖的建设用地面积，占建成区面积的百分比
四、交通便捷（7）	32	建成区高峰期平均机动车速度（km/h）	市辖区建成区内高峰期各类道路上各类机动车的平均行驶速度
	33	城市道路网密度（km/km²）	市辖区建成区组团内城市道路长度与组团面积的比例，有 2 个以上组团的应分别填报。组团内每平方公里道路长度不宜小于 8km
	34	城市常住人口平均单程通勤时间（min）	市辖区内常住人口单程通勤所花费的平均时间
	35	通勤距离小于 5km 的人口比例（%）	市辖区内常住人口中通勤距离小于 5km 的人口数量，占全部通勤人口数量的百分比
	36	轨道站点周边覆盖通勤比例（%）	市辖区内轨道站点 800m 范围覆盖的轨道交通通勤量，占城市总通勤量的百分比
	37	绿色交通出行分担率（%）	市辖区建成区内采用轨道、公交、步行、骑行等方式的出行量，占城市总出行量的百分比，不宜小于 60%

目标	序号	指标	解释
四、交通便捷（7）	38	专用自行车道密度（km/km²）	市辖区建成区内具有物理隔离的专用自行车道长度与建成区面积的比例，每平方公里不宜小于2km
五、风貌特色（6）	39	当年获得国际国内各类建筑奖、文化奖的项目数量（个）	当年市辖区内民用建筑（包括居住建筑和公共建筑）中获得国际国内各类建筑奖、文化奖的项目数量（包括国内省级以上优秀建筑数量工程设计奖项、国外知名建筑奖项以及文化奖项）
	40	万人城市文化建筑面积（m²）	市辖区内文化建筑（包括剧院、图书馆、博物馆、少年宫、文化馆、科普馆等）面积与市辖区常住人口的比例
	41	城市历史风貌破坏负面事件数量（个）	当年市域内存在拆除历史建筑、传统民居，砍老树，破坏地形地貌、传统风貌和街道格局等负面事件的个数
	42	城市历史文化街区保护修缮率（%）	市辖区内近5年开展保护修缮项目的历史文化街区数量，占历史文化街区总量的百分比
	43	城市历史建筑空置率（%）	市辖区内历史建筑空置数量占城市人民政府公布的历史建筑总数的百分比，不宜超过10%
	44	城市国内外游客量（万人）	当年市辖区内主要节假日国内外游客量
六、整洁有序（6）	45	城市门前责任区制定履约率（%）	市辖区建成区内门前责任区制定履约数量，占门前责任区总量的百分比
	46	城市街道立杆、空中线路规整性（%）	市辖区建成区内立杆、空中线路（电线电缆等）规整街道数量，占建成区主干道、次干道、支路总量的百分比
	47	城市街道车辆停放有序性（%）	市辖区建成区内车辆停放有序的街道数量，占建成区主干道、次干道、支路总量的百分比
	48	城市重要管网监测监控覆盖率（%）	市辖区建成区内对城市重要管网进行动态监测的街道数量，占建成区主干道、次干道、支路总量的百分比
	49	城市窨井盖完好率（%）	市辖区建成区内窨井盖完好街道数量，占建成区主干道、次干道、支路总量的百分比
	50	实施专业化物业管理的住宅小区占比（%）	市辖区建成区内实施专业化物业管理的住宅小区数量，占建成区内住宅小区总量的百分比
七、多元包容（5）	51	道路无障碍设施设置率（%）	市辖区建成区内主干道、次干道、支路的无障碍设施设置率（包括缘石坡道设置率、盲道设置率、出入口盲道与道路盲道相衔接比例、人行横道过街音响提示装置配置率、人行横道安全岛轮椅通道设置率、新建人行天桥和人行地道无障碍设施建设率的平均值）
	52	城市居民最低生活保障标准占上年度城市居民人均消费支出比例（%）	城市最低生活保障标准（×12），占上年度城市居民人均消费支出的百分比
	53	常住人口住房保障服务覆盖率（%）	市辖区内正在享受保障性租赁住房的新市民、青年人数量，占应当享受保障性租赁住房的新市民、青年人总数量的百分比
	54	住房支出超过家庭收入50%的城市家庭占比（%）	市辖区内当年用于住房的支出超过家庭年收入50%的城市家庭数量，占城市家庭总数量的百分比
	55	居住在棚户区和城中村中的人口数量占比（%）	市辖区内居住在棚户区、城中村的人口数量，占市辖区常住人口总数量的百分比

续表

目标	序号	指标	解释
八、创新活力（10）	56	城市小学生入学增长率（%）	市辖区内当年小学生入学人数，较基准年（2015年）城市小学生入学人数的增长率
	57	城市人口年龄中位数（岁）	当年市辖区内城市常住人口年龄中位数
	58	政府负债率（%）	地方政府年末债务余额，占城市年度 GDP 的百分比
	59	城市新增商品住宅与新增人口住房需求比（%）	市辖区内新增商品住宅竣工面积，占新增人口住房总需求的百分比。新增人口住房总需求是指当年城市新增常住人口 × 人均最小住房面积
	60	全社会 R&D 支出占GDP 比重（%）	当年全市全社会实际用于基础研究、应用研究和试验发展的经费支出，占国内生产总值的百分比
	61	万人新增中小微企业数量（个）	当年市辖区内净增长中小微企业数量，与市辖区常住人口的比例
	62	万人新增个体工商户数量（个）	当年市辖区内净增长个体工商户数量，与市辖区常住人口的比例
	63	万人高新技术企业数量（个）	当年市辖区内高新技术企业数量，与市辖区常住人口的比例
	64	万人上市公司数量（个）	市辖区内上市公司数量，与市辖区常住人口的比例
	65	城市信贷结构优化比例（%）	全市当年城市小微企业贷款余额，占基准年（2015年）城市小微企业贷款余额的百分比

参考文献

[1] 单卓然，安月辉，袁满，等. 中国与英国城市体检评估工作的对比解析及政策建议[J]. 规划师，2022，38（3）：53-60.

[2] 周姝天，翟国方，施益军. 英国空间规划的指标监测框架与启示[J]. 国际城市规划，2018，33（5）：126-131.

[3] 杨艺，李国平，孙瑀，等. 国内外大城市体检与规划实施评估的比较研究[J]. 地理科学，2022，42（2）：198-207.

[4] 李超骕，田莉. 基于PSR模型的低碳城市评估指标体系研究[J]. 城市建筑，2018（12）：13-17.

[5] 董乾坤，平涛易，李伟伟，等. 用HGRW方法评价城市可持续性：中国海峡西部城市群的案例研究[J]. 清洁生产杂志，2022（358）：1-13.

[6] 倪鹏飞，赵璧，魏劭琨. 城市竞争力的指数构建与因素分析——基于全球500典型城市样本[J]. 城市经济，2013，20（6）：72-79.

[7] 张乐敏，张若曦，黄宇轩，等. 面向完整社区的城市体检评估指标体系构建与实践[J]. 规划师，2022，38（3）：45-52.

[8] 住房和城乡建设部城市体检专家指导委员会等. 中国城市体检报告（2020年）[M]. 北京：中国城市出版社，2022.

[9] 住房和城乡建设部城市体检专家指导委员会等. 中国城市体检报告（2021年）[M]. 北京：中国城市出版社，2022.

[10] 陈述彭，童庆禧，郭华东. 遥感信息机理[M]. 北京：科学出版社，1998.

[11] 张兵. 当代遥感科技发展的现状与未来展望[J]. 中国科学院院刊，2017，32（7）：774-784.

[12] B. Zhang et al. Progress and Challenges in Intelligent Remote Sensing Satellite Systems[J]. IEEE Journal of Selected Topics in Applied Earth Observations and Remote Sensing, 2022(15): 1814-1822.

[13] 童旭东. 中国高分辨率对地观测系统重大专项建设进展[J]. 遥感学报，2016，20（5）：775-780.

[14] 赵英时. 遥感应用分析原理与方法[M]. 北京：科学出版社，2003.

[15] 陈秋晓，骆剑承，周成虎，等. 基于多特征的遥感影像分类方法[J]. 遥感学报，2004，8（3）：239-245.

[16] 胡杰，张莹，谢仕义. 国产遥感影像分类技术应用研究进展综述[J]. 计算机工程与应用，2021，57（3）：1-13.

[17] P.Gong et al. Annual maps of global artificial impervious area between 1985 and 2018[J]. Remote Sensing of Environment, 2019.